南极。

象岛附近的海域，

冰山高耸，惊涛骇浪，卷起千堆雪。

1916年的“象岛大营救”，

曾是南极探险历史上最为动人的往事之一，

因此，象岛也成为南极探险的象征。

冷冽的生命感

我抵达南奥克尼群岛。

空中盘旋着几只贼鸥（Skua），它们在伺机捕杀幼小企鹅，有时还会偷吃没有孵化出的企鹅蛋，满嘴流黄。

天色渐晚，我的双脚已被冻得冰凉。山坡上，一只巴布亚企鹅（Gentoo Penguin）的怀里只有一个宝宝，在它的身边，有一只毛发凌乱的小企鹅趴在地上，看样子已经死去。在寒冷的季节，小企鹅只要离开父母的身体10分钟，就有被冻死的可能。

那只企鹅喂好了怀里的宝宝后，凄然地看着死去的那个孩子，慢慢地伸过头来，先是轻轻地伏在孩子的身体上，然后用嘴叼着，不停地晃动着孩子的身体，有几十次之多，最后，它近乎疯狂地，仿佛要摇醒那个死去的孩子，同时它还要兼顾怀里的宝宝。多么艰难！

我的眼睛在取景框后面湿润了，并让我心头一暖。

这情景，此后长久地刻在我的记忆中。这也是关于南极最为深刻的印象之一，那是一种多么冷冽的生命感。

——程　萌

Antarctic and Arctic: The Auroras of Our Planet

极地天穹

程萌 / 著

Photographs and Essays by Cheng Meng

沈阳出版发行集团

沈 阳 出 版 社

程　萌

作家　摄影家　文化学者

多年来，程萌成功地横跨人文地理和国际时尚两大领域，具有广泛的影响。作为地理探险家和高端出境游的先行者，他常年深入地中海、非洲、北极和南极等地区，持续关注全球的环境现状。

同时，他曾是最早拍摄伦敦时装周（London Fashion Week）和巴黎时装周（Prêt-à-Porter）等时尚盛会的华裔摄影师之一，现场拍摄下那个时尚鼎盛时代的魅影，记录下Karl Lagerfeld 和 John Galliano 等设计大师的精彩瞬间。

程萌获得过国内外多项重大奖项，其中包括两度荣获中国新闻奖，其摄影作品被多家国际影像博物馆永久收藏。在全国各大城市做过数十场大型时尚和旅行文化的巡回讲座。出版有《西欧时装之旅》《华丽巅峰》《心灵居所》《橱窗里的彼岸》《水恋欧洲》《时尚候鸟》《水岸九歌》《琴岛低语》等一系列专著。

Cheng Meng:

He is a distinguished and award-winning photographer and writer, the epicist of the Antarctic and the Arctic adventures.

He specializes in documenting wild lifestyles, landscapes and cultures abroad, he has photographed on all seven continents, and has shot a variety of assignments in the Antarctic, the Arctic and beyond, and his work spans nature and fashion, culture and the environment, expresses an unwavering passion, respect and awe for the natural world, communicating his enthusiasm for the natural world through his writings, lectures and workshops, to showcase the beauty of the natural wonders in a creative way.

He was the special invited fashion writer and photographer of London Fashion Week and Prêt-à-Porter. His writings are poetic, smooth yet thought provoking, brimming with humanitarian sentiment; his photographic works have won *China News Awards* twice and *Prix de La Fédération Internationale de L'Art Photographique* (*FIAP*) .

He is the author of photographic story series: *Visit to Child World–A New Survey of Chinese Children* (1999), a collection of nine years labor, and winning immediate acclaim after publication. In 2001, he published fashion series *Beautiful New Century: Fashion Tour through Western Europe*. He published the *Natural Photography Guide* series and *Digital Fashion Photographing* in 2003, *Perfect Journey from Iceland to Greece* and *Window Shopping* in 2005, *Vacations on European Waterways* and *Flying for Fashion* in 2006. He published *Nine Odes to the Waterways* in January 2021, and published *The Whispers of the European Islands* in September 2021.

The author also writes column articles for not a few fashion and natural geography magazines. He has been interviewed and reported by media at home and abroad.

E-mail: 792957768@qq.com

Contents | 目录

Prelude

The Ultimate Soul Journey

引子
敬畏生命的旅程

王企鹅的海洋

The Antarctic

2010

南极。南乔治亚岛（South Georgia Island）。数以万计的王企鹅在它们的家园里，构成了独特的蔚为壮观的海洋。

王企鹅与帝企鹅属于同一个家族，只是个子比帝企鹅略矮，是企鹅家族中体形第二大属科。

晶莹之岛

Iceland

2017

冰岛。杰古沙龙冰湖（Jökulsárlón）。乘坐两栖船渐渐靠近那些奇形怪状的浮冰。有一些海鸟栖息在冰山上。这些冰山有两种颜色：乳白色和亮蓝色，这取决于被封在冰内的空气含量，以及光和冰晶的相互作用。

冬日北角

Norway

2009

上午11点45分，邮轮在霍宁斯沃格（Honningsvåg）停靠，然后，我们乘车前往北角（Nordkapp）。

北角位于马格罗亚岛（Mageroya）的北部，是凸起在巴伦支海的花岗岩海岬，具体位置为东经25°47′40″，北纬71°10′21″。这是欧洲大陆的天涯海角。

跃入蔚蓝

The Antarctic

2010

南极峡湾（Antarctic Sound）。在一块不大的浮冰上，一只阿德利企鹅目测着船头的阴影慢慢地覆盖在冰山上，然后相应地往冰山的边缘挪动，它并不慌张，只是静静地观察着邮轮的速度，当船快要挨近浮冰时，它轻轻地一躬身，跳进碧海中。

那是无限接近透明的冰蓝。

饥饿的儿女

The Antarctic

2010

南极，格林维治岛（Greenwich Island）。一只幼小的巴布亚企鹅，在焦急地等待妈妈喂食。

SAMPO

冰海漂浮

Finland

2012

搭乘『桑普号』（*Sampo*）破冰船，航行在波的尼亚湾。黄昏时分，游人们换上特制的漂浮服，漂荡于冰海之上。这项独特的活动，可以让人零距离感受冰雪世界的纯净和寒冷。

最后的归客

The Antarctic

2011

南极半月岛（Half Moon Island）。结束了南极之行最后的一次登陆，无意中我成为最迟的归客。我将相机放在黑色的鹅卵石海滩上，也在这辽远的逆旅间放下了我的眼睛和灵魂。左侧不远处的冰山似一块沉重的积木，给这个静谧的世界带来一种摇曳之感。

『我抵达过一些深幽的峡湾，而今，只为再次抵达你。』

渴望重返。

Chapter I

The Sojourners of the Antarctic: A Sole Traveller in Chilly Summer

南极旅人：冷冽之夏，一个人

为什么要去南极?

不同的人有不同的答案。对我而言，这是一次对充满浮云的现实世界的短暂逃离。

抵达之后，发现现实中的南极，比影视中的南极更为壮美。那些温情的细节每每让人感动不已。

2022 年，是人类抵达南极极点 111 周年。

111 年前，挪威探险家罗尔德·阿蒙森（Roald Amundsen）驾驶“前进号”探险船，在南极大陆登陆后，于 1911 年 12 月 14 日成功抵达南极点，初步实现了人类对这块纯净土地的探索。

From Buenos Aires to Ushuaia

Midnight Tango and La Tierra del Viento

午夜探戈和风之大地

布宜诺斯艾利斯（Buenos Aires）。这里是把足球化为艺术的故乡，是探戈在午夜里滑动的乐园。这样的城市，足以让人流连忘返。

乌斯怀亚（Ushuaia），被称为“世界上最南端的城市”。夏季，这里是阿根廷人的避暑胜地，更是南极探险的始发港口。此地风速很快，因而被称为“风之大地”（La Tierra del Viento）。

七月九日大街，街区的迷宫

布宜诺斯艾利斯，一座遥远的城市，往往会激起人们的想象和猜测。

我发现，这里洋溢着一种欢乐的悲情，它熔铸成阿根廷特有的南美风情。激情过后，总会有淡淡的哀伤涌来。

布宜诺斯艾利斯的七月九日大街（Avenida 9 de Julio），是世界上最宽阔的大街。它以 1816 年 7 月 9 日阿根廷独立日命名，于 1937 年 10 月建成并正式开放，最宽处约为 110 米。第一次穿行时，我特意数了一下车道，在两条辅道上，各有两条车道，在中间的主道上，各有来回 8 条车道，这样总共有 20 条车道。在主辅道之间有葱茏的林带。原以为，穿过这种超级宽的马路会很不容易，结果发现，虽然过一次马路需要等 3 个红绿灯，却井然有序。一次我在黄昏时边走边拍，主车道上骑摩托车的两个小青年热情地高举起双臂呼啸而过，在他们的身后，是滚滚的车流和夏日天边绚丽的晚霞。

穿过七月九日大街，就是一系列繁华街区。整个布宜诺斯艾利斯规划有序，在街上问路，当地人会告诉我经过几个街区（Block）就到了，整体是一种棋盘布局。

与七月九日大街垂直的五月大街（Avenida de Mayo），是一条充满历史感的林荫大道。它由 1810 年的五月革命而命名。五月革命催化了阿根廷独立战争，最终导致阿根廷从西班牙的统治下独立，并引爆了整个拉丁美洲的独立浪潮。

在绿树掩映之中，一幢幢古旧的建筑在诉说着当年的繁华与荣耀。托尔托尼咖啡馆（Gran Café Tortoni）也在其间。这是布宜诺斯艾利斯最为知名的咖啡馆，从 1858 年开业至今，多位旅居阿根廷的西班牙作家把这里称为“远离故乡的家”。一位

老年侍者腰杆笔挺站在门口。阳光透过白色的帷幔，照在细碎花纹的瓷砖上。

整个咖啡馆是棕色调子，咖啡桌采用橡木制成，凝重古雅，墙上挂满历史人物的黑白照片。来此的客人除了游人之外，更多的是当地怀旧人士。看到我在拍摄，一位绅士悄声地叫住了我，说他曾是一位客机驾驶员，现在退休了，但很怀念那种生活。

沿着五月大街，我走到五月广场（Plaza de Mayo）。在夏天阳光的照射下，一切白晃晃的。这里是布宜诺斯艾利斯的行政中心。走近左侧的大主教教堂（Metropolitan Cathedral），从外观看这座新古典主义教堂十分方正，外面一排 12 根廊柱，代表 12 位使徒。廊柱上面撑起三角形的建筑正立面，上面以浮雕展示了雅各（Jacob）和他的儿子约瑟夫（Joseph）在埃及的遭遇，寓意阿根廷民族在内乱之后的团结。

大教堂历史悠久，1593 年，根据布宜诺斯艾利斯创始人胡安·德·加雷（Juan de Garay）的命令兴建，此后，该建筑进行了 7 次重新设计和改建，现今这座教堂是 1752 年开始动工的，19 世纪中叶竣工。

进入教堂，里面幽光潜隐，人们在宁静地找寻着灵魂的皈依。上午 10 点，刚好遇到一支仪仗队，队员手持军刀，整齐地步入教堂，他们在“南美解放之父”何塞·德·圣马丁将军（General José de San Martín，1778—1850）的灵柩前，举行日常的纪念仪式。

广场的东侧是总统府（La Casa de Gobierno）。这里又被称为“玫瑰宫”，其中最著名的是北边的那个阳台，20 世纪 40 年代，贝隆夫人曾站在这个咖啡色阳台上，向拥戴她的群众挥手致意。现在这个阳台前是一条缓坡马路，车流穿梭。我站在路旁，车一辆接一辆，不曾间歇。这多么像历史啊，容不得人们停下来思考，一浪接一浪地裹挟着人们前行。

走过几个街区，来到人潮如涌的佛罗里达街（Calle Floridal）。这是布宜诺斯艾利斯繁华的商业大街，密布着电器商店、纪念品商店和快餐店，档次都不算高。在街上随意逛逛，买支冰激凌吃吃，听听路边艺人的演唱和弹奏，也是一件乐事。

一位青年乐手坐着淡定地弹着吉他。乐曲是西班牙盲人作曲家华金·罗德里戈

（Joaquín Rodrigo，1901—1999）的《阿兰胡埃斯协奏曲》（*Concierto de Aranjuez*）。这是我很欣赏的一部吉他协奏曲，描绘的是西班牙的一座皇家宫殿及其花园的景致。20多年前，我在伊比利亚半岛旅行时经常听到这首协奏曲，没想到在这里又听到那忧伤而明丽的旋律。尽管这位乐手只有一把吉他，但依然充分展现出这部作品的意境和气势。

我端起相机，以1/8秒的速度，定格。在他的身后，是被我用相机虚化的人流，仿佛一切都在远去，只有那凄婉的旋律永在。

黄昏时分，七月九日大街颇为繁华。我来到科隆歌剧院（Teatro Colón）正面。这家歌剧院建成于1908年，是阿根廷“美好年代”的象征，也是南美洲最负盛名的歌剧院。该歌剧院的建筑风格是意大利文艺复兴和法国巴洛克风格的融合，上下7层，能容纳2800人。由于此时刚好是剧院的修整期，无法入内参观，也是一件憾事。自20世纪初以来，很多指挥家和歌唱家曾先后在此献艺，其中包括托斯卡尼尼（Toscanini）和帕瓦罗蒂（Pavarotti）。

探戈：从老库房到探戈舞学校

傍晚，我在La Defense街区一带漫步，这里有不少工艺品店，出售皮具、银器和马鞍等特色商品。在一家旧货市场，我淘到了一个20世纪60年代制作的气压表，直径30多厘米，德国制造，仪表表面有西班牙文，指针会随着气压的变化停留在不同的刻度上。店主开价250阿根廷比索（Argentine Peso，简称ARS），最后以90比索成交。

碎石路面古雅，经过阿根廷电影学院，我见到3位女生靠在窗台上，我跟她们闲聊片刻，3个女生分别是导演、摄影和剪辑专业的学生。在聊到她们关注的电影时，其中的一位告诉我，影片《春光乍泄》中有一段场景就是在这里拍摄的。这样，我已无意中进行了一次电影之旅。

在这个街区里，我找到一家特色牛排馆，享用丰盛的晚餐。布宜诺斯艾利斯最重要的美食是阿根廷烤肉，一般包括牛T骨、牛心和牛肾，尤其是烤牛肾，在其他

国家是不大容易品尝到的，美味有加。

然后，准备去看探戈。探戈被称为阿根廷的“民族之魂”，所以，到布宜诺斯艾利斯来，看一场探戈舞表演是旅者的必选项目。“旧仓库”（El Viejo Almacén）是布宜诺斯艾利斯的一家探戈俱乐部，坐落在不远处的街区内。

晚上 9 点演出开始。旧仓库的舞台不大，两对舞者在表演，在令人迷醉的音乐中，他们不停地滑动，优美地、流畅地。似乎在舞台上隐匿着无数秘密小径，等着他们穿梭。

每次他们滑动的姿态是不一样的。初识时，男方试探地牵起女方的手，两个人轻移慢步；慢慢熟稔起来，彼此的舞步也变得快速并默契；接着，男方把女方当作一个可以抛起的生命，让她在空中跳荡；然后二人十指相扣，围成一个封闭圈，她的身体在这个空间里不停地旋转；舞蹈的高潮，一定是女方抬起修长的左腿，让整个身体贴附在男方的身体上，男方也将身体前倾，两个人的身体贴合成一朵盛开的情欲之花；而在舞蹈的最后，两个人渐渐疏离，各自消失在舞台的某个暗处。

每一场探戈，都是男女欢爱的缩影。

从初识、热恋、融合，到分手，在音乐的时间线中，演绎出感情渐变的轨迹。这是探戈的宿命，还是人生的宿命？

或许两者都是。

两对舞者的表现是各不相同的，其中一对中年人在整个表演中浓情蜜意，十分投入并有激情，有一种绵长的韵致；另一对则年轻许多，女方裸露着光滑紧致的后背，看起来青春焕发，他们的舞姿也随意许多，不能说不投入，但总让人觉得二人不是很合拍，有一种貌合神离的敷衍。

看资料介绍得知，他们一般都是情侣或夫妇。散场之后，我在门口看到其中一位女舞者，穿着一条牛仔裤，浑圆的胯部散发出诱人的气息，自己匆匆地走了，并没有跟她的男伴同行。

老房子的设计很古典。观众席的右侧墙面上，装饰着一面椭圆形的镜子，舞台上，男女演员两情缠绵，在镜子里会反射出来，仿佛是一方奇特的空间，他们在镜子里移进移出，宛若一处私密的场所，你只能从某个角度去观看，无法转过头去，仅可看到如此小小的空间所发生的一切：当他们滑开时，你需要静心等候，直到他们再次出现在镜子里。这面镜子就像一面不可移动的墙，等候舞者或静默或缠绵的投影出现，把中间的过程省略而去，只呈现最后的效果。

这，同样精彩。

一位 60 多岁的老年女歌者上场了。花白的头发，笔挺的腰杆，风韵犹存。她唱起一首又一首阿根廷歌曲，基本上不是很有名的。歌声里，流露出对欧洲的眷恋。那些从西班牙和意大利来的移民后裔，是否是因为不再能回去而黯然神伤？也许，正是这两个国家的风情与浪漫，融合成阿根廷特有的南美风情。他们在这片乐土上生活，同样是值得庆幸的，于是就有了这种复杂的情愫：一方面怀念欧洲，一方面又眷恋南美，在两者的牵扯之间，自然流露出淡淡的忧伤，并融合成特有的拉丁式生活——浪漫、奔放，同时夹杂着永恒的淡淡的忧伤。

在布宜诺斯艾利斯的许多场合，都可以体会到这样的情绪，一种欢乐的悲情在弥漫，淡淡的。探戈更是孤独而炙热的，浸透着一种哲学的忧伤，并把这种忧伤化为真挚的情感，使之具有一种不可言说的动人和永恒的意味，所以，探戈是一种舞蹈文化，是一种生活方式，更是阿根廷的民族之魂。

第二天下午，我来到五月大街的一所探戈学校。推开洒满阳光的棕色木门，沿着弯曲的楼梯而上，隐隐地，从一间房子里传出节奏分明的探戈乐曲声，敲门而入，里面是一个接待大厅，四周的墙面上挂满探戈舞的老式招贴，年代感扑面而来。走廊两侧的玻璃柜里，陈列着有关探戈的纪念物品。

走到尽头，门半掩着，里面有七八对学员正在练舞。探戈舞其实很难学，这从学生们反复练习的动作上就可以看出。一位长腿翘臀的丰满女子，穿着红色的裙子，由一个不那么帅的中年男子来教练。女子的动作还不太熟练，那位教练带得有点吃力，脸上紧绷绷的，两个人都无法放松。

几支舞曲结束，老师开始点评，几个女子靠在墙上仔细领会。她们不同的气质，体现出不同的神韵。休息时分，我和她们轻声交流，其中这位红衣女子，来自美国亚利桑那州，在这里已旅行一个多月了，这次她把学习探戈作为一项专门的功课。另外一个栗发女子来自挪威，她来的时间稍长，已有两个多月，她计划在阿根廷待 3 个月。她们都是怀有探戈情结的女子。

乐曲声又起。舞蹈大厅尽头的两扇白色大门旁，那位红衣女子倚着门，专注地看着其他习舞的选手。阳光穿过树丛，在门上和她的身上洒下斑驳的树影。在这个南美的夏日午后，一浪接一浪的探戈乐曲在耳畔滑过。

博卡区的色彩之河

晴朗的上午，我从酒店出发，乘坐公交车，前往博卡区（La Boca）。车上人不多，慢悠悠地开了大约 20 分钟，便来到一片开阔的河边，终点站到了。往东走没多远，就来到一片彩色的海洋。

博卡区是 20 世纪初意大利移民在阿根廷聚居的地方，是一个贫民区。由于各种色彩绚丽的房屋，还有博卡青年体育场也在此的原因，这里逐渐成为一个景点。

步入卡米尼托（Caminito）小街，时间还早，几位摊档主开始在街上搭起架子。我一幢幢房子地看过去，五颜六色的墙面，瞬间会让人感受到南美的热情。

这个用色彩装饰房屋的想法，是由画家贝尼托·昆奎拉·马丁（Benito Quinquela Martín，1890—1977）提出的，从而令这个临河的港口区焕发出别样的光彩。

贝尼托·昆奎拉·马丁被认为是最受欢迎的阿根廷画家之一。他的港口场景画展示了博卡区日常生活的活力和粗粝之美。

他的生日一直无法被确定，因为他于 1890 年 3 月 20 日被遗弃在孤儿院，襁褓上附着一张纸条，写着“这个婴儿受洗了，他的名字叫贝尼托·胡安·马丁（Benito

Juan Martín)”。发现他的修女从外貌上推断，他出生大约只有 20 天，因此将 3 月 1 日确定为他的生日。

街区十分安静，一只肥猫趴在墙上，懒懒地晒着太阳。相对于市区的高档住宅，这里的房屋可以说是矮小而简陋，也正因为其色彩上的特点，反而吸引了大量的游人前来参观。

整个色彩绚丽的区域不算大，不一会儿就走到了边缘，有一条铁路穿过，一个当地青年坐在路边，喝着马黛茶，我跟他闲聊起来，他说不要越过这条铁路，毕竟这个区域不太安全。他热情地请我喝马黛茶（西班牙语 Yerba Maté，英语 Mate Tea）。我从特制的小型热水瓶里倒出一点热水。端起马黛茶碗，边搅动着茶叶，边用吸管轻吸，味道还不错，醇厚、温暖而略带清苦。这种清苦来自高浓度的鞣质，即单宁，苦味的基调比较丰富，包含从坚果到烟熏草木的复杂味道。

可以说马黛茶是阿根廷的国饮。喝时需要携带热水瓶、马黛茶碗和银质吸管，需随时添加热水，一次性喝完。吸管的底部有一个滤网，可以防止一些茶叶末吸进口中。

带着马黛茶的余香，我来到博卡青年体育场的入口处等待参观。这座体育场的外墙上画满粗犷风格的壁画：跑跳的身影、呐喊的姿态和夸张的表情，表现出 20 世纪动荡年代底层人群的生活现状，让人心头骤然一紧。那些仿佛要从墙上走出来的一干人充满巨大的张力。如此表情，不仅仅是为了足球，更是为了苦难的生计。

步入体育场，首先是一个偌大的展厅，陈列着球员的头像和奖杯。由于马拉多纳曾在这个球队参赛，参观的人不少都是慕名而来的球迷。

导游带领我们几个人在体育场各个侧面参观，包括他们的新闻发布会场，让我们看个仔细。在新闻发布会场的长桌前，允许人们合影留念，这也满足了球迷们的心愿。

参观结束后，回到博卡区的色彩房子前，此时已人满为患。一对探戈舞演员临街做出姿态，供人们拍摄。一位穿着彩裙的女子，在午后的街道上敲着一扇彩色的门，看上去别有意味。这里还是探戈的发源地，昔日的贫民窟，现在已成为富有南美风情之地，这也该是一种轮回吧。

翌日，清爽的早晨，我背着相机走过酒店大堂，一位服务生赶紧过来对我说，这一带小偷比较多，背着相机需要注意，我向她道谢。一路小心地在街上拍完一圈后，有一位 40 多岁的绅士用西班牙语跟我打招呼，他也悄声地告诉我，在街上要小心相机。

在这里旅行，要注意防盗是多部旅行书的提醒。我想自己小心点就是了，没有过分紧张。中午时分，休息一会儿，我便在酒店大堂等人。午后的时光，大堂很静，我坐在椅子上，把装着一支独角架的相机放在身旁的圆桌上，这支独角架的长度 50 多厘米，上面放着一顶遮阳帽。

等的人还没来，我拿出手机，调整下不同的手机网络。回应的速度有点慢，我完全沉浸在手机上。突然，我眼睛的余光发现遮阳帽掉在了地上，纳闷之际，转头一看，一个 30 多岁的男子拿起我的相机正要抬腿逃走，他见我发现了，赶紧放下相机，说了两声“Sorry，Sorry”，便溜走了。

我这才反应过来，原来遇到一个专门在酒店行窃的盗贼了，但我遇见的是一个还会说“Sorry”的小偷！他的装扮也具有典型特征：着蹩脚的蓝色西服，手里拿着一只很小的双肩背包，那包是空的，是他作案的掩护道具。

我后来跟朋友们说起这件事情，他们笑着说，你看这里的小偷也算是很有素养的吧？不明抢，被人发现后还会道歉，若在别的国家遇到此种情况，肯定是小偷拿了就跑，你根本追不上的。我很庆幸在相机上装了一支独角架，这样他从桌子拿起来时目标很大，被我及时发现了，不然他可能就得手了。相机加上一个镜头就是超过 10000 多美元的器材，对他来说，也是很有诱惑的。

从贝隆夫人的墓地到黄昏的贵族区

布宜诺斯艾利斯的雷科莱塔区（Barrio Recoleta）是一个贵族区。在这点上它与巴黎相似，一个区一个模样，差异相当大。我来到一片开阔的草地，树荫下，几个上了年纪的男人穿着怀旧风格的西装，站在一个木箱子上面，静静地摆造型，在他们的周围摆放着旧唱片和旧年历等老物件，其中一张年历画上的人物是一位优雅的女士——大家都比较熟悉的伊娃·贝隆（Eva Perón）。

穿过草地，我从一个狭窄的门进去，来到雷科莱塔公墓（Cemitério da Recoleta）。我在世界各地瞻仰过许多墓地，拜会那些不朽的灵魂。在巴黎、圣彼得堡、布拉格……现在是去伊娃·贝隆安息的墓地。

这是阿根廷知名的墓地，建于 1882 年，占地面积 6 万平方米。整个墓地规划紧凑，横竖甬道清晰，像一个安静的村落。每一块墓碑都修造得庄重美观，墓地上的塑像和装饰物各有特色。墓室也各有千秋。看见一个墓室安装着玻璃门，门上有一把小锁，还挂着帘子，但并不严实，可以看到里面的地上叠放着两具棺材没有下葬。

向西慢慢地寻找，在一条窄窄的甬道里，几位游客默默地站着，我静静地走上前去，看见一座黑色大理石墓穴的铁门上插着玫瑰，旁边的铭牌上刻着“Eva Perón”的字样。每年都有旅行者专程来瞻仰贝隆夫人的墓地。人们来寻找历史的佳话、女性的传奇，当然，还有人们乐于怀想的风韵往事。

在阿根廷历史上，二战后的贝隆政府是值得书写的。胡安·贝隆（Juan Perón，1895—1974）在 1946 年和 1952 年被选为总统，他鼓励本地工业化和自治化，从而使阿根廷经济迅速发展。

伊娃·贝隆，全名为伊娃·杜阿尔特·德·贝隆（Eva Duarte de Perón，1919—1952），又叫艾薇塔（Evita），是一个裁缝的私生女，15 岁时成为舞女和交际花。1945 年，她 26 岁时与胡安·贝隆结婚，成为阿根廷第一夫人。在 1947 年她以第一夫人的身份出访西班牙、意大利、法国和瑞士，引起轰动和争议。在当时由男性主宰的权力世界里，主流社会还无法容忍一个出身卑微的女子与他们分庭抗礼，但她的风采却横扫欧洲。一些媒体将此次的出访称作“彩虹之旅”。

由于她实施一系列亲民政策，积极维护女性权益，为女性首次争取到了选举投票权，赢得了爱戴。她注重穿戴，甚至影响了当时阿根廷的风尚潮流。1952 年 7 月 26 日她去世时仅 33 岁。阿根廷人从四面八方涌到布宜诺斯艾利斯，与她告别。人们纷纷点燃蜡烛，恸哭之声不绝于耳。

1996 年的影片《贝隆夫人》（*Evita*）艺术化地展现了她那短暂而丰富的人生。

直到现在，每年 7 月 26 日这一天，阿根廷人依然还会以各种方式纪念她。她被称为“阿根廷的玫瑰”。

离开墓地，我在雷科莱塔区漫步。沿街密布着雅致的公寓和精品店，还有几家咖啡馆。路上的行人不多，绿荫蔽日，我的步伐也慢了下来。

路经一家十字绣作坊。门口挂着色彩绚丽的十字绣，十分喜庆，我推门进入，大家即刻放下了手里的活儿，笑脸相迎。店主是一位 50 多岁的妇人，更是热情，她向我介绍每个人的名字。靠窗户坐着的是一位 40 多岁的男士，他手里的作品相当精致。这里每天下午都会有学员来学习十字绣，在舒缓的生活节奏中，慢慢地完成自己心中的图案。

这似乎是这座被称为“南美巴黎”的都市一幅最好的画面。在喧嚣、热烈、沉思之后，它步入宁静和优雅。

飞往世界最南端的城市

翌日清晨6点30分，我赶往纽贝里机场，这是布宜诺斯艾利斯的国内机场。晨光明丽，洒在宽阔的拉普拉塔河上（Rio de la Plata）。晨跑者和垂钓者被勾勒出生动的光边。这种炫目之光让人睁不开眼睛，瞬间有种迷幻之感，进而坠入一种美妙的情绪之中。

从布宜诺斯艾利斯到乌斯怀亚，有多家航空公司的航班可以选择，夏季每天都有一个航班，冬季的航班明显减少。飞行时间约4个小时。布宜诺斯艾利斯的机场是豪尔赫·纽贝里机场（国际航协机场代码AEP，Aeroparque Jorge Newbery），而不是艾塞萨国际机场（EZE，Aeropuerto Internacional de Ezeiza）。

在清亮的河光反射中，司机停下车。我拿出行李，走进这座河畔机场。候机大厅不大，已经挤满了旅客。我选乘的是飞往乌斯怀亚的包机，我将从那里前往南极。

机场简易陈旧，我在候机厅里等待时，浏览一本关于南极的书，不时与身边的同机人聊天。从他们的穿着上很容易看出，这是一群即将奔赴南极的旅人：他们头上戴着皮帽子、脚上蹬着高帮户外鞋，身着冲锋衣，背着带防水罩的背包……一切都体现

着这是一次非同寻常的旅程。

终于登机了。由于从布宜诺斯艾利斯到乌斯怀亚的飞行时间时常有变化，曾发生过旅客赶不上邮轮的情况，这样，自行前往乌斯怀亚的旅客一般都会提前一天到达。当天，我乘坐的这趟包机也比规定的时间晚点起飞。当然，这不需要担心，因为这架飞机上大约有邮轮上一半的客人，船是不可能不等我们的。

飞机起飞，开始了4个小时的航程。白云之下，是阿根廷楔形的大地。从34° 20′ 的首都，需要飞到南纬54° 48′，即从亚热带飞到南寒带。我坐在最后一排，这一排只有我一人。窗外白茫茫一片，我问空姐，降落时从左右哪个方向可以拍到比较好的景色，她说不清楚，但可以问一下机长。

广播传来开始降落的通知。那位空姐特地走回来，告诉我在右舷看到的景色会比较美。我换到了右侧的座位上，舷窗外出现了绵延的冰峰，飞机开始倾斜，沿着一条海岸线飞翔，一座群峰环抱的海边小城渐渐清晰起来。位于南美洲最南端火地岛（Tierra del Fuego）上的乌斯怀亚到了。

乌斯怀亚机场小巧精致，原木结构，大厅柱子的基座用石头垒砌而成，体现一种质朴而环保的风格。走出机场，一阵朔风吹来，瞬间感受到了寒带气息。

在进入市区之前，我们首先去火地岛国家公园（Parque Nacional Tierra del Fuego）。这座公园建于1960年，面积689平方公里，是阿根廷唯一一个融合海洋、湖泊和山地环境的国家公园，西面属于智利，南临比格尔海峡（Beagle Channel）。这个海峡的名字来源于达尔文科学考察时所乘坐的名为“比格尔号”（*Beagle*）的船只。

沿着山谷公路，车子驶向火地岛国家公园。沿途有高峻的群山，山的下部是深黛色的植被，上部是留有残雪的陡峭山峰。这些山峦属于安第斯山脉的南端。云层很低，快速地移动着，在山脊上留下不断变幻的影子。

我们在一处海湾前停下来。海边的礁石厚重，上面残留着棕黄色的苔藓，凸显一种古旧的年代感。沿着林间小道行走，看到岩石上有几棵倒伏的树干，可以想象得到这里冬季严酷的环境。许多树枝上挂着一团团淡绿色或橘黄色的植物，毛茸茸的，是苔藓一类的植物。经过一片沼泽时，里面皆是干枯的树枝，还有小溪的倒影，那些植物好像刚从海洋升到陆地，携带着寒带植物特有的梦幻气息。

深入罗卡湖（Lago Roca）畔。几只黑颈天鹅在水中游弋，岸边的草丛中，一只兔子在觅食。我看到了它晶亮的眼睛。

沿着比格尔海峡行走，沿海的山坡露出灰白和赭黄的颜色，貌似来自古老的地质年代。海中露出的一块块陆地上，也是这种苍劲的色调。岸边的草丛很深，几只灰棕相间的灰雁和黑白花纹的灰雁在午后的阳光下悠闲地觅食，它们的眼睛都在警觉地盯着我们。

海边矗立着一个巨大的木质里程碑，表明这里是阿根廷国道3号线的南部终点，距离布宜诺斯艾利斯3079公里，距离阿拉斯加17848公里。

乌斯怀亚的黄昏

站在乌斯怀亚的码头，远远地望见街上的房屋被涂得五颜六色，使这座位于海水和雪峰之间的小城更加迷人。

乌斯怀亚夏季的温度约为9℃，冬季为1℃。最佳旅行季节从11月到次年3月。

沿着拉塞雷街（Lasserre）的上坡路，我拐进圣马丁大街（Avenida San Martin）

这是一条主要的商业街。下午时分，不太宽的街上挤满了背包客。一派繁华景象。

一家工艺品店陈列着用玫瑰石做的艺术品，巧妙地利用了石头本身的颜色和肌理效果，如黑色玉石雕成的巴布亚企鹅，再用一小块粉色的玉石制成企鹅的喙，活脱脱一群巴布亚企鹅出现了。在旁边的柜子里，用粉色花纹石雕刻的探戈舞者形神兼备；还有用灰白相间的玉石雕琢而成的雄鹰，颇有气势；而镇店之宝是用白玉雕制的一个马头：马的眼睛，刚好有一圈自然形成的褐色纹路，像戴着眼罩，效果逼真，直让人的目光停在此处无法挪开。这些雕塑的价格都不便宜，最小的一只企鹅也要好几百美元。

我沿着圣马丁大街往西漫步，沿街有多家服装店和户外用品店，还有一家Casino，再往西走则是一个尖顶教堂。行人渐渐稀少了。街边的墙上有大面积涂鸦，内容有黑蛇绕头的孩子，抚琴吟唱的流浪歌手，还有神情刚毅的土著老人，充满拉美魔幻主义风格。

乌斯怀亚常住人口约56000人，是阿根廷火地岛省的首府所在地。位于火地岛的东部海岸，四周被群山环绕。

“乌斯怀亚”这个城市的名字来源于当地土著耶马纳人（Yámana，意为“男人”）的语言，意思是“流向西方的海湾”。耶马纳人在此生存超过8000年，主要靠捕杀海豹和海狮为生。他们与使用弩炮的其他部落毗邻而居。耶马纳人，也被称为雅甘人（Yahgan，意为“我们”），属于南美印第安人，是火地岛南部海岸和恩角（Cape Horn）以南邻近岛屿的传统居住者。19世纪时，人口数量2500—3000人。到1973年，雅甘语是此地唯一被保存下来的土著语言，此后，该语言逐渐失传。

1870年，英国传教士华斯蒂・H・斯特林（Wasti H. Stirling）成为该地第一位定居者。此后，一些欧洲殖民者开始聚居，建立起养羊场和养牛场。1872年，这里诞生了第一批“白种火地岛人”（White Fuegian）。

1884年，阿根廷在此建立海军基地。从1896年起，囚徒被长途押送到这里。1920年，这里修建监狱。20世纪前半叶的大部分时间，这座小城以关押重刑犯的监狱而闻名。此地如此遥远，以至犯人逃跑都成为不可能的事。现在，这里已成为前往南极和巴塔哥尼亚（Patagonian）旅游的门户。

去码头的时间还早，我在街上漫游。发现临街有一座小巧的历史花园（Jardin Historico）。靠外面的花坛里栽种着红色的花，迎风而立，这种红色极其鲜艳妩媚，充盈着一种诱人至深的气息，这就是罂粟（Poppy）。往里面走，分别是翠菊（Swamp Aster）和鲁冰花（Lupine）区域，此外，还有草莓和覆盆子。

从圣马丁大街往北走，缓坡之上矗立着一幢幢别墅，这是当地人的住所。山坡草坪上，盛开着紫色的鲁冰花，洋溢着蓬勃的自然气息和浓烈的紫色迷情。由于风速太大，乌斯怀亚的一些树木往往沿着风吹的方向生长，外形像旗子一样，因此被称为“旗树”。

在安静的山路间，我发现一家酒店，整个建筑材料采用原木，入口处摆放着几辆山地自行车。酒店附设的咖啡厅里，几位客人在享用下午茶，一番轻松景象。我喝着咖啡，与邻座的一对母女闲聊几句，她们是从法国南部的一个小城来旅行的，已经待了一个多星期。

在聊到我多次穿行法国，从科西嘉岛到布列塔尼的旅程之后，我悄声问她们，想不想去南极？

那位年轻的母亲说，想，但现在去不了。

人往往就是这样。许多时候，只能在某个边缘等待——隔着平均宽度为 900 多公里的德雷克海峡或更宽的岁月之海。

夕阳醇厚，照在那位母亲的头发上，宛如一幅油画，浮现出一种空旷的隔世感，蓦然间我想起一句话："Ushuaia, the end of the world, the beginning of everything."（乌斯怀亚，世界的尽头，万物的开端。）从另外一个角度来说，万物皆虚，万事皆允。

多年后的此时，我闲坐在苏州水岸的一家咖啡馆，查阅着关于乌斯怀亚的文学作品，发现了一部 2018 年出版的小说《风之大地》（*La Tierra del Viento*），由阿根廷作家哈维尔·阿里亚斯·阿尔塔乔（Javier Arias Artacho）著。借助翻译软件，我了解了该书的大概情节。

19 世纪末，在维多利亚时代的英格兰，一个年轻女孩苏菲·科林伍德（Sophie Collinwood）在不幸成为孤儿后，被迫前往世界的尽头。这个世界尽头就是位于阿根廷最南端的乌斯怀亚，也是前往南极洲之前地球上最后一个港口。这个由英国圣公会传教士建立的遥远飞地，在外界似乎只流传着殖民者被土著人谋杀的故事，但也让人得知这座城镇景色秀丽。

苏菲·科林伍德最终不得不接受她的命运，嫁给一位英国牧场主丹尼尔·萨默（Daniel Summer），并以继母的身份对他的儿子进行教育。然而，丹尼尔·萨默一家似乎埋藏了某些谜团，苏菲·科林伍德开始明白，她的生命已处于危险之中。

那个农场里藏着什么？谁曾住在那所房子的阴影里？

这部小说似乎是一个线索，让我再次回眸那风之大地，忆起漫长而永生难忘的南极之旅。

这部小说的追问，也像来自南极群岛和白色大陆的追问：那些岛屿上珍藏着什么往事？谁曾住在历史的帐篷里？他们度过了怎样的死亡阴影、历险或罹难，直至重生或永生？

Buenas

在南极的漫长航行中，邮轮上的乘客被告知，每天晚上需拉好窗帘，遮住房间的灯光，以防止鸟类趋光撞到舷窗上，从而保护在船边飞行的鸟类的安全。

尊重生命，意味着尊重所有庞大的或幼小的生灵。

Islas Malvinas

At the End of the World in the Eye of the Storm

世界尽头的风暴之眼

马尔维纳斯群岛是地球上最为偏远且著名的岛屿之一。

所谓偏远，是因其在南极海域的北端，路途漫长。

所谓著名，是因该群岛作为当年马岛战争所在地，在当代战争历史上属于非常重要的案例；而岛上绝美的自然环境，更让人流连忘返。

在南美大陆最南端启航

黄昏时分。码头上停靠着一艘邮轮，船首“*FRAM*”的名字会让极地旅行者颇为兴奋。因为这就是传说中的“前进号”邮轮——船身白色和红色相间，底部黑色，

整个船体看上去敦实有力，像一个充满肌肉感的家伙。该船吨位 12000 吨，抗冰等级为 1A/1B，巡航速度为 18 节。

进入邮轮的船舱，意味着几天以后将抵达白色大陆——那是以严酷环境和极端寒冷而闻名的荒原大陆，气候变幻无常。那里的生命，将以怎样的姿态绽放？

走进船舱，我们在接待处办理入住手续。一位小伙子递来一张房卡，我的房间号是 502。我搭乘电梯来到第五层甲板，走进房间，这是位于邮轮最前方的套房，面积大约 25 平方米，除了一张大床、衣橱、书桌之外，还有两排沙发，配有 34 吋彩电。卫生间门口有一个按钮，控制着地板加热器，按下去，不一会儿地板就热了。浴室外面的玻璃门上还有两根固定用的橡皮绳，因为船要穿过西风带，需要固定好门，以免损坏玻璃。

房间的前方有一面巨大的窗户，侧面也有，视野开阔。上面的第六层甲板是驾驶舱。在房间里收拾停当，我到邮轮各层体验其设计。整体感觉是，设计上秉承了海达路德（Hurtigruten）游轮的特色，简约质朴，可以让客人最大限度地接近自然。

以前关于“Hurtigruten”的翻译曾有几个版本，比如“何特格鲁特”，完全是音译；有的是“荷题歌如腾”，倒也有一点诗意；当“海达路德”的译名最终确定下来后，我觉得比较妥帖，富含文化意味。

孔子曰：“德不孤，必有邻”，作为一个旅者，若无德，必将行之不远，而我们最终走到了这里，正是因为内心深处的“德”，一种朴素的信念。

邮轮的第七层甲板上有一个开阔的 Qilak 观景廊，在格陵兰语里，“Qilak”意为“天空”。第六层前部是驾驶舱，第四层前部是两个会议室和一间咖啡厅，还有一家小商店，后部是 Imaq 餐厅，在格陵兰语里，“Imaq”意为“海洋”。其他部分则是客房和配套设施。整个邮轮共有 136 间客房。人们就是在这样一艘船上，去追寻海天之间的广袤南极大陆。

作为极地探险旗舰，“前进号”充满故事。在第四层甲板餐厅入口处，立着一尊白色的大理石雕塑，这是为弗里德约夫·南森（Fridtjof Nansen，1861—1930）雕刻的作品。很久以前我聆听过他的故事。南森作为挪威探险家，他了解到冰山经常把木制船压碎，潜心研制出圆底探险船，船名就是“*Fram*”。在挪威语里，“*Fram*”的意思是“前进”。

1893 年 6 月 24 日，南森率领一支 13 人的队伍，驾船从克里斯蒂安尼亚（Kristiania）启航，进行北极点探险，不料在北纬 78°50′、东经 133° 37′ 处，船被冻在冰层里，他和队员 F.H. 约翰森决定采用皮划艇向北移动，1895 年 4 月 8 日，他们抵达北纬 86° 14′ 之地，这是当时人类到达的最高纬度。

此后，他们只好返回。从 1895 年 8 月 26 日至 1896 年 5 月 19 日，在弗雷德里克·杰克逊岛（Frederick Jackson Island）过冬。两个人就在一个避风的海湾搭建起一座石头小屋，以海象皮作为屋顶。食物主要以北极熊肉和海象肉为主，并用鲸脂作为照明燃料，如此度过了一个漫长的冬天。南森每天坚持写日记，1885 年圣诞节的晚上，他把自己穿了一个冬天的衬衣里外翻了一下，算是穿了一件新衣服，就这样度过了一个不同寻常的圣诞节。

夏天，当他们返回那艘探险船时，船已从冰层里脱离。1896 年 9 月 9 日，南森和队员驾船回到挪威克里斯蒂安尼亚时，已是第三个年头了，他的妻子在这 3 年时间里，每天在教堂里学习声乐，陪着孩子成长，一心等待丈夫归来。

这次未完成的北极点探险计划，并没有妨碍南森成为探险英雄，此举依然震惊了整个世界，因为这是人类距离北极点最近的一次探险。后来他成为大使。1922 年，由于在拯救难民方面的成就，他获得了诺贝尔和平奖。

南森在 20 世纪 20 年代致力于国际联盟事务，不再有更多的时间从事科研工作，只是偶尔发表论文。此后，他有机会可以乘坐飞艇前往北极，但无法筹集到足够的资金，当时，他被挪威探险家罗尔德·阿蒙森（Roald Amundsen，1872—1928）欲征服北极点的远征所吸引。

1926 年 5 月，阿蒙森与队员林肯·埃尔斯沃思（Lincoln Ellsworth）、意大利航空工程师翁贝托·诺比勒（Umberto Nobile）一起，驾驶“挪威号”（*Norge*）飞艇，从北冰洋斯匹次卑尔根（Spitsbergen），飞越北极地区，到达阿拉斯加。斯匹次卑尔根

是“挪威北极之冠”斯瓦尔巴群岛（Svalbard Archipelago）中最大的岛屿。

1928 年，阿蒙森在斯匹次卑尔根附近的一次坠机中，为了救出工程师翁贝托·诺比勒而丧生。

说起来，阿蒙森的探险业绩十分辉煌：第一个到达南极极点，第一个驾船通过西北航道，第一个通过空中穿越北极。无疑，他是极地探险领域伟大的人物之一。

1928 年，南森举行了一个悼念仪式，纪念在北极罹难的阿蒙森。南森是这样评价阿蒙森的：“He found an unknown grave under the clear sky of the icy world, with the whirring of the wings of eternity through space.”（他在冰天雪地的晴空下发现了一座无名的坟墓，永恒的翅膀在天空中呼啸而过。）

1926 年，南森当选为苏格兰圣安德鲁斯大学（University of St Andrews）校长，是第一位担任这一荣誉职务的外籍人士。在回顾人生经历后，他在就职演说中直抒胸臆——

“We all have a Land of Beyond to seek in our life—what more can we ask? Our part is to find the trail that leads to it. A long trail, a hard trail, maybe; but the call comes to us, and we have to go. Rooted deep in the nature of every one of us is the spirit of adventure, the call of the wild-vibrating under all our actions, making life deeper and higher and nobler.”（我们每

个人在生活中都有一个超越之地要去寻求——我们还有什么可以询问的？我们生命的一部分就是为了找到通向它的线索。一条漫长的小径，一条艰难的小路，但召唤传来时，我们就要启程了。深深植根于我们每一个人的天性就是冒险的精神，狂野的召唤让我们在行动时精神振奋，使得生活更深邃、更高阔和更尊贵。）

2007 年，当这艘邮轮建成时，也被命名为“*FRAM*”，从一艘木制船到一艘专门开赴极地的现代化邮轮，尽管规模不太一样，但其不断探索未知自然的精神却是一脉相承的。

在南森塑像对面，是一排陈列柜，里面陈列着当年南森探险时用过的物品，包括书籍和特殊仪器，其中有一个器具是南森为了测量深海水质发明的一种取水器：将长 65 厘米，容量约 1 升的圆筒放进海里，在特定的位置取到水样后，利用一个装置把这个圆筒倒扣过来，这样就把水样固定在里面，构造精密且实用，充分体现了南森的发明天赋。这个装置后来被称为“南森瓶”，各国海员用它来测量海水，沿用至今。

船上的每一个房间，分别以一位极地探险人物的名字来命名，我的 502 套房门上的铭牌是欧鲁夫·雷纳斯（Oluf Raanes）。房间的书桌上，挂着他的照片和事迹介绍。照片上他戴着毡帽，看上去像一个本分木讷的工匠。1898—1902 年，他曾随“前进号”木制船探险格陵兰西北部和加拿大北部岛屿。此后，他当了 22 年的灯塔守护人。1929 年退休后，他搬到特隆赫姆（Trondheim）。从 1930 年起，他帮助修复“前进号”木制船。这艘船目前陈列在奥斯陆比格迪（Bygdøy）博物馆。他于 1932 年去世。

于是，在这艘邮轮上，从 502 房间到 4 楼的南森雕塑之间，串起了关于“前进号”的传奇故事。每一个夜晚，都可以聆听历史与现实的滚滚涛声。

“魔鬼海峡”昼与夜

傍晚时分，邮轮启航，乌斯怀亚小城的灯光渐渐远离。起初还风平浪静，我在第七层甲板的平台上拍照留影。渐渐地，温度下降，风越来越大。

救生演习开始了。船上的人都集中在第五层甲板上，开始熟悉船上警报声的各种含义，学习救生衣的穿着方法，因为去南极的航程存在着一定的危险性。在这艘船启航前的半个月，也是一艘前往南极的邮轮在海峡里遇险，船上有 96 位美国乘客，阿根廷海军派出军舰赶赴营救。而在此 5 年前，一艘邮轮在南极海域撞上了冰山，最后船体沉没，所幸乘客都被成功援救。

南极旅行有其特殊规定，局限也很多，通常只在每年 11 月底到次年 3 月初的南半球夏季进行，邮轮的舱位相当紧张，有的需要提前一年预订。所有欲前往南极旅行的游客，都需要提交健康证明书。

去南极并不是简单的“度假”，而是一项探险活动（Expedition），一种知性之旅（Educational Tour），随行的许多人员都是生物、自然、历史和极地方面的专家。所有旅客都要求遵守南极相关法规，除了照片和记忆之外，不能带走南极的一土一石。因为那些石头是企鹅筑巢的材料。

晚餐的时间到了。来到餐厅，我的餐桌位于邮轮的左舷最后侧，视野颇佳。除了我之外，其他 3 位都是来自英国的绅士，年龄都比我长 20 岁左右，其中的斯蒂文斯（Stevens）先生在苏格兰的一家银行工作过，退休后终于有时间完成他梦想中的南极之行。

我邻桌的一位女士是坐着轮椅过来的，她热情地跟我打了个招呼，我跟她闲聊几句，这位 63 岁的退休教授得了类风湿关节炎（Rheumatoid Arthritis），但尚能乘坐轮椅行动。她在犹豫了几年之后，终于毅然决然地踏上了奔赴南极的旅途。

晚餐过后，我来到酒廊，喝着饮料，与来自大约 13 个国家的旅客慢慢熟悉起来。在室内着装方面，可以准备舒适的休闲装。在邮轮上可以穿着舒适的衣服，平时就餐也不要求穿正装。隆重的船长晚宴，则需按照着装指南（Dress Code）来置装。

夜深了，回到舱房。我坐在柔软的床上，冥想。与在陆地不同的是，船上的空间相对狭小，加上邮轮航行的颠簸和噪声，意守丹田，需要格外专注。

大约过了 10 分钟，我进入一种深度的放松状态，呼吸放松，与周围的海洋环境融为一体。

关于冥想，一直以来我认为它是一种神奇的身体姿态、修炼方法和疗愈方式。在开始冥想时，我总是瞬间就可以放松，达到清空澄明的境界，这是自我与现实世界的一种游离而模糊的接触，但依然与身体周围的一切气息相通，有时在冥想的过程中，似乎存在着两个自己：一个已进入深睡眠的安静中，而另一个还在顽皮地睁着眼睛，站在不远处好奇地看着一切，与自我对望。这样美妙的状态有如古人所言："形在江海之上，心存魏阙之下……故寂然凝虑，思接千载，悄然动容，视通万里。"

极是，视通万里。冥想时，儿时的记忆有时会突然浮现。一弹指，则六十刹那。在冥想时刻，时光的手指也在身边挥舞，只是人不再急切地听从那手指的指挥。终于可以暂时摆脱浮躁，一点一点地迈向心灵的大宁静。

生命本欢喜，庸人自扰之。

心智、肉身、性灵、欲望、搏击、放松……这一切，都是关于生命自身的，在这个动荡年代，在这个容易感伤的世界，或许只有一种超然物外的态度，才是抗击不幸的最好方式，可以清除心灵的杂质，并长久地让这种超脱成为一种习惯。

邮轮继续向东航行。在德雷克海峡的上方，即"魔鬼海峡"——德雷克海峡（Drake Passage）的边缘行驶。风浪滔天。

南纬 40°—60° 附近，在终年强劲的西风作用下，加上来自印度洋的暖湿气流和南极冷极高气压交汇的综合影响，低气压气旋接连不断地由西向东移动，洋面上掀起惊涛骇浪，形成名副其实的南大洋暴风区。

德雷克海峡位于南美洲和南极洲之间，刚好处在南大洋暴风区的咽喉位置，是世界上最宽的海峡，长 300 公里，宽度从 890 到 970 公里不等，也是深度最大的海峡，平均深度约 3400 米，深水区域的深度达 4800 米，最深处为 5248 米，被形象地称为"摇滚之海"（Water of Rock and Roll），还有人比喻为"怒吼的 40°、疯狂的 50° 和呼啸的 60° "。

该海峡尽管以弗朗西斯·德雷克爵士（Sir Francis Drake，1540—1596）的名字命名，但这条通道是 1616 年由威廉·舒滕（Willem Schouten）率领的佛兰芒探险队首次穿越的。

德雷克海峡被认为是世界上最惊险的航道，连接着大西洋和太平洋之间的霍恩角（Cape Horn，即南美洲最南端）和南设得兰群岛（South Shetland Islands），著名且具有传奇性，是探险历史和探险知识中最常见的内容之一。在 1914 年巴拿马运河开通之前，德雷克航道在 19 世纪和 20 世纪初的贸易中起到了重要作用。

德雷克海峡内的海水主要从西向东流动，是南极环极流（Antarctic Circumpolar Current）的一部分，流量每秒 8700 万立方米至 1.48 亿立方米。该水域富含磷虾（Krill），是鲸鱼、海豹和企鹅的基本食物来源。

邮轮在剧烈地摇摆。衣橱里，衣架随之左右滑动，需要把衣橱全部挂满衣服才会稳住。卫生间则要用那根橡皮绳子把浴室门牢牢地固定。行李箱本来摆放很整齐，由于摇摆剧烈全部滑了出来，只好把它们平放在地板上。我把最重要的 3 套摄影器材放进衣橱，并裹在一条被子里，以确保不移动。这时我才发现大床的构造也很特殊，席梦思下面是结实的床架，床架的三面都装有特定的防滑卡子，防止席梦思滑动。

去南极的装备相当复杂。最基本的是全套防寒服装和手套，这些都需要有很好的防水性能，因为每天登陆时都会水花四溅，所以还需要穿上长筒雨靴。此外还需带上必备药品，船经过德雷克海峡时，一般会遇到高于 8 级以上的风浪，持续 20—30 个小时，被称为“魔鬼的西风带”，所以要带上晕船药。如果把南极所需物品详细列出清单的话，有 30—40 项。其中，防风防水的裤子和夹克是海上旅行的必备品，另外还包括保暖帽或羊毛头套、围巾、羊毛内衣、抓绒衣或毛衫、保暖袜。船上租用的长筒雨靴往往肥大，通常需要穿上两双袜子，徒步时才不会磨脚。

我带上了哈苏相机，主要是从防寒的角度来考虑的。此外，数码相机也带了两套。镜头从 16mm—35mm 广角变焦镜头到 400mm 的长焦镜头，外加 1.4 倍增距镜，都会用到。冰山上有很多企鹅，距离船相当远。此外，登陆后，按规定必须距离企鹅 5 米以上，这样，拍摄企鹅特写照片需要焦距相当长的镜头。

我试图在房间里走几步路，发现很困难；想坐在书桌前打字也不太可能，只能躺在床上看书。整整一天都是这种风浪，而这仅仅是从西风带边缘穿过，在此次航行的最后两天，船将从南极大陆直穿德雷克海峡，风浪强度会比现在更甚，最大风浪约为 10 级台风的量级，人也会经历一次“炼狱”，难怪有人说，到南极是“花大钱买罪受”。

如此魔鬼海峡也曾让个别旅客行为失常。听说有一位乘客在巨大的风浪里晕船不止，胃吐空了，精神也恍惚起来，行为有些异常，同船的人怕他去跳海，找来绑带把他绑在床上，如此度过了漫长的 30 多个小时。

初登西点岛

第三天早晨，靠近西点岛（West Point Island）。这是马尔维纳斯群岛西北端的一座私人岛屿，最初被命名为信天翁岛（Albatross Island），由在此筑巢的黑眉信天翁而得名。该岛与大陆被一条名为“Woolly Gut”的海峡隔开。从 1879 年起，这里属于罗迪・纳皮尔（Roddy Napier）家族。通常需要坐邮轮或私人船只才可以靠近岛。

马尔维纳斯群岛（Islas Malvinas），英国称之为福克兰群岛（Falkland Islands），由两个大岛和 776 个小岛组成，总面积 12173 平方公里，人口 2900 多。位于南美大陆最南端火地岛以东 480 公里处，但实际上这个群岛是从非洲冈古瓦纳版块中分离出来的。

1592 年，英国人约翰・大卫斯（John Davis）驾驶“欲望号”（*Desire*）轮船来到这里，这是历史上最早关于欧洲人登陆的记载。1764 年，早期的法国殖民者以其母港法国圣马洛（Saint-Malo），将此群岛命名为马卢因斯岛（Malouines）或马洛维内斯岛（Malovines），这便是马尔维纳斯群岛名称的由来。马尔维纳斯群岛也是南极深度探险线路中的一个重要停靠点。

全船约有 250 位乘客，被分成 8 个登陆小组，需要乘坐橡皮艇（Tender Boat）登陆。由于南极的大多数岛屿和大陆是没有码头的，必须涉水而行，这时，高筒雨靴和高帮徒步鞋都是必需品。

登上橡皮艇之前，要经过一个水池，里面是两块吸满洗涤剂的海绵，需要把整个雨靴浸没在水里，接下来是一个冲洗槽，可将靴子的各个侧面清洗干净，以保证

不带上尘土登陆。

每艘橡皮艇可以乘坐 8 位乘客。从邮轮登上橡皮艇时是有严格规定的，如两只手必须空出来，所有的摄影器材必须放在带有防雨罩的背包里；跨上船时，与接应人员的手势要用“水手握”（Sailor's Grip），这是一种海员规范的握手姿势，即双方握手时，互握住对方的小臂，这样可以确保相互握紧。

从船上到靠岸只有 500 多米的距离，但海风强劲，让人睁不开眼睛，开船的小

伙子浑身上下被各种装备包裹着，他的眼睛我们都看不到。靠岸时，橡皮艇一个转弯，海水瞬间泼满全身，冲锋衣上挂满水珠。

每年 11 月到次年 3 月，在南极的海岛和大陆边缘地区，白天气温一般在零下几度，但风极大，体感温度为零下 10℃—15℃，户外必须全副武装。

我们登上西点岛。这是一座安静的小岛，生长着南极地区的特有的植物，缓坡之上有一架风车快速地转动。天很晴，风相当大，山路边的茅草被吹得呈倒伏状。

需要经过大约2公里的徒步。小径旁尽是南极岛屿特有的禾胆草（Poa Flabellata，又名 Tussac Grass），足有两三米高，构成马尔维纳斯群岛重要的野生动物栖息地。在群岛繁殖的62种鸟类中，有46种鸟以这种草筑巢或喂养幼鸟。

经年之后，看着这些线条优美的蒿草在疾风中舞动的照片，我忆起美国诗人罗伯特·勃莱（Robert Bly，1926—2021）的《蕨草》（*Ferns*）——

It was among ferns I learned about eternity.
Below your belly there is a curly place.
Through you I learned to love the ferns on that bank,
and the curve the deer's hoof leaves in sand.

从蕨草丛中我领悟到永恒的要义。
你的小腹下有一方卷曲之处。
由于你，让我学会去怜爱岸上的蕨草，
还有鹿蹄留在沙滩上的弧纹。

我来到一处名为“魔鬼的鼻子”（Devil's Nose）的海岬，这里高381米，不仅是西点岛上的制高点，也是整个马尔维纳斯群岛最高的悬崖。下面是开阔的海湾，许多黑眉信天翁（Black-browed Albatross）在青山和碧海间翱翔。作为最大的展翅海鸟，成年信天翁展开翅膀的宽度达到2米—3米，它们可以在一周之内飞翔8000公里，从地球的北面飞到南极，因而被称为“最神奇的海鸟”。

全球有10000多种鸟类，其中海鸟只有百分之三，而海洋面积却占整个地球面积的百分之七十，因此，海鸟拥有丰富的食物资源。除了信天翁可以如此长途转战外，风暴海燕（Storm-Petrel）也在南北极地之间飞行。

马尔维纳斯群岛上已经没有陆地哺乳动物，野生狐狸也正在灭绝。整个岛上大约有65种鸟类，其中包括黑眉信天翁、福克兰田云雀（Falkland Pipit）和游隼（Peregrine Falcon）。这里是数百万只企鹅的繁殖地，企鹅多为跳岩企鹅（Rockhopper Penguin）、麦哲伦企鹅（Magellanic Penguin）和巴布亚企鹅。鱿鱼在岛屿周围的水域曾非常丰富，但由于过度捕捞，使得鱿鱼的数量锐减，从 20 世纪 90 年代起就成为一个严峻的问题。

这里是接近纯净自然的窗口。通过徒步观赏植物和海鸟的活动，我们可以幸运地接触到本真的南极岛屿。

回到登陆点的上方山冈，我走进一个小小的院落。岛上唯一的一户人家在这里热情地招待客人。桌子上摆着几样点心。我沏上一杯红茶，坐在院子里的草地上慢慢享用，十分惬意。从 1968 年第一批游客在此停留时，岛上家庭就邀请他们来享用茶点，这个习俗一直不曾改变过，曾经有一个造访团队人数超过 800 人，他们照样热情接待不误。

山坡上，几处井状的物体上盖着几块木板，里面埋着大桶，生活用水都靠这些桶里收集的雨水。不远处的风车在疾速地旋转，这里的居民依靠风力发电、自行种植蔬菜，过着一种纯自然的生活。正是这种环境友好型的居住方式，改变了自然荒岛的面貌，让各方面受益匪浅。

每次南极探险邮轮的到来，都会为岛上的居民带来面粉、肉类等食品，包括书报杂志，沟通着小岛与外界的联系。曾有人问这户人家的女主人杰姬："这里气候多变，你怎么能坚持住？"

她微微一笑，答道："其实只要你在这里住上一段时间，就会觉得岛上的宁静是最美妙的。"

是的，孤岛不荒。人心的荒芜才是可怕的。

新岛上的跳岩企鹅

经过中午的短暂航行，下午船停靠在新岛（New Island）。这也是马尔维纳斯群岛最西部的一个私人小岛，属于托尼·查特（Tony Chater）和伊恩·斯君奇（Ian Strange）两个家族。岛上最早的居民之一是捕鲸船"纳尼娜号"（*Nanina*）的查尔斯·H·巴纳德（Charles H Barnard）船长。1813—1814 年间，他与另外 4 名船员困

在这里约 18 个月，至今仍然可以看到当年残留的粗糙的石头掩体。

此后，从 1905 年起，马尔维纳斯群岛第一个也是唯一的陆上捕鲸站建立在南港（South Harbour），开始捕捞鲸鱼和海豹。该站于 1916 年关闭，因为业务已被转移到南乔治亚岛，那里的鲸鱼捕获量更大。

登陆之后，沿着弯弯的山路，经过一个小海湾，我看见里面停泊着一艘废弃的木船，透过木船，远远地，邮轮被纳入相机的同一画面。

山路上的草越来越深，路中间也有深深浅浅的泥潭，把我的冲锋裤溅得满是泥污。徒步一公里后，远远地听到一片企鹅的喧闹声，接近后，看到一个 U 形的山湾之间的碎石上挤满了跳岩企鹅。

这种成年跳岩企鹅的高度在 52 厘米—55 厘米，体重 2.5 公斤—3 公斤，其特征是红眼睛、眼眉上分别直立着一丛黄绿色的羽毛，头顶上飘扬着一丛黑色羽毛，看上去仿佛是街头的浓妆美女。这种企鹅外表看起来很艳丽、人畜无害的样子，实际上，它是企鹅家族中最具攻击性的一种。

它们主要分布在亚南极岛屿，尤其集中在马尔维纳斯群岛和南美洲最南端靠近霍恩角（Cape Horn）的岛屿上。主要的食物是磷虾，跳岩企鹅可以潜入 100 米的海洋深处寻找食物，而它们则主要被南方海狮（Southern Sea Lion）、豹海豹（Leopard Seal）和南方毛海豹（Southern Fur Seal）所捕食。

跳岩企鹅在每年 10 月下旬从海中返回这里，12 月中旬左右是产蛋的高峰期，一般产下两个蛋，接下来的一个月，雌性和雄性轮流孵卵。这种交替喂养和守护策略，在企鹅孵化出来后还会继续。雌性跳岩企鹅通常在四五岁时繁殖，雄性跳岩企鹅在五六岁时繁殖，它们的平均寿命为 10 岁，个别的会达到 30 岁。

大多数企鹅都在忙碌地寻找石头筑巢。企鹅的巢与其他动物的巢不同，是开放式的，它们在山坡或其他比较干燥的地方找到几块石头，用嘴垒成比自己身体大一点的地方，就算是巢了，因为每个聚居地企鹅的数量实在太多，所以几块珍贵的石头，就是它们的全部家当。

而它们最宝贵的是双脚旁的儿女。企鹅蛋由父母轮流孵化，爸爸孵化的时间一般会长些。当一方去觅食，另一方就留下来孵蛋，正在孵蛋的一方是不会进食的。在小企鹅孵化出来后，父母用羽毛来保护，因为南极的春夏季节气温还相当低，企鹅宝宝离开父母的身体 10 分钟都有冻死的可能。幸存的幼小企鹅经过 70 天的抚育，可以完全独立。

黄昏的暖光下，我坐在一块不平的岩石上，看着这些企鹅在恋爱、筑巢和喂养宝宝。眼睛每转过一点，都是一幅内容不同的画面——温馨、忙碌而甜蜜。不远处的企鹅妈妈在喂养宝宝——它们的嘴交错着，妈妈把嘴里流出的牙膏状的咖啡色食物，喂进宝宝的嘴里，这种食物一般是经过妈妈咀嚼的鱼虾，宝宝会更容易消化。

透过 400mm 的镜头，我可以清晰地看到企鹅的舌头上密布着一排排倒齿，它可以防止鱼虾等食物逃脱。每次母企鹅可以产下两个蛋，如果都能存活，则需要同时喂养两个孩子，刚才那个妈妈的怀里就有两个灰色羽毛的宝宝等着她喂养，在喂一只时，另一只睁开黑亮亮的眼睛，静静地等候。

尽管存在很多陆上繁衍地，但跳岩企鹅在世界自然保护联盟（IUCN）濒危物种红色名录中已处于“易危”（Vulnerable）状态。1930—2007 年间，马尔维纳斯群岛上的跳岩企鹅数量急剧下降，其中 1970—2000 年数量约减少 55% 以上，人类过度捕捞磷虾和全球气候的变化，导致的海洋食物链变化，可能是造成这种局面的主要原因，同时，鸟类学家分析后发现，与矿物燃料开采有关的污染也是一个重要因素。

在这个山湾里，还活跃着皇帝鸬鹚（Imperial Cormorant）、高地灰雁（Upland Goose）、条纹卡拉鹰（Striated Caracara）和黑眉信天翁等多种动物，在黄昏的暖光中，它们各自忙碌着，一派生机勃勃的景象。条纹卡拉鹰是世界上最稀有的猛禽之一，世界自然保护联盟（IUCN）濒危物种红色名录中估算，全球只有 1500—2000 只条纹卡拉鹰，指出，迫切需要更多的研究来了解和保护这种独特的猛禽。

我们从山路返回，一群红顶灰雁（Ruddy-Headed Goose）从路上欢快地穿过，在黄绿的草丛中，继续它们的觅食。

小路的尽头是一户人家，两个孩子在自制的滑索上玩得不亦乐乎。男孩叫杰克（Jack），9 岁，他的妹妹叫露丝（Ruth），7 岁。他们和妈妈是从斯坦利港搬来的，也是这个岛上目前唯一的一户居民。平时兄妹两人要在斯坦利港上学，假期里他们就回到这个岛上的家。岛上提供免费的初等教育，在斯坦利港各有一所小学和一所中学。

杰克带着我参观了他们的秘密住宅，一块鲸鱼的头骨是他们经常骑坐的地方，靠房子一排一米见方的小集装箱是他们“过家家”的地方，门太小，我无法钻进去看个究竟。再往前走，就到了他们的温室，圆形结构，外面覆盖着塑料薄膜，由于一整天的日照，里面的温度十分高，弯腰进去，镜头上即刻蒙上了一层水汽。两个孩子忙着让我品尝他们栽种的蔬菜，一会儿是一根香草，一会儿是一片菜叶，吃下去满口清香。由于镜头上的水汽，这一切看上去犹如雾气缭绕的仙境。

杰克的妈妈为两个孩子修建的滑索和这个小型温室，不仅让孩子们在有限的条件下自得其乐，还可以提供全家的果蔬，更主要的是能让他们从小就熟悉各种蔬菜，同时增加了在镇上学不到的劳动知识和野外生存技能。

夕阳下，我让他们跳起来为他们拍照。他们飞扬的头发和纯真的笑脸，为新岛留下了一个欢快的定格。

斯坦利港人家

第四天早晨，船停泊在斯坦利港（Stanley）。斯坦利港位于马尔维纳斯群岛东部，是马尔维纳斯群岛的首府所在地。群岛上五分之四的人口居住于此。

在那天邮轮上发出的书面简报中，有特别的警示，要求游客留意斯坦利港周围的雷区。在马岛战争中，阿军曾投下了25000—30000枚塑胶地雷，使得马尔维纳斯群岛存在135个雷区，其中大部分在斯坦利港附近，都标识清楚并用铁丝网围起来。由于至今无法用金属探测器探明其具体位置，因此无法将它们全部排除掉。

马岛战争，全称“马尔维纳斯群岛战争”，又被西方媒体称为“福克兰群岛战争”，是当代历史上的一场著名战役。1982年4月到6月间，英国和阿根廷为争夺马岛的主权而爆发了一场战争。阿根廷海军“贝尔格拉诺将军号”（*ARA General Belgrano*）巡洋舰在战役中被击沉，英国“谢菲尔德号”（*HMS Sheffield*）导弹驱逐舰也被击毁。长达74天的马岛战争共有255名英军士兵、649名阿军士兵和3名福克兰平民死亡。最终，英方获得对该群岛的实际控制权。

斯坦利港从1840年起就有人定居，并且是这个群岛的首府所在地。它是一个理想的避风港，为去合恩角的船只提供补给和船舶维修。当年，这里聚集着四海为家的流浪水手和满腹牢骚的捕鲸人，市井繁杂。1914年，巴拿马运河开通之后，帆船逐渐被蒸汽机船取代，斯坦利港慢慢演变为以羊毛贸易为主的港口。

在马尔维纳斯群岛的两个主要岛屿上，当地经济主要依靠养羊业，整个群岛养殖有几十万只羊，每年生产几千吨羊毛和羊肉。羊毛在英国销售，是马尔维纳斯群岛主要的出口产品，一家农牧公司成立于1852年，获得了“皇家宪章”，多年来是

马尔维纳斯群岛最大的单一牧场主，在该群岛的经济发展中发挥了显著作用。

20 世纪后期，当地政府制定政策，鼓励增加小型化农场，并努力使岛屿经济多样化。政府于 1987 年开始向外国人出售捕鱼许可证，这种销售收入成为新的经济增长点。2002 年，又建造了一个屠宰场，羊肉出口英国。

地质勘探研究表明，20 世纪 90 年代初，在马岛的近海发现了石油，同时也授予外国公司勘探许可证。旅游业尤其是生态旅游，在 21 世纪初迅速发展，成为经济的另一个主导门类。这些努力，使得该群岛的经济自 20 世纪末以来得以持续增长。也正是由于发现了石油，阿、英两国的争议也随之加大，这个群岛的未来还存在着变数，因此，也被称为“风暴之眼”。

具体来说，阿根廷不断在各种外交场合，重申阿根廷对马尔维纳斯群岛的主权要求，并称，阿政府愿意“不懈地寻求和平解决争端的办法”，但事实是，近 40 年来，英国一直拒绝与阿根廷恢复谈判。

这里也是一个奇妙的自然王国。在这个远离尘世的地方，可以欣赏到许多海狮、海豚和高地灰雁等野生动物，它们有时会造成道路的拥堵，因为在这里，就算是两三辆汽车在同一条街上前后行驶，也被当地居民认为是交通拥堵。由于这里是南极生态区的重要组成部分，当地居民细心地保护着纯净的环境。

码头有一条徒步线路，前往吉卜赛湾（Gypsy Cove）。我沿着一条海边小路前行，海中的岩石上长着绿色的苔藓，看上去格外鲜艳。一些海鸥和条纹卡拉鹰在不断地盘旋，风很大，空中的海鸥翅膀常常被风吹歪，僵持片刻，才缓过来继续飞行。

返回码头，乘坐穿梭巴士大约 10 分钟就到了斯坦利港镇中心。我沿着海边的罗斯路（Ross Road）漫步，街边散落着纪念品商店、咖啡屋、艺术品画廊和旅馆，还有一家邮局。可以买到当地的钱币、邮票和毛衣。还有用废旧船舶材料制成的木雕

作品，很有特色。这里所有的屋子都是木板结构，锡皮屋顶，外墙和屋顶漆成五颜六色，与周围荒芜贫瘠的地貌形成强烈的对比。风声呼啸，更显小镇的安静。

进入 Studio 52 画廊，里面面积不大，陈列着 10 多幅摄影作品，都是马尔维纳斯群岛本地的风光，标价每张 50—90 福克兰英镑，此外，还出售本地产的茶具垫子、银制首饰、灯具和香皂等。

摄影师就是店主本人，一位 30 多岁的女子。她说自己从新西兰迁居过来，现在以这个画廊为主业。她拿出一张福克兰英镑给我看，介绍说与英国英镑的图案和大小大致相同，也等值，只是上面多了一个企鹅标志。她说，全岛的常住居民基本上以英国人的后裔为主。马尔维纳斯群岛上几乎没有人失业，但住房短缺，从而阻碍了移民。岛上夏天风很大，冬天风反而小了些，因而也不过分寒冷。

此时，她的先生抱着一个大约两岁的孩子回来了，一家三口在镜头前面，只有

孩子完全无视镜头的存在，自顾自地看着妈妈的方向。她的先生是本地人，憨厚地笑着，似乎带孩子这样的事情理所应当就是由他来负责，而她则是更多地经营好这

家画廊，赚钱，养孩子。

斯坦利作为该群岛的主要城镇，也是岛上的小型文化中心，建有一座群岛博物馆。该镇还有一家邮局，马尔维纳斯群岛自19世纪后期以来，一直在发行反映该地区历史和野生动物的邮票。

英式的传统方式在斯坦利也体现得比较明显，街上随处可见鲜红的英式邮筒，还有几家英式酒吧和维护良好的花园。体育活动在岛上也颇受欢迎，包括海钓、骑马和观鸟。自2005年以来，斯坦利马拉松赛于每年3月在此举行。

小镇上，有几家家庭旅馆。我进入其中的一家Waterfront Hotel，女主人正在客厅里和孩子坐在地毯上玩儿。壁炉里炉火熊熊。她介绍说，从智利有航班直飞这里，不需要专门的签证，但每周只有一次航班。

在旅馆的餐厅里，每张桌子的麻棉质餐布上都放着苹果和橙子，一绿一黄，映衬着黄昏时分窗外安静的海岸线。

站在世界和时间的尽头，体悟简单宁静之境和清净寂定之心。

最终发现，南极属于另一种繁华。那种单纯，令人敬畏。

South Georgia Island

A Legendary Destination of the Antarctic Expedition

穿越南极探险的英雄时代

这次的邮轮航线命名为“沙克尔顿航线”，即沿着当年沙克尔顿的足迹，探索当今的南极。这也是目前一条较长的南极探险邮轮线路，历时 17 天。

遥想 100 多年前那个英雄时代，从斯科特、阿蒙森到沙克尔顿，他们是如何在自己的生命中、在人类的历史上竖立起一个又一个清晰的坐标？

登上南乔治亚岛

邮轮靠近南乔治亚岛（South Georgia Island）。南乔治亚岛位于南美洲东南方向2150公里，在马尔维纳斯群岛东南方向约1300公里处，是南乔治亚岛和南桑威奇群岛（South Georgia and the South Sandwich Islands）的一部分，面积3756平方公里，长

167 公里，最宽处约 37 公里，岛上的最高处是 2934 米高的佩奇山（Mount Paget）。

据说南乔治亚岛是 1675 年由伦敦商人安东尼·德·拉·罗奇（Anthony de la Roché）发现的，在一些早期的地图上被命名为罗氏岛（Roche Island）。另据阿根廷历史学家分析，1756年6月29日圣彼得节（St. Peter's Day）时，一艘名为莱昂（*León*）的西班牙商船的船员来此探险，因此，该岛的西班牙语名称是“圣·佩德罗岛”（Isla

San Pedro)。

这是目前由英国管理的一个南极岛屿。1908 年，英国正式吞并南乔治亚和南桑威奇群岛。阿根廷于 1927 年向该群岛提出领土要求。

由于位置偏远，又缺乏便捷的交通工具，这个岛屿成为一个难得的旅游目的地。该岛属于荒凉的南极气候，永久的积雪覆盖了该岛的四分之三，植被仅有茅草和一些冻土带植物。英国于 1945 年开始在该岛建立研究站，但直到 1964—1965 年才对该岛的纵深区域进行进一步的探索，包括首次登上佩奇山。

这里是众多鸟类和海洋生物的家园。岛上的野生动物包括王企鹅（King Penguin）、漫游信天翁（Wandering Albatross）和当地特有的南乔治亚田云雀（South Georgia Pipit）。每年夏季，还聚集着地球上一半数量的象海豹（Elephant Seal）和 95% 的南方毛海豹。

1993 年，英国将专属捕鱼区从 12 海里扩大到 200 海里（即从约 22 公里扩大至370公里）。目前，商业渔船在岛屿的领海主要捕捞南极鳕鱼（Fatagonian Toothfish，味美价高，又被称为“海中白金”）、冰鱼（Icefish）和南极磷虾（Antarctic Krill）。

上午。海岸上栖息着成群的毛海豹，在它们的后方，是最大的王企鹅聚居地，但必须走过大片的湿地和那些毛海豹盘踞着的领地才能进入。王企鹅颈部黄色的图案，让人眼前一亮。

分布在南半球的毛海豹共有8个亚种。成年雄性毛海豹的背部为灰色至棕黑色，嘴部为栗色。雌性和幼年毛海豹的背部为灰色，腹部呈灰白色。幼崽刚出生时是黑色的，到了两三个月大时变为银灰色。成年雄性毛海豹长约2米，雌性长约1.3米，体重25公斤—210公斤，雄性的体重大约是雌性的5倍。毛海豹在野外生存的平均寿命为15—25年。

这个季节恰逢毛海豹繁殖期，它们聚集在岸边，其中，最强壮的雄性毛海豹形同“种牛”一样，纷纷建立起自己的领地，在与对手搏斗获胜后，一般会占有40多只雌性海豹，整日追逐不停。这个时节，到处充满毛海豹的咆哮、嘶吼和交欢之声音。这是一幅海岸线上的欢腾画卷。

雌性毛海豹在这个繁殖季节分娩几天后会再次交配。到了第二年，它们在受孕近一年后，再次产仔，然后，再次交配，以继续这个生育的循环过程。

毛海豹属于群居型食肉哺乳动物。20世纪70年代末，每年约有14000只毛海豹被猎杀以获取其细密的毛皮，濒临灭绝。此后受到法律保护，才逐步得以恢复种群数量。

探险队员在橡皮艇停靠的岸边，用红色的隔离包开辟出一条道路，可刚走几步，几只刚成年毛海豹由于正处于活跃的青春期，见到我便划动两个前鳍，快速地扑过来。

我曾看过这方面的书，知道可以用拍手甚至轻声呵斥的办法阻止它们扑来，因为它们走动的时速约20公里，比人要快很多，所以，人是跑不过它们的。于是，我用拍手的办法，阻止了几只毛海豹，可前面又有一只毛海豹冲过来，它张大嘴，眼睛发亮，实在不忍心去去呵斥它，于是我蹚过旁边的一条小溪，躲开了那个兴奋而

淘气的小家伙。

我渐渐靠近索尔兹伯里平原（Salisbury Plain）那片黄白相间的海洋，看见数以万计的王企鹅（King Penguin）在它们的家园里歌唱和养育宝宝。

许多人看过影片《帝企鹅日记》（*La Marche de l' Empereur*，2005）。王企鹅与帝企鹅属于同一个家族，只是个子比帝企鹅略矮，是企鹅家族中体型第二大属种，成年王企鹅的高度 85 厘米—95 厘米，体重 14 公斤—17 公斤，雄性体重略大于雌性。它们的食物主要包括鱿鱼和磷虾等，能反复潜水超过 100 米深度，最大深度可以超过 300 米。据研究者观察，王企鹅在野外的寿命最长为 26 年，它的天敌是豹海豹和逆戟鲸（Orca）。

豹海豹是海豹种群中体格第二大的海豹，肤色为深灰色，长约 3.3 米，最大体量可达 580 多公斤，雌性比雄性略大，十分强壮，富有侵略性，主要捕食磷虾、企鹅和其他幼小的海豹。豹海豹的天敌是逆戟鲸和鲨鱼。全球豹海豹的数量约为 25 万头。

逆戟鲸，又称“虎鲸”，俗称“杀人鲸”，它们身上浮现着独特的黑白图案，长

约 9 米，体重可达 6 吨，在野外的平均寿命为 50—80 岁，是海洋世界中最强大的掠食者之一。此后，我在南极曾远距离地目睹两条逆戟鲸围攻一块浮冰上的海豹，进攻时讲究精准的技法，属于鲸鱼中高智商的狠角色。

长期以来，逆戟鲸一直是海洋公园的主角。它们在明亮的灯光下和波光粼粼的池水中为观众表演节目，但它们绝不会为此在被圈养的环境中成长。2013 年，纪录片《黑鲸》（*Blackfish*）揭露了被囚禁的逆戟鲸的心理代价。该片讲述了 2010 年 2 月，一头名叫提里库姆（Tilikum）的雄性逆戟鲸在奥兰多海洋世界（Sea World Orlando），将一名驯鲸员道恩·布兰切（Dawn Brancheau）拖入水中致死的故事。影片中，海洋世界训练师和鲸目动物专家的证词指出，提里库姆的生存压力直接导致了它对人类的反抗。

这部纪录片不仅记录了对逆戟鲸富有争议性的圈养行为，同时也告诉人们，这种囚禁，正在给人类和鲸鱼本身带来双重威胁。

南乔治亚岛是王企鹅重要的繁殖区域。成年王企鹅的背上长有灰黑色羽毛，胸部和腹部则有白色羽毛，耳罩部位呈现明亮的橙色羽毛，喉咙下面有一片亮橙色的羽毛，在长喙的下部也呈现一个橙色的泪滴状图案，像打了一个补丁。王企鹅的颜色搭配看上去十分高雅。大自然是最高明的配色师。

王企鹅产蛋的时间在每年的 11 月到次年的 3 月，孵化时，它们将蛋放在双脚上，用腹部的羽毛盖住，雄性和雌性王企鹅交替孵蛋，大约 54 天后，小企鹅破壳而出。小企鹅在孵化出来的第一个月或更长的时间，继续在爸爸或妈妈的腹部取暖。小企鹅在随后 310 天的成熟期里，还需要父母双方长期喂食。此后，小企鹅开始独立生活，它们身上覆盖着毛茸茸的深棕色羽毛，直到它们长到 10—12 个月大时，羽毛才会逐渐脱落。

王企鹅一般在 6 岁时性成熟，有些个体早在 4 岁就能成功繁殖。交配时节，为了吸引雌性，雄性王企鹅通常表现出一种“欣喜若狂”的行为，发出一种类似喇叭般的叫声，并向上伸高头部。在此求偶过程中，雄性王企鹅的几个小伙伴也会参与进来，摇头晃脑，一起演出一幕幕喜剧。

世界自然保护联盟（IUCN）濒危物种红色名单中，将王企鹅列入“无危”（Least Concern）物种。生态学家估计，目前全世界约有 100 万到 200 万对王企鹅，而且这个数字还在增加。19 世纪和 20 世纪，王企鹅常常被人们俘获，以获取油脂、羽毛和企鹅蛋。1969 年，有关方面颁布商业狩猎禁令，此后，虽然还存在着极少数的偷猎事件，但尚未构成对这一物种的危害。

100 多年前的营救往事历历在目

次日早晨 7 点，我们在南乔治亚岛的福尔图娜湾（Fortuna Bay）登陆。这个名字并非来自罗马神话的幸运女神，而是来自第一艘到此的“福尔图娜号”（*Fortuna*）捕鲸船。1916 年，“福尔图娜号”在此搁浅，据说，当时船上的舵手正在全神贯注地读家信，从而导致船只搁浅。

1775 年，詹姆斯·库克船长（Captain James Cook，1728—1779）抵达南乔治亚岛。但在历史上，更为著名的是英国探险家欧内斯特·沙克尔顿爵士（Sir Ernest Shackleton）的大营救行动。

作为南极探险英雄时代的人物，沙克尔顿于1874年2月15日出生在爱尔兰基尔代尔郡（Kildare）的凯尔基（Kilkea）小镇，他10岁时，全家搬到伦敦南部郊区的锡德纳姆（Sydenham）。沙克尔顿16岁时离开学校，进入一艘商船工作。在接下来的4年时间里，他慢慢积累了丰富的海洋知识。1894年，他通过了考试，成为二副。1898年，成为船长。

1902—1903年间，他跟随罗伯特·福尔肯·斯科特船长（Captain Robert Falcon Scott，1868—1912）的探险队，首次探险南极，到达南纬82° 17′，但接下来22只雪橇狗先后死亡，他们三人得了冻伤、雪盲症和坏血病，最终斯科特船长以沙克尔顿身体虚弱为理由，让他提前返回船上。

此后，沙克尔顿先后在新西兰和英国休整，同时寻找新的机会。因为在他心中，如果不再去南极的话，因生病从南极退出的憾事将会一直是他心灵的一块伤疤。哪怕是出于自尊，他也要重返南极并超越斯科特。其间，他完成了终身大事，1904年，他娶艾米莉·多曼（Emily Dorman）为妻，婚后生育了3个孩子。

从1907年底到1909年1月，沙克尔顿进行第二次远征，驾驶“猎人号”（*Nimrod*）探险船，抵达麦克默多海峡（McMurdo Sound）后，他和3位探险队员开始向南极点进发，抵达南纬88° 23′，却因给养不足不得不放弃。返程途中风速极大，他们制作了简易的风帆插在雪橇上，在冰冻的雪面上每天驰骋46公里（约合29英里）。整个归程2720公里（约合1700英里）。

尽管未能抵达南极点，这在当时已是人类对南极点的一次重要探险。他回到英国之后，由于此项成就，被国王爱德华七世（King Edward Ⅶ）封爵。

归程中，沙克尔顿在给妻子艾米莉的信里，写下了这样一句话：“I thought, dear, that you would rather have a live ass than a dead lion.”（我想，亲爱的，你宁愿想要一头活驴也不愿要一只死狮子。）

他的言语之中，体现了英国绅士拿捏恰当的诙谐，流露出他对妻子的一片深情。

1911年12月，挪威人罗尔德·阿蒙森首次抵达南极点。沙克尔顿只好把注意力转向策划通过南极点、跨越整个南极洲的计划。

1914年初，他在报上发布了一条简短的招聘启事——

MEN WANTED

for hazardous journey, small wages, bitter cold, long months of complete darkness, constant danger, safe return doubtful, honour and recognition in event of success.

Ernest Shackleton 4 Burlington st.

征集男士启事

冒险旅程，薪酬微薄，相当寒冷，数月的极夜，危险不断，不保证安全返航，若成功，唯一可获得的只有荣誉。

欧内斯特·沙克尔顿 伯灵顿街 4 号

短时间内，报名者甚众。他在面试“坚韧号”队员时，着重考察个人的心理素养，相信性格和气质与技术能力同等重要。他测试队员时，还会问及非常规问题，如，问一位物理学家，是否时常唱歌等。

1914 年 8 月 8 日，他启动“坚韧号”（*Endurance*）蒸汽帆船从伦敦出发，探险南极。弗兰克·怀尔德（Frank Wild）担任他的副手，其他 26 名船员，包括探险家、气象学家、外科医生、生物学家、摄影师和木匠等各方人才，其中摄影师弗兰克·赫利（Frank Hurley）留下了此次探险的珍贵影像，后来他独立成名。在此次旅途中，赫利的手套丢了，沙克尔顿把自己的让给了赫利，结果沙克尔顿自己的手指被冻伤。

我欣赏过几幅弗兰克·赫利拍摄的南极探险的黑白照片，颗粒细腻，人物神态生动自然。在当下这个年代，人们已普遍使用超大像素的智能手机拍摄，外加后期制作软件来修图。在这样的背景下，我们再来观看这些质朴的影像，对百年时光的流逝，别有感怀。

1915 年 11 月，“坚韧号”在威德尔海（Weddell Sea）被浮冰击沉后，他们一直被困在一块巨大的浮冰上，在冰雪中宿营 5 个月之久，直到 1916 年 4 月 9 日，他们栖身的那块浮冰裂为两半，沙克尔顿命令船员分别登上 3 艘救生艇，经过 5 天的漂流，精疲力竭的队员们终于在象岛（Elephant Island）登陆，这里距离船的沉没点有 557 公里，而这天是自他们出发以来，第一次站在坚实的土地之上。此时，时间已逝去 497 天。

象岛极为荒凉。他们的食物也所剩不多。1916 年 4 月 24 日，沙克尔顿决定进行自救。他选出 5 名队员，准备驾驶一艘“詹姆斯 · 凯德号”（*James Caird*）救生艇突围。这艘小艇只有 6.7 米长。

沙克尔顿对突围队员的人选经过十分慎重的考量：弗兰克 · 沃斯利（Frank Worsley），是“坚韧号”的船长，航海经验丰富，负责小艇的导航；约翰 · 文森特（John Vincent）和蒂莫西 · 麦卡锡（Timothy McCarthy），是两位强壮的水手，但文森特有些不安分；忠厚的汤姆 · 克里恩（Tom Crean）曾主动请战，自然要带上他；最后是木匠哈利 · 麦克尼什（Harry McNeish）。

尽管此前麦克尼什在船沉没之后拒绝继续前进，并鼓动说按规定船沉后，队员就无义务再服从命令，公然挑战沙克尔顿的权威，两人还发生过剧烈的冲突，使得沙克尔顿心里很不舒服，但他更看重麦克尼什超凡的技术。

沙克尔顿把文森特和麦克尼什带在身边，以免他们破坏留守人员的士气，此外，他在全队会议上将一把手枪交给了留守的副手弗兰克·怀尔德。因为当时南北极的探险队伍里都是血气方刚的勇士，不乏谋反之类的事情发生。

行前，木匠麦克尼什对这艘小艇做了多方面的改进，包括提高船帮的高度，加强龙骨，建造一个临时的木材甲板，蒙上帆布，并用油漆和海豹血密封整个船体。

这里还有一个小插曲。在“坚韧号”启航不久，麦克尼什发现船上混进一只虎斑猫（Tabby），于是喂养起来。他由“木屑”（Wood Chips）这个词给它取名为“花栗鼠”（Chippy，该单词另外的意思是“浪漫而轻佻的女子”），但它其实是一只公猫，只是外表有点妖媚。这只猫能够在帆船一英寸宽的护栏上行走，往往会让船员们大吃一惊。在“坚韧号”沉没之后，沙克尔顿下令消杀宠物（其他随船的雪橇犬已被先后捕杀），由汤姆·克里恩枪击处死了这只猫，由此，麦克尼什一直怨恨沙克尔顿。尽管麦克尼什在沙克尔顿的突围中扮演了重要角色，但最终由于他的直言顶撞，被沙克尔顿认定“不忠”而没被授予极地勋章。

他们在海上的惊涛骇浪中穿行了 720 海里，5 月 8 日，南乔治亚岛的悬崖进入他们的视线，但飓风使人无法着陆。小艇被困在海上，并存在不断被冲到岩石边的危险。后来他们得知，在这场飓风中，一艘 500 吨的货船在从南乔治亚岛开往布宜诺斯艾利斯时，被风暴击沉了。

5 月 9 日，他们终于在南乔治亚岛南岸登陆。沙克尔顿决定冒险穿过岛上雪峰之间的隘口，赶到北岸的捕鲸站。之前从来没有人走过这种特殊的线路。沙克尔顿留下 3 位队员看守小艇，带着弗兰克·沃斯利和汤姆·克里恩进行突击，他们将螺丝装配在靴子上便成了登山靴；还有一把木匠用的锛子，再加上一根长约 15 米的绳子，这就是他们小分队的全部登山装备。

他们在极其危险的山区，耗费了 36 小时，暴走了大约 51 公里，终于在 5 月 20 日赶到南乔治亚岛的斯特罗姆内斯（Strømness，挪威语单词，意为“力量”）捕鲸站，那些捕鲸者被从天而降的沙克尔顿吓了一跳，不敢相信如此长的距离他们能够突围，到达此地。

捕鲸者们即刻给予支援。沙克尔顿派船去接应留在南乔治亚岛南岸的 3 位队员，并准备组织救援象岛的 22 名探险者。由于海冰阻隔，他的前 3 次救援均告失败。

之后，他呼吁智利政府，借用“野丘号”（*Yelcho*）海军小型远洋拖船，在船长路易斯·帕尔多·维拉隆（Luis Pardo Villalón）的指挥下，终于在 1916 年 8 月 30 日突破象岛四周的海冰，成功登陆象岛，挽救了探险队 22 位兄弟的生命。

在这 4 个多月的时间里，由于岛上没有天然庇护所，留守在象岛的兄弟们用剩余的两艘救生艇和帆布帐篷碎片，搭建起一个窝棚，作为栖身之处。晚上点鲸脂灯，靠吃海豹、企鹅和海藻度日，半饥半饱，多位队员患病、冻伤，但最终都幸存下来。

“All safe, all well.”（所有人都安全，都健在。）沙克尔顿当时这样兴奋地说道。此时距离出发突围时，已过去了 4 个多月。

当时留守的 22 位队员终于看到救援的小艇靠近，激动万分，“We tried to cheer, but excitement had gripped our vocal chords.”（我们试图欢呼，但兴奋之情让我们发不出声音来。）摄影师弗兰克·赫利后来这样回忆道。

“野丘号”拖船把这些幸存的队员首先送到智利的蓬塔阿雷纳斯（Punta

Arenas），几天后到达瓦尔帕莱索（Valparaiso）。当地民众予以热烈欢迎，庆祝探险队员们回到文明世界。

这个“沙克尔顿大营救”的故事，在南极探险史上十分著名，也是最为可歌可泣的往事之一。沙克尔顿爵士因此在南极英雄里拥有极高的声誉。

沙克尔顿的探险一生，可以用“动荡不安”和“壮志未酬”来形容。他一直寻找赞助途径，并试着发起商业风险金，但始终未能成功抵达南极点，逝世后还背上了4万英镑（约相当于现在160万英镑）的沉重债务。他去世时，各大报纸都进行了报道，但此后很长一段时间几乎被人遗忘，而他的竞争对手斯科特的英雄形象则持续了几十年。

这种情况直到近年才得以改变。随着“领导力”这个概念的兴起，沙克尔顿仿佛突然之间被重新发现。有人把沙克尔顿的危机对策，作为领导力的范例来进行研究。沙克尔顿迅速成为弘扬领导力的典范，被越来越多人推崇。2002年，在一家媒体的“100个最伟大的英国人”的民意调查中，沙克尔顿排在第十一位，而斯科特则排在第五十四位。

2007年，沙克尔顿基金会成立。后人从沙克尔顿这位杰出的南极探险家那里，学习到了其精髓，即领导者以鼓舞人心的顽强精神，去寻找差异化的世界，书写传奇。

近年来，世界上有越来越多的商学院将沙克尔顿应对困境的方式，提升到企业领导模式，后人从南极探险家那里，学习到了领导力课程，即在今天的商业经理人中，如何以人为中心，建立权威地位，去应对混乱秩序，包括在“拓展训练”中，建立起“旅途一切”（The Journey is Everything）的原则，讲求团队合作和共存共进。

时空变迁，命运多舛，深陷险境时，首先自救才是王道，惟有智勇团队方能行远。勇气、远见和好奇心，无论在当时还是现在的南极探险中，都是弥足珍贵的。

我们将从福尔图娜湾到斯特罗姆内斯湾（Strømness Bay），进行一次长达8公里的徒步。在船上的说明会上，探险队长反复向大家说明，这次徒步难度相当大，路程也比较长，地形复杂，且邮轮会开到另一个地方去接应乘客，所以一旦选择，必须走完全程，没有回头路，别人也无法帮你，需要大家根据自己的身体条件选择是否参加。当年，沙克尔顿的船停靠在南岸，他不得不翻越南乔治亚山脉，赶到北岸的捕鲸站时，走的也是这条徒步线路，这次我们是沿着他的足迹前进。

探险队长还介绍了应对徒步危险的防范措施。救生设备和人员在旅客登陆全程都会在岸边随时待命，救生物资包括饮用水、高热量口粮、医药包、热毯和帐篷，以帮助旅客抵御恶劣天气，尤其在水域条件变坏、旅客无法及时返回邮轮时，这些装备将会派上用场。极地地区的天气环境经常会骤然变化：由气团引起的狂风常常突然来袭，风在触及冰盖后，风速会大大增强，形成山脊上的猛烈大风。坏天气通常在 12 小时内结束。这些措施可以在遥远而又危机四伏的极地，把登陆活动的危险系数降到最低。

早晨 7 点 30 分，我开始随队徒步。从海滩登陆开始，几只毛海豹就不断过来骚

扰，有的还突然从草丛中探出头来，露出顽皮的表情。这里不仅仅是海岸，且有一定的高度，看来这些毛海豹是有爬坡能力的。

徒步线路的高度在持续上升，地貌以荒原为主，越往上植被越稀少，风也越大。到山顶时突然遇到一阵大风，并下起大雨，人随时有被吹跑的可能，显然遇到了突然变化的极地小气候，依靠自己的力量几乎很难走动一步，所有人马上意识到困境的严峻，于是手牵着手，艰难地向前移动。下山时，经过一片冰川，有人试着直接滑下去，可坡度太陡，超过 60 度，十分危险，大部分人还是在冰雪上侧着身，小心翼翼地往下挪步，举步维艰。有几个人的帽子和眼镜被吹跑了，其中一位戴的是某名牌眼镜，大家开玩笑说，下次来南极时，注意看看是否有哪一只企鹅戴着这个眼镜。

在下面的缓坡上，出现一片鲜亮的绿色苔藓，其中的一块上面有一只脚印，大家走过时都说，是谁这么不小心！因为在南极，苔藓是受到保护的植物，它们生长缓慢，其上的一只脚印，可能 50 年后依然存在。我弯腰细看，苔藓上滚动着几颗大的冰珠，晶莹透亮。

多年之后，看着这幅苔藓照片，我忆起歌曲《水印》（*Watermark*）。我曾非常喜欢 Enya《水印》那天籁般的歌声。水印如痕，浸润无声。慢慢地悟到，在翠绿的晨曦中，幸福就像一泓深泉，沉没与升起，两者同在，层层叠叠，潮润如苔，而熔岩正在青苔之下，延伸到梦境的雾中荒原。

在这座岛上，未被冰雪永久覆盖的部分属于斯科舍海群岛（Scotia Sea Islands）苔原生态区的一部分，共有 26 种原产于南乔治亚岛的维管束植物（Vascular Plant），6 种牧草和 6 种蕨类植物，其中最大的植物是禾胆草，它们主要在海滩和陡峭的斜坡上生长，高达两三米，细小的植物则有 125 种苔藓（Moss）和 150 种地衣（Lichen）。岛上有没有树木或灌木。

南极洲的严酷气候和地质条件——低温、缺乏水分和阳光、土壤质量差，这些因素无法形成广泛的植被，植物的多样性非常低，只发现了 3 种开花植物，且全部集中在南极半岛上。南极还存在 700 种藻类。

山下是一片开阔的湿地，小溪纵横，水深至膝盖，踩在水里明显可以感到冰凉。终于走到风暴湾，这里残存着斯特罗姆内斯、莱思港（Leith Harbour）和哈斯维

克（Husvik）等3个早年捕鲸站遗址，数座残破的铁皮房子，满目萧条，无数海豹聚集在屋顶已经消失的仓库里。整个区域用铁丝网围起来，告诫游人必须与捕鲸站保持200米的距离，以确保安全。

这个区域，地面上散落着船舶零部件，已成为毛海豹的乐园。我看到两只刚出生不久的毛海豹宝宝浑身毛发湿透，躲在一只螺旋桨下面相互依靠取暖。

沙克尔顿的安息之地

大雨过后，迎来一个晴朗之晨。这里与其他南大洋群岛一样，日照时间偏短，每年只有大约 1000 小时的日照时间。

船靠近古利德维肯（Grytviken）。远远地就看到海边山冈上，有一块由白色围栏圈起来的墓地。登陆后我缓缓地走上前去，拜谒沙克尔顿爵士的墓地。

1920 年，南极探险不再像以前那样广受关注，但沙克尔顿还是开始筹备最后一次南极探险，怀尔德等 8 名前“坚忍号”队员闻讯赶来参与。1921 年 9 月，“探索号”（*Quest*）从伦敦出发，到达里约热内卢时，沙克尔顿不幸心脏病发作，只好原地休养。情况稍好后，他坚持继续航

行，于 1922 年 1 月 4 日抵达南乔治亚岛捕鲸站。

那天晚上，他在船舱里，在日记本上写下最后一句话：“A wonderful evening. In the darkening twilight I saw a lone star hover: gem like above the bay.”（一个美好的夜晚。

在渐暗的暮色中，我看到一颗孤独悬停的星星：在海湾上如宝石般璀璨。）

次日凌晨约 3 时，他因心脏病再次发作辞世，享年 47 岁。

沙克尔顿的去世，标志着南极探险英雄时代的结束。在那个时代，没有现代旅行方式，也没有先进的通信设备，这些英雄凭借着非凡的勇气和毅力，展开艰辛的科考之旅，探索这块未知的大陆。

此后，资深南极探险队员里纳尔多·赫西（Leonard Hussey），乘船护送沙克尔顿的遗体回英国，在航行途中，收到沙克尔顿的妻子艾米莉的电报，希望把沙克尔顿埋葬在南乔治亚岛上。于是，赫西更换船只，带着沙克尔顿的遗体又回到南乔治亚岛，1922 日 3 月 5 日，在经过路德教会的弥撒之后，沙克尔顿被安葬在古利德维肯公墓。下葬时他的遗体朝向南方（代表南极点），那是沙克尔顿终其一生都未曾抵达之地。这里其他的墓碑均朝向东方，迎着太阳升起的方向。

沙克尔顿最终长眠在这座岛上，远离文明，四周经常被暴风雨和汹涌的海浪席卷，壮烈如斯。

在他的墓地上，人们献上鲜花和纪念品，上面写着景仰和怀念他的句子，还尊称他为“The Boss”。在他去世多年之后，人们仍然记得这位南极英雄。至今，距离沙克尔顿的大营救，已经过去了 100 多年。

我曾注意到这样一则新闻：在沙克尔顿 1907—1909 年探险南极的历程中，他们在抵达南纬 88° 23′后，不得不日夜兼程赶回船上。途中饥寒交迫，沙克尔顿把自己节省下来的一块饼干让给了饥饿的弗兰克·怀尔德，怀尔德舍不得吃掉这块饼干。他在日记里写道："All the money that was ever minted would not have bought that biscuit and the remembrance of that sacrifice will never leave me."（所有的钱币铸造在一起，也买不来这块饼干，我永远记住他的这种牺牲。）

沙克尔顿 1922 年去世后，怀尔德把这块饼干珍藏起来。他认为这块饼干是无价的，常人无法理解这块饼干代表着怎样的慷慨和关怀。

怀尔德后来去南非，参加铁路建设和在金矿担任监理，于 1939 年 8 月去世。72 年之后，他的孙子不愿继续保存这块饼干，2011 年，在伦敦克里斯蒂（Christie's）拍卖行，连同与此相关的日记一起拍卖，被一位糕点历史研究专家以 1250 英镑的价格拍下。

怀尔德去世后被火化，葬入约翰内斯堡的布莱姆芳登（Braamfontein）公墓。2011 年 11 月，他的骨灰从约堡的公墓迁移到沙克尔顿墓地的右侧，整个迁移过程被电视直播。这位沙克尔顿生前的"左膀右臂"去世后，两个人的灵魂终于又亲密地靠在了一起。

后人评价说："怀尔德的骨灰现在被放到应该在的地方。只是花了很长时间才到达那里。"怀尔德作为被遗忘的英雄，从此引起了人们的关注，他和沙克尔顿组成了完美的团队。沙克尔顿卓越的领导能力，加上怀尔德冷静的处事态度，使得他们克服了当时几乎所有的困苦，成为南极英雄时代熠熠生辉的杰出代表。

从墓地沿着海岸行走，四周散落着废弃的捕鲸站设备，从已锈蚀的巨大储油罐到粗大的输油管线，依稀可以看到 20 世纪初捕鲸站的繁荣。现在，那些海豹把它们的头枕在输油管上，拗出的造型慵懒动人。

1904 年，挪威捕鲸者在岛上建立了捕鲸站，这是南极海域的第一个捕鲸站。直到 1965 年，最后的 6 座捕鲸站关闭。在此期间，共有 17.5 万头鲸鱼被"加工"，约占南半球海域鲸鱼总数的 4%，其中包括 41515 头蓝鲸。

每年 10 月到次年 3 月的捕鲸季节，这里大约有 400 名来自挪威、英国和阿根廷的捕鲸人，每周工作 7 天，每班 12 个小时。尽管工作辛苦，但他们也不乏自娱自乐：站内建有一个足球场，山坡上搭建了一个木质滑雪跳台，因为这里有一大部分人来自挪威，他们爱好滑雪；此外还有一座小型电影院。

1992 年，当年管理者的房间（Barracks）被建成一个小型博物馆，展出捕鲸、海洋、自然历史和沙克尔顿探险等主题内容。

走进博物馆，赫然看见陈列的一只巨大的信天翁标本，展开的翅膀足有 3 米长。多幅历史图片悬挂在墙上，橱窗里陈列着各种鲸鱼骨头。当年那些管理者住的房间也依原样展示，上下铺放着富有年代感的物品，旁边的通讯室里保留着当时使用过的发报机，体积庞大。当年就是利用这些通信设备，让这个南极岛屿和万里之外的欧洲紧密相连。

去往南乔治亚岛不需要另外的签证，目前英方管理者会在邮轮上统一为登陆者办理通关手续，在护照上敲下一个印章。在南乔治亚的博物馆里，还可以购买当地的邮票和纪念银币。

1913 年 12 月 24 日，在捕鲸站深处矗立起一座木质结构的 Anno 教堂，它属于挪

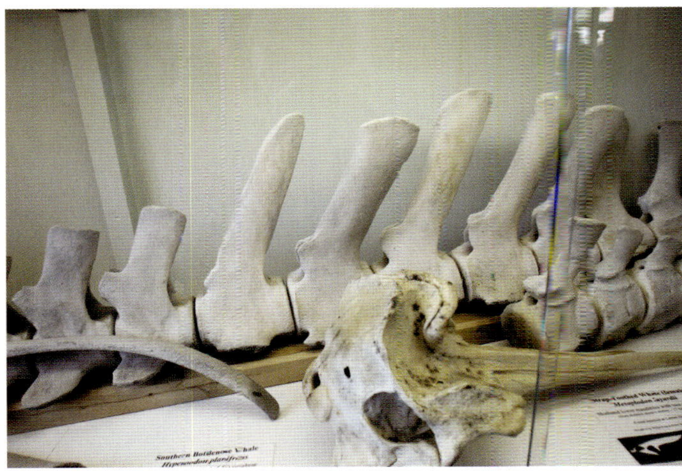

威路德会教堂（Norwegian Lutheran Church），该教堂是在挪威完成预制构件后运输到这里的，再由捕鲸人组装起来。里面有几条长椅子已磨出了凹槽。

阳光透过窗台，照进教堂。这是南极最大的一座教堂，我们这些来自世界各地的旅人在此互致新年祝福。

教堂门口放着一些英文版《新约》，开本窄窄的，字体很清晰。这也是我见过的最袖珍版的《新约》。

沿着岸边漫步，遇见一座红色的南极避难舱（Antarctic Shelter）。由于南极气象

复杂多变，尤其是突然而起的局部暴风雪，对正在进行户外探险和科考的人员构成了巨大的威胁，好在这种恶劣天气通常不会持续太久。因此，许多国家在南极诸岛和南极大陆靠近科考站之处设立了红色的避难舱，采用轻型的保暖材料制成，可以用直升机运输，搭建在不平整地面上，里面一般有2—3个铺位，备有急救口粮、燃料炊具、照明设备、通信器材和御寒服装等生活必需品。避难舱的大门从不上锁，遇险者可以免费使用其中的资源，这也是人道主义在南极地区的体现。

傍晚时分，邮轮驶进德里加尔斯基（Drygalski）峡湾，海面上漂着浮冰，两岸冰雪覆盖，反射着最后的暮光。

1775年，库克船长在测量南乔治亚岛时，他以为发现了传说中的大陆——澳大利亚。他从东海岸开始航行，当他抵达南端时，向西遥望才发现，这只是一个岛屿，于是，他把这个南端之地命名为“失望角”（Cape Disappointment）。德里加尔斯基峡湾就在岛的南端，是1901—1903年间由一位率队前来探险的德国地理学教授，以自己的名字命名的。

天色渐暗，峡湾的冰雪还在幽蓝的天际中闪亮。这成为我在南乔治亚岛的最后一瞥。

“It is the last great journey left to man. We all have our own White South, and far away in my own white south, I open my arms to the romance of it all.”（这是留给人类最后的一段伟大旅程。我们都有自己的白色南方，我自己的白色南方尚在远方，我张开双臂拥抱这一切的浪漫。）沙克尔顿在日记中曾这样写道。或许，在每个人的心目中，都有这种最后的伟大旅程，去追寻各自的白色南方。

梵梦聆心，词语轻颂，恰似舌尖的舞蹈。

在南极群岛上，感受淡然的生命归宿，这对于我们和野生动物，都是一样的：对爱，对痛、对喜悦，一切都无法预知，惟有等待时光的车轮碾过。

From South Orkney Islands to South Shetland Islands

The Antarctic Meditators: A Place for Rebirth

南极冥想者：

重生之地

继续航行，抵达南奥克尼群岛（South Orkney Islands）。该群岛位于斯科舍海（Scotia Sea），在南极半岛东北方向约600公里处。群岛总面积620平方公里，90%为冰原。

如果从空中俯瞰，就会发现，南设得兰群岛像散落在南极半岛西北侧的一串珍珠，这里也是南极最为秀丽的区域之一。

南奥克尼群岛上的科考站

南奥克尼群岛是我们抵达的第三个南极群岛。该群岛包括 4 个主要岛屿，其中加冕岛（Coronation Island）面积最大，此外，还有西格尼岛（Signy Island）、鲍威尔岛（Powell Island）和劳里岛（Lauire Island）等岛屿。

该群岛在 1821 年由美国和英国的两位捕鲸人首先发现。20 世纪，苏格兰、法国

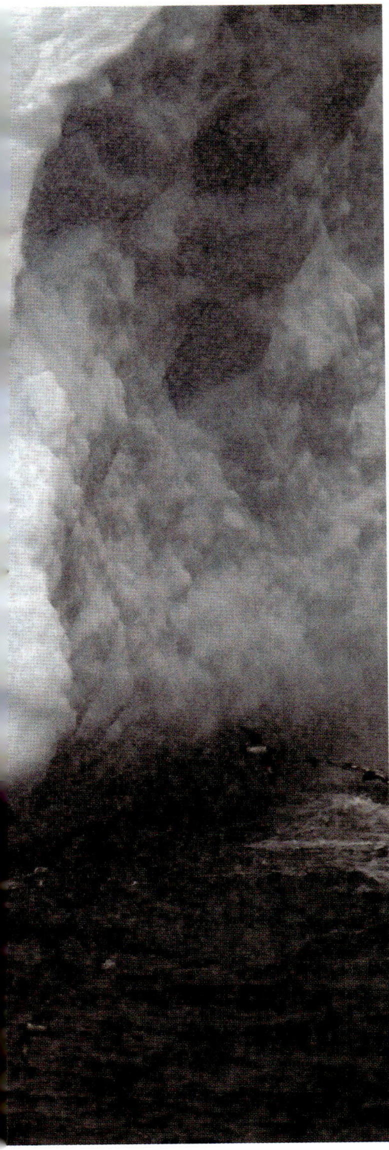

和阿根廷科考站分别设立于此。1933 年，该群岛成为南极地区首个接待旅行者的岛屿。

清晨，邮轮穿过位于鲍威尔岛和劳里岛中间的华盛顿水道，驶向阿根廷的一家科考站。

劳里岛上的奥克尼南极基地（La Base Antártica Orcadas），是我们此行造访的第一个科考站，建于 1904 年，也是人类在南极建立的第一个科考站。当年的避难所目

前还残存着一段低矮的石墙，偌大的无线电天线群迎天伸展，11 座红色营房像火车车厢，错落有致地排列着，这些营房的底部距离地面的高度都在 2 米左右，以避免在严酷的冬季被大雪掩盖，并可防止雪在营房的侧面堆积。科考站的一角，在海边浮冰的映衬下，一个简易的墓地里竖立着 12 个十字架，曾经在南极献身的探险者，魂归此处。

在海滩的碎石间，我发现一只海鸟残骸，它的爪子形似一只再也握不成拳头的手，令人感伤。

由于气候变化加剧，使得南极企鹅和其他海鸟的数量产生波动，因为冰层融化，使它们失去了抚养幼仔的场所，并减少了食物来源。

进入站长室，里面有柚木家具，布置雅致，桌子上放着马黛茶茶具，正所谓哪怕在南极也依然要体现南美人精致的生活方式。走进小商店，里面摆放着点心，等待我们品尝。与站里的工作人员合影时，觉得彼此拥抱的手臂特别有力。该科考站夏季有多达45位工作人员，到了冬季平均有14人留守。

在雪地上，我静静地坐在石头上，享受眼前的一切。离我不远，来自芬兰的艾瑞卡（Erika）也坐在石头上。她是一个冥想和特殊能量的研究者，在全球许多地方，她用一种特殊的语言与动物交流。我们在船上也经常交流研习冥想的体会。

她看着我拍摄企鹅，可那几只颊带企鹅长时间地不变化姿势。她开始示范她的“语言”，只听她轻声地发出一长串复杂的音节，有急有缓，变幻无穷，那是我从没有听过的语言，奇异而美妙。大约过了几分钟，有几只企鹅像中了魔法，开始走动，其中一只还张大了翅膀。

我问她：“这是一种你自己创造的语言吗？”

“No, this is not a language, it is a kind of energy.”（不，这不是语言，它是一种能量。）我们或许都需要去吸取一种新的能量，与这个世界重新对话。从而有一种生命感可以获得，犹如重生。

傍晚，船经过象岛（南纬61° 05′，西经55° 11′）的时侯，风雪交加，我在甲板上站了一会，雪花落满肩头。不远处的象岛被风雪笼罩，只剩下一个朦胧的轮廓，当年，沙克尔顿爵士的探险队就是在这种条件下，与南极的恶劣环境搏斗不息。

在南极17天的航行中，一大半是暴风雪和阴霾的天气，只有一少半晴空万里。其中有4天是航海日（Sea Day，全天在海上航行，不靠岸），这是我安静阅读的时间。

我带了智利诗人巴勃罗·聂鲁达（Pablo Neruda，1904—1973）的诗集，除了他的《二十首情诗和一首绝望的歌》（*Veinte poemas de amor y una canción desesperada*，1924），我还经常阅读他的《一百首爱情十四行诗》（*Cien sonetos de amor*，1960），其中《早晨》篇章中的第五首诗的结尾是这样的：

que cuando antes de amarte me olvidé de tus besos
mi corazón quedó recordando tu boca,

我怎么在爱你之前忘记你的吻

但我的心被你的芳唇铭记，

y fui como un herido por las calles
hasta que comprendí que había encontrado,
amor, mi territorio de besos y volcanes.

不停地走在街上犹如一个受伤的人
直到我明白了，亲爱的，我已经找到
我的所在，一块吻与火山的领地。

此刻，我所在的海洋与土地，又何尝不是一块被探险英雄亲吻过的土地！他们何时魂归这片炙热的冰与火之地？

情感炙热如焰。在他的第三十首诗中，有这样动人的描绘——

Por eso tú saliste del Sur como una isla
poblada y coronada por plumas y maderas
y yo sentí el aroma de los bosques errantes,

而这就是为什么你离开南方
像一座披满羽毛长满树木的岛屿
我闻到了游荡着的森林气息，

hallé la miel oscura que conocí en la selva,
y toqué en tus caderas los pétalos sombríos
que nacieron conmigo y construyeron mi alma.

我在丛林里找到幽暗的蜂蜜，
在你的臀部轻触沉郁的花瓣
与我一起诞生，构成我的灵魂。

而《夜晚》篇章中的第八十九首是这样结束的：

para que alcances todo lo que mi amor te ordena,
para que se pasee mi sombra por tu pelo,
para que así conozcan la razón de mi canto.

这样你就可以接触到我的爱，指引你的所有去向，
这样我的影子就可以在你的发丝间游走，
这样万物就可以明白我歌唱的理由。

我想，总有一天，我的影子，也可以在你如瀑的秀发间穿越。

“我出去转转，可能得一会儿”

邮轮在行驶，我坐在观景廊品茗远眺，忆起斯科特船长和奥茨的南极往事。

1911—1912 年，由罗伯特·福尔肯·斯科特率领的一支英国探险队开始“新地号”远征行动（Terra Nova Expedition），试图第一个到达南极点。南极点是南极大陆上地球最南端的地理位置。

斯科特于 1880 年加入皇家海军，1897 年成为第一中尉。1901—1904 年，在指挥“发现号”（*Discovery*）南极考察队时，实践证明他是一名称职的科学调查员和领队，因而在返回英国后晋升为船长，后来人们习惯地称他“斯科特船长”。

1910 年 6 月，斯科特船长开始了第二次南极考察，目标是研究罗斯海（Ross Sea）地区并到达南极点。1911 年 10 月 24 日，他和其他 11 名队员从埃文斯角（Cape

Evans）开始向南极点进发。他们在南纬 79° 29′处设立了“一吨仓库”（One Ton Depot），放置补给品。

征途中，雪地摩托车很快就无法使用了，拉雪橇的西伯利亚矮种马在到达 83° 30′时也被射杀了，因为矮种马已无法适应更低寒的温度，此后，狗拉雪橇队也被送回。

12 月 10 日，探险队的 3 个人拖着雪橇，沿着比尔德莫尔冰川（Beardmore Glacier）路线，登上比尔德莫尔冰川。12 月 31 日，有 7 人返回补给站。

1912 年 1 月 17 日，他们抵达南极点后，发现了一座插着挪威国旗的石堆，还有挪威探险家阿蒙森写给他们的一封信。阿蒙森的探险队捷足先登，途经阿克塞尔·海伯格冰川（Axel Heiberg Glacier）路线，早于斯科特 35 天抵达南极点。

斯科特发现被阿蒙森抢了风头，这令他沮丧万分，所有的计划和努力全部泡汤了，他们在南极点被对手碾压。

“Great God! This is an awful place.”（伟大的上帝啊！这真是一个可怕的地方。）斯科特船长在日记中记录下他们的绝望之情：“And terrible enough for us to have laboured to it without the reward of priority.”（可怕的是，我们已经很努力了，却没有得到优先的回报。）

而阿蒙森作为一名经验丰富的极地探险者，他原本想第一个抵达北极点，当弗雷德里克·阿尔伯特·库克（Frederick Albert Cook，1865—1940）和罗伯特·皮里（Robert Peary，1856—1920），分别声称在 1908 年和 1909 年已经到达北极点时，阿蒙森发现自己的计划落空了，除非他能做出新的探险业绩来，否则，他将会失去支持者，同时也无法盈利，于是他决定冒险去南极。

当他驾驶着“前进号”木制船离开挪威时，关于航程，他只告诉了包括船长在内的 3 个人，因为当时他有一种直觉，如果事先声张，他的支持者可能都会反对。当“前进号”抵达马德拉群岛时，阿蒙森才告知其他船员，此次远征真正的目的地是南极点。后来有人评价道：“He was between a financial rock and a hard place largely of his own making and needed a way out, a Race to the Pole was the answer.”（他被卡在一块金融岩石和一个危险极地之间，他需要给自己制造的困局寻找一条出路，到南极点的比赛就是答案。）

阿蒙森为此次的极点对决精心储备了食物。返程时顺利地回到了鲸鱼湾（The Bay of Whales）弗拉姆海姆站（Framheim Station），一路上几乎没有遇上什么麻烦。为了运送补给品，他全部使用雪橇狗，而斯科特则依靠西伯利亚矮种马。

士气低落的五人英国探险队，随后开始了 1440 公里（约合 895 英里）的长途跋涉，他们需要回到预先设立的食物补给基地。

由于天气极度恶劣和物资供应不足，这支探险队状况频发。1912 年 2 月 17 日，埃德加·埃文斯（Edgar Evans）在比尔德莫尔掉进冰缝里，头部受伤不幸去世，他是这支探险队里第一个死亡的人。

其余的 4 个人挣扎着继续，在猛烈的暴风雪天气下放慢了行进速度。

劳伦斯·爱德华·格雷斯·奥茨（Lawrence Edward Grace Oates，1880—1912）担任此次远征队的船长。他是一位英国骑兵军官和南极探险家。从南极点返回时，他已被严重冻伤，并患有坏疽性足炎（Gangrenous Feet），身体已十分虚弱，因为他曾参战，带有旧伤，这次冻伤更加剧了他的病情。

这种情况也开始阻碍他们按原计划的速度行进，眼看着携带的食物和燃料已无法支撑他们返回补给站。

3 月 1 日，斯科特抵达 81° 30′ 左右，开始陷入严峻的困境。

奥茨的行走速度越来越慢，他向威尔逊医生（Doctor Wilson）要了 10 片吗啡，做好了缓解病情的准备。

3 月 15 日，奥茨在同伴搀扶下，又艰难地走了一天路程。他发现食物所剩无几，已威胁到另外 3 位探险队员的生命安全，便建议其他 3 个人把自己留在睡袋里，其他人继续前行，但遭到坚决拒绝。尽管其他人心里都清楚，这样安排无疑会减轻整个探险队的负担。

1912 年 3 月 17 日清晨，暴风雪在帐篷外怒吼。奥茨缓缓地站起来，跟同伴说了一句："I am just going outside and may be some time."（我出去转转，可能得一会儿。）

其余的 3 个人听罢，不禁战栗起来。大家都明白，奥茨到外面去走一圈意味着什么，他们只能以复杂的目光默默地目送他的离去。

然后，奥茨都没有穿上靴子（因为脚部疾病，使得他每次穿靴子都相当痛苦），他径直走出了帐篷，走进暴风雪中。

很快，南极零下 40℃的严寒夺去了他的生命。

此后，3 位探险队员估计着奥茨出走的方位进行搜寻，最终他们在距离帐篷 24.1 公里（约合 15 英里）的地方，找到了奥茨的睡袋，此外，没有发现他的遗体，估计已被冰雪覆盖。此后尸体一直也没被发现。他们在睡袋的附近，象征性地竖立起一个十字架，题上这样一行铭文：“Hereabouts died a very gallant gentleman, Captain L. E. G. Oates of the Inniskilling Dragoons. In March 1912, returning from the Pole, he walked willingly to his death in a blizzard to try to save his comrades, beset by hardship.”（这里长眠着一位非常英勇的绅士，因尼斯基骑兵号的 L.E.G. 奥茨船长。在 1912 年 3 月，从南极点返回时，他心甘情愿地在暴风雪中走向死亡，试图挽救被艰难围困的战友。）

这种舍生取义的壮举，在多年之后，依然令人热泪盈眶。

遗憾的是，奥茨的自我牺牲，并没有让同伴从相似的悲剧命运中获得拯救。

此后，斯科特船长、威尔逊医生和鲍尔斯中尉（Lieutenant Bowers）奋力挣扎了 16.1 公里（约合 10 英里），随后被另一场持续 9 天的暴风雪困在了帐篷里。他们以平静的姿态，等待死亡——距离救命之地只剩下最后 17.7 公里（约合 11 英里）。这不远不近的距离，仿佛像宿命横亘在他们与希望之间。

3 月 29 日，补给全部用完。斯科特船长的右脚趾已被冻伤，他写下了最后一篇日记："Every day we have been ready to start for our depot 11 miles away but outside the door of the tent it remains a scene of whirling drift... We shall stick it out to the end, but we are getting weaker, of course, and the end cannot be far. It seems a pity, but I do not think I can write more."（每天我们都准备开始前往 11 英里之外的补给站，但在帐篷的门外，它仍然是一个旋转漂移的场景……我们将坚持到底，但我们越来越虚弱，当然，离结束不会太远了。这似乎是一个遗憾，但我不认为我可以写更多了。）

他们相继去世，死于饥饿和极度的寒冷。斯科特船长享年 43 岁。

这是南极探险史上悲剧性的时刻——1912 年 3 月，在南极洲的罗斯冰架，斯科特船长和他的两位同伴罹难。至此，斯科特探险队的 5 位成员全部牺牲。

1912 年 11 月 12 日，搜救人员在一处冰架上，发现了一座被积雪半掩的帐篷和里面的 3 具冰冻遗体，还有采集于贝尔德莫尔的超过 15 公斤（约合 35 磅）重的岩石地质标本，以及斯科特船长的日志，日记全面记录了这段悲情旅程。

由于他们遗体四周的雪层很厚，没有泥土可以掩埋他们 3 位。搜救队员只能搭起一座锥形的石冢（Cairn-tomb），并用滑雪板做成了十字架。在他们离开之前，探险队的外科医生爱德华·莱斯特·阿特金森（Edward Leicester Atkinson，1881—1929）在现场遗留的一个金属缸里留下了一张纸条，简述了斯科特远征队遇难的 5 位英雄的事迹。

后来，斯科特船长由于他的勇气和探险精神，被视为民族英雄。

而奥茨船长自我牺牲放弃生命的壮举，被斯科特船长记录在日志上。奥茨船长的英雄事迹因此被广为传颂。

奥茨船长这句简单的"I am just going outside"已成为名言，曾是英语世界里耳熟能详、铿锵有力的名言，它体现出英雄为了理想、为了他人，毅然走向生命终点的淡然和从容。那种举重若轻的姿态，也让我们看到了面对沉重生命的另一种态度。他的这句话后来还被谱写成歌曲，广为传唱。

奥茨船长是在他 32 岁生日的前一天去世的。他可能还不知道他 20 岁时，曾与一个 11 岁的苏格兰女孩激情迸发，孕育过一个孩子。这件韵事在多年之后浮出水面，让人们看到了他探险人生之外的柔情。

阿普斯利·切利—加勒德（Apsley Cherry-Garrard）曾参加斯科特船长的“新地号”远征队。1922 年，他在《世界最险恶之旅》（*The Worst Journey in the World*）一书中写道：“Polar exploration is at once the cleanest and most isolated way of having a bad time which has been devised.”（极地探险是一种最纯净和最孤独的方式，有一种险恶的时段已经被预设。）

他还写道：“For a joint scientific and geographical piece of organisation, give me Scott; for a Winter Journey, Wilson; for a dash to the Pole and nothing else, Amundsen; and if I am in the devil of a hole and want to get out of it, give me Shackleton every time. They will all go down in polar history as leaders, these men. They will all go down in polar history as leaders, these men.”（如要联合科考和地理探险的组织，给我斯科特；如要度过冬天的漫旅，给我威尔逊；如要冲到南极点的话，阿蒙森；如果我被困在一个魔鬼般的洞穴，想要逃离它，每一次给我沙克尔顿。他们这些人都将作为领导者，留在极地历史上。）

南极探险中所体现的组织学原理，依然是人类的宝贵财富。

在当时的探险中，阿普斯利·切利—加勒德和迪米特里·吉列夫（Dimitri Girev）按照斯科特船长的指令，于 1912 年 3 月 4 日抵达“一吨仓库”，斯科特希望两队人马在此汇合。此时，阿普斯利距离斯科特他们 4 个人 56 公里—112 公里（约合 35 英里—70 英里）的距离，他觉得为时尚早，如果继续南下，刮强风，能见度低，很难与斯科特对接。于是，他不敢冒险南进，当时雪地犬缺少狗粮，他不得不杀死几只狗来作为其他犬类的食物。

3 月 10 日，阿普斯利接到了探险队外科医生爱德华·莱斯特·阿特金森的命令，回到海边的探险基地。爱德华当时在埃文斯角基地负责指挥，“新地号”探险船装满了新的补给品抵港，需要人手卸货，而阿普斯利也认为斯科特他们应该还有足够的食物和燃料，全然没意识到他们已面临险境。

当时只有 24 岁的阿普斯利，在此后相当长的时间里自责不已。因为他与斯科特曾离得这么近，可他就是没有继续南下驰援斯科特，从而铸成一生之错。此事也造成了他的精神崩溃，他的余生患上了我们现在所说的创伤后应激障碍症（PTSD，Post-traumatic Stress Disorder）。

作家罗兰·亨特福德（Roland Huntford）在其著作《地球上的最后之境：斯科特与阿蒙森的南极竞赛》（*The Last Place on Earth : Scott and Amundsen's Race to the South Pole*，1979）中披露，凯瑟琳·布鲁斯（Kathleen Bruce，1878—1947）在丈夫斯科特船长于南极探险时，与挪威极地探险家弗里德约夫·南森发生了婚外情。

对此，斯科特船长的孙子福尔肯·斯科特（Falcon Scott）在接受采访时曾表示："我认为我们永远不会知道真相。凯瑟琳无疑是喜欢南森的，我想这取决于你所说的外遇是什么意思。至于，他们是否在一起，我真的不知道。"

斯科特的妻子凯瑟琳·布鲁斯是波希米亚人，1908 年她与斯科特结婚，4 年后丧偶。她早年在巴黎科拉罗西学院（L'Académie Colarossi）学习，这所学院最初位于塞纳河的西堤岛（Île de la Cité）上，20 世纪 30 年代关闭。凯瑟琳·布鲁斯还曾是著名雕塑家奥古斯特·罗丹（Auguste Rodin，1840—1917）的学生。她曾给肖伯纳、叶芝、约翰·高尔斯华绥和 D.H. 劳伦斯等作家及诗人塑像。

斯科特船长唯一的孩子彼得·马克汉姆·斯科特爵士（Sir Peter Markham Scott，1909—1989），是一位环保主义者和艺术家。斯科特船长在南极去世时，小彼得只有两岁多。1931 年，他毕业于剑桥三一学院，尔后，在德国慕尼黑国立学院和伦敦皇家学院学习艺术。彼得·马克汉姆·斯科特爵士一生致力于野生动物的保护，是世界野生动物基金会（WWF）的创始人。他于 1989 年去世。

2011 年 1 月，在斯科特船长去世一个世纪之后，国际斯科特百年探险队（ISCE，The International Scott Centenary Expedition）成立，死者家属代表乘飞机前往南极，抵达罗斯冰架。

斯科特和他的同伴魂归于斯，那是他们生命中注定的远征与冒险，他们在明媚的清冷中抵达虚无的真实。

南设得兰群岛：冰海乐园

南极辐合带（The Antarctic Convergence）是一条自然地理边界，横跨大西洋、太平洋和印度洋，南界为南极洲的海岸线，北界处于变动之中，总体位于南纬40°—60°，宽度32公里—48公里，不同的季节会在不同的纬度和经度之间移动，我们驻足的“南极三岛”也受到其覆盖。

这条辐合带是南极生态系统的保护带，洋面上经常有雾。辐合带不仅分隔了两个水文区域，也分隔了不同的海洋生物带和不同的气候区。在它的范围内，海水的养分浓度高于平均值，使得海洋动物稠密，也使得藻类等植物生长迅速，进而又促进了海洋生物的繁衍。

南极环极流是世界上最大的洋流，密集的冰冷洋流与地球热带和温带的暖热海流交汇，起着重要的平衡作用。这也是人类越来越关注遥远南极的原因之一。环球同此凉热。

南设得兰群岛上，聚集着大量的颊带企鹅（Chinstrap Penguin）和巴布亚企鹅。

颊带企鹅头部和喙部为黑色，脸部是白色，有一条细细的黑色羽毛线，从头部的一侧经过脸颊和下巴延伸到另一侧，看上去好像戴着盔帽，所以又称“帽带企鹅”，这是最容易被辨认的企鹅之一。成年颊带企鹅平均高71厘米—76厘米，体重3公斤—6公斤。与其他企鹅物种不同，雄性和雌性颊带企鹅的大小大致相同。它们可以潜水45米—50米，最深可达100米，主要捕食磷虾，它们的天敌是豹海豹。

每年从3月下旬到10月在海上觅食后，颊带企鹅11月初返回繁殖地筑巢，雌性颊带企鹅一般在11月下旬至12月初之间产下两枚企鹅蛋，雌雄双方在随后的5周内轮流孵育。小企鹅在1月初孵化出来。幼企鹅在出生50—60天后首次到海中觅食。它们在3—7岁性成熟，平均寿命15—20岁。生态学家估计，全世界的颊带企鹅数量超过1500万只，其中最多的是在南桑威奇群岛，约有500万对。

乔治王岛（King George Island）是南设得兰群岛中最大的岛屿。这个岛在1819

年被英国探险者威廉·史密斯（Willian Smith）发现并命名。全岛约95公里长，25公里宽，面积1150平方公里。岛的表面90%为永久冰原。1821年，11位探险者首次在岛上越冬。目前，乔治王岛是多个国家的南极科考站所在地，包括阿根廷、巴西、智利和俄罗斯等国家。中国的长城站也设在这里。

中国已在南极建立了4个科考站，即长城站和中山站两个常年科学考察站、昆仑站和泰山站两个度夏科学考察站，分别建于1985年、1989年、2009年和2014年，初步建成涵盖空基、岸基、船基、海基、冰基和海床基的国家南极观测网和“一船四站一基地”的南极考察保障平台，基本满足南极考察活动的综合保障需求。

正在建设中的中国第五个南极科考站，选址区域位于罗斯海特拉诺湾的难言岛（Inexpressible Island，也称“恩克斯堡岛”），预计2022年竣工。这座科考站将是一座常年科考站，可独立支持开展陆地、海洋、大气和冰川等多学科综合科学考察项目，它的建成标志着我国步入南极科考强国的行列。

邮轮静静地驶进南极峡湾（Antarctic Sound）那片冰海。

南极峡湾位于南极半岛与杜维尔（D' Urville）、乔尼维尔（Joinville）和丹迪（Dundee）等3个小岛之间，这个名字并不来源于这个峡湾的地理位置，而是来源于1903年一艘名叫“*Antarctic*”的瑞典探险船到此探险。许多巨大的浮冰是从威德尔海的冰架上分离而来的，并被威德尔海的螺旋海流带到这里。南极峡湾长约30公里，由于漂满浮冰，船需小心翼翼地航行。这里的海洋中布满了冰山，所以又被称为“冰山小径”（Iceberg Alley）。

我站在船头靠前的位置，近距离欣赏着雄奇而壮阔的自然场景。海面上有一块不大的冰山，我听到船头撞上冰山的声音：尖利，不太像钢铁与冰山的碰撞，更像是两块钢铁的撞击声。或许，在它们晶莹的外表下面，隐藏着比钢铁更坚硬的冰心。这是真正让人敬畏的内心。

平时在陆地上只是静静地站立，甚至有点呆萌的企鹅，很少会有激烈的动作，在水中却是另一副样子。冰海航行时，常有企鹅伴着我们的邮轮，不断地在海面上翻腾跳跃，数量多的时候有上百只，跟踪时间会持续 10 多分钟。这是平静之海上的欢乐颂。

这群在海上不断跳跃的巴布亚企鹅，被我相机的高速快门凝固——黑白的身体，拖着晶莹的海水，只有嘴是红色的。在南极的蔚蓝里，在黑白之间，有点点跳跃的斑斓。

四周一片寂静，所有的声音似乎都听不见了。在这浩瀚的冰海中，不只有纯净轻盈的空气，还有从四面八方望去的目光。那些奇形怪状的浮冰在阳光下焕发出晶莹的光芒，每座冰山接近海面的部分尤其清丽——那是无法用语言来形容的冰蓝，美得让人迷醉。

不少曾经到过南极的人，都深深地被它那纯净的凝固之美所震撼，甚至认为，那种深刻的排山倒海般的感觉，就好像“受了伤一样，被美所击中。”按照澳大利亚探险家道格拉斯·莫森爵士（Sir Douglas Mawson）在 1915 年首版《暴风雪之家》（*The Home of the Blizzard*）中的说法：“We came to probe the Antarctic mystery, to reduce this land in terms of science, but there is always the indefinable which holds aloof yet which rivets our souls.”（我们来探索南极的奥秘，想把这片土地简化为我们的科学，但它总是难以定义，超然而遥远，却攫住了我们的灵魂。）

许多年前我发现，在这个满目疮痍的地球上，要找到一片令人惊艳之地已绝非易事。我从上海启程，飞行了大约 25000 公里来到南美大陆的最南端，乘上邮轮之后，又连续航行 4500 海里，最终才抵达这片纯净得可以让所有人安静下来的冰海之地。

多年以来，我在全球各地观水，拍摄水，以此作为我的一大创作主题，而当我面对这些宏大的冰山时，才发觉水之固态充满磅礴的气势，让我对世界的高度、长度和体积感，有了更为深刻的体悟。

冰山最美的部分在于它靠近海洋的那端。晴天时，在阳光的反射下，冰含着一条淡蓝的边缘，看上去是新鲜的、稚嫩的，仿佛还没有被时间之手触摸过、弄脏过，那是从洁白到蔚蓝的过渡地带，浸染着近似透明的冰之蓝；而在风雪弥漫的时候，大雪叠合在冰山之上，一群群海鸟在冰山旁飞来飞去，则似一幅凝重的水墨

画。在这种形态下，只有密集的雪花，在告诉行者极地真切的寒意。

面对这些冰山，无论从何说起，都无法道尽其雄壮之美。这是大自然的鬼斧神工筑就的美妙意境。在如此宏大的冰山面前，任何溢美之词都苍白无力，也正是因为这种超出想象的宏大体积感，静默之美才具有真正的力量。

这种浩大不容他者忽视。

冰山是企鹅的乐园。许多形状大小不一的冰山上都栖满企鹅。远远地看过去，只见白色的冰面上浮现着许多小黑点，用长焦镜头拉近，可以看到企鹅的千姿百态，或卧或立，或在冰面上滑来滑去，或两只企鹅相对无语。

还有一群巴布亚企鹅在海里捕食，它们像利剑一样，从水里倏地跳上冰面，红色的嘴，黑色的身体，拖着白色的水。那姿态，优美至极。

成年巴布亚企鹅的平均高度为 75 厘米，平均体重 5 公斤，体型仅次于帝企鹅和王企鹅，在整个企鹅家族中排名第三。巴布亚企鹅是企鹅家族中最快速的泳者，游泳时速可达 25 公里—36 公里。潜水的深度可达 170 米—200 米。它们以磷虾为主要食物。

“企鹅高速公路”旁的欢爱

我们登上乔尼维尔（Joinville）小岛。泥泞的大地上，许多阿德利企鹅（Adélie Penguin）忙碌着。阿德利企鹅是南极常见的一种企鹅。1840 年，法国探险家儒勒·杜蒙·德·乌尔维尔（Jules Dumont d' Urville，1790—1842），以他妻子阿德利（Adélie）的名字为这种企鹅命名。

作为法国海军士官，1820 年在地中海东部的一次制图调查中，儒勒帮助法国政府获得了希腊雕塑珍品——《米洛斯的维纳斯》（*Venus of Milos*），那年，该件雕塑在爱琴海的米洛斯岛出土。此后，儒勒曾指挥了法国对南太平洋（1826—1829 年）和南极（1837—1840 年）的科学探索之旅，并对当时的海图进行广泛修订。

1842 年 5 月 8 日，儒勒和妻子阿德利以及他们的孩子，登上了凡尔赛开往巴黎

的火车。当火车经过梅顿（Meudon）时，机车车轴断裂，导致车厢出轨、破裂并起火，由于车厢的车门被锁闭，儒勒和他的全家人不幸罹难。这次凡尔赛铁路事故，是历史上第一次火车灾难事故，共造成 50—200 人死亡。

阿德利企鹅高 40 厘米—50 厘米，平均体重 4 公斤。头部呈蓝绿色，嘴为黑色，白色眼圈突出，尾部比其他企鹅的尾部稍长。活动范围在南极辐合带以南的海域。除了风暴海燕外，它们也是分布于南极水域较多的海鸟。

阿德利企鹅的繁殖地位于南极大陆南纬 60° 以南的大陆和岛屿。它们会在每年的 10 月抵达繁殖地。它们的巢由石头堆积而成。阿德利企鹅每次会产下两枚蛋，通常只有一个幼仔能够存活。

在南极暖和的季节，即每年的 12 月，温度只有零下 2℃，它们便开始孵蛋，孵

蛋和哺育的责任由父母双方轮流承担，一方去觅食，另一方则留下来孵蛋。从巢到海边最远的距离有数公里，往返一次需要很长的时间。

每年3月，成年企鹅和幼企鹅会回到海洋去。阿德利企鹅居住在浮冰上，但需要在陆地上进行繁殖。有数字显示，随着浮冰的面积和食物的数量减少，阿德利企鹅的数量在过去25年间下降了65%之多。

泥泞的山路上，众多的阿德利企鹅在忙碌，脚边溅起的水花把它们身后的羽毛打湿。在每一个企鹅的聚居地，从巢穴到海边一般都有一条“企鹅高速公路”，企鹅们在上面不停地衔着石头，寻觅食物，走动的速度相当快。任何游客都必须避开这条“高速公路”。

拍摄完毕，我站在旁边的雪地上歇息。在企鹅丛中，我看见一对正在交尾的阿德利企鹅。尽管在南极已经观察了六大类企鹅，但看到交配的企鹅的概率还是很小的。

它们刚刚结束了面对面脉脉含情的调情，母企鹅慢慢地蹲下来，公企鹅踩在它的身上，开始有节奏地动作。那只雌性企鹅仰起脸，与雄性企鹅不停地接吻，情意绵绵。这样大约过了2分钟，可能是高潮到了，它们的喙几乎粘在一起。在它们半张的眼睛里，流露出迷离沉醉的光芒。

这情景，让人想起一句拉丁语名言：“Post coitum omne animal triste est.”（欢爱后，每个动物都忧伤不已。）相传，这句话出自公元2世纪的希腊医生加伦（Galen）。

在它们的不远处，那些阿德利企鹅在忙碌，谁也没有注意到这一对交配者。阿德利企鹅在南极的海鸟中，属于相互忠诚度比较低的，因此，我突然意识到，刚才看到的这一对，也许是不忠者。

阿德利企鹅也曾是电影中的主角。2006年上映的卡通片《快乐的大脚》（*Happy Feet*）中，主角马布尔（Mumble）是一只帝企鹅，因为它不会唱歌、只会跳舞而被其他帝企鹅视为异类，最后被逐出家园。在流浪途中，马布尔遇见了一群阿德利企鹅，彼此成为朋友。

这部影片试图说明，接受自己的弱点并忠实于自己，或终将迎来生活的转折点。

欺骗岛上的火山岩

又一天清晨，我们开往欺骗岛（Deception Island，直译是“迪塞普申岛”）。该岛位于南纬 62° 59′，西经 60° 37′，这是火山喷发形成的岛屿，环形火山口的部分坍塌形成一条天然航道，通往中间的潟湖。

这也是地球上唯一可以开船进入中心地带的活火山岛。开进岛内的海湾，需要通过 200 米宽的“海王星的风箱”（Neptune's Bellows）通道，它因此处风的吼叫声巨大而得名。在这条 200 米宽的水道中潜伏着暗礁，所以，邮轮需在只有 100 米宽的安全水道里缓缓驶过。

这时，捕鲸者湾（Whalers Bay）出现在船的右舷。这里是岛屿内部的一处天然港口。早晨的一片浅滩上，海面笼罩着热气。

在 1905 年，捕鲸者湾建立了鲸鱼加工厂，1912 年，专门建立了一家叫赫克托（Hektor）的捕鲸站，主要把鲸鱼的肉和骨架分离。到了 1931 年，由于运鲸船技术的提高，可以装载整条的鲸鱼，这样，该捕鲸站便关闭了。1941 年，英国在这里建立了“B”基地，但这个基地和捕鲸站在 1967—1969 年间，由于遇到火山喷发，均被毁于泥石流。如今只剩下残破的铁皮屋和木船，地面上散落着橡木桶碎片。

清晨 7 点，我们在这里开始了艰苦的徒步，地面上皆是细细的火山灰。从捕鲸者湾到贝利海角（Baily Head），然后返回，单程约 2. 6 公里。从陡峭的火山灰山脊穿过时，其宽度只有 30 厘米—40 厘米，两旁是高耸的山坡。这里也是南设得兰群岛地貌最为奇异之处。四周栖息着贼鸥、多米尼加海鸥和南极燕鸥。贼鸥长约 60 厘米，有深棕色的羽毛，属于唯一能在北极和南极繁殖的鸟类。

我们在火山灰和冰雪覆盖的山间穿越，加上朦胧的光线，感觉像电影中的画面。终于走到了贝利海角，此刻阳光出来了。在一片缓坡上，聚积着颊带企鹅，一只颊带企鹅的怀里有一只宝宝，它想把一只企鹅蛋也放进来，无奈空间太小，转了许多圈也无法如愿，但它不气馁，大约在转到第十圈时，终于把那只企鹅蛋纳入怀中。

贝利海角上，有南极半岛地区最大的颊带企鹅种群。根据500名研究人员在2010年发布的一项海洋生物普查结果，南极地区生活着超过235种海洋生物，其中，海洋动物包括企鹅、蓝鲸、逆戟鲸、巨型鱿鱼和海豹。企鹅有帝企鹅、王企鹅、颊带企鹅、巴布亚企鹅、阿德利企鹅和跳岩企鹅等；海豹有毛海豹和威德尔海豹等，此外，还有信天翁和其他许多鸟类。

目前的环境改变对南极动物的影响巨大。气候变化使南极企鹅的数量大大减少，因为冰层融化，使它们失去了抚养幼仔的场所，并减少了食物来源。南极洲的数个地区已经在缓慢地变暖，特别是在南极半岛和南极洲西部，在过去的50年间变暖幅度比较大，南极洲西部每10年变暖增幅超过0.1℃。这对企鹅的生存造成极为不利的影响。

2016年10月28日，南极海洋生物资源保护委员会（CCAMLR，The Commission for the Conservation of Antarctic Marine Living Resources）在澳大利亚通过了在罗斯海设立保护区的决议，这片全球最大的海洋保护区（MPA）面积为155万平方公里，其中 72% 的水域将禁止一切渔业活动，该决议从 2017 年 12 月起生效，有效期 35 年。

在 2020 年前的几年时间里，依据市场需求，相关邮轮公司和户外探险公司开始深度开发南极旅游资源，寻求差异化市场。有多家公司推出南极点线路，“南极三岛”的邮轮航次也普遍运营。除了传统的海基方式（邮轮）之外，空基（飞机穿越德雷克海峡）与海空基（飞机 + 邮轮）相结合的方式也开始推广。除了以阿根廷乌斯怀亚和智利蓬塔阿雷纳斯为起始基地的中程线路外，从新西兰南端的布拉夫港口（Bluff）出发、最后抵达阿根廷乌斯怀亚的长达 32 天的一条远程线路也引起南极迷们的关注。配套的户外运动产品中，有潜水、攀冰、支划艇和雪地宿营等项目，以丰富整个南极行程。

目前南极的商业旅行，搭乘邮轮依然是最主要的方式，还有少数是“飞机 + 邮轮”，即从智利南部的蓬塔飞到乔治王岛，再上船游览。飞行方式有单飞和双飞两种。这种方式的好处是避开了德雷克海峡的风浪颠簸，缺点是费用昂贵（指单飞和双飞这一部分）。双飞也有两种，一种是往返都飞乔治王岛，另一种是去程飞乔治王岛，然后坐邮轮到马尔维纳斯群岛，再从马岛飞回蓬塔。

尽管各家邮轮公司采取了比较完善的保护措施，但每年有如此众多的游客到访南极，无疑会留下大量环境足迹，已经给南极环保带来不小的影响，生态旅行的道德问题也被提上议事日程，因为任何形式的人类踪迹、噪声或者其他污染，都会对野生动物和生态系统产生潜在的破坏和影响。

晚上，举行船长晚宴。我们这桌的队友互相敬酒，互致祝福。斯蒂文斯先生一时兴起，举起酒杯，站起来轻声吟唱《善待他人的人》（*The Man who is Kind to Another*），这是起源于 1723 年《安德森宪法》（*Andersen's Constitutions*）中的一首圣歌——

> This world is so hard and so stony
> That if a man is to get through
> He'd need have the courage of Nelson

And plenty of Job's patience too
But a man who is kind of another
And cheerfully helps him along
God bless such a man and a brother
And here's to his health in a song

这个世道是如此艰难和冷酷
如果一个男人想挺过困境
他需要有纳尔逊的勇气
还要有约伯的耐心
但是一个善待他人的人
热忱地帮助他
上帝保佑这样一个人和他的兄弟
在一首歌里为他的健康干杯

The life is as cheerless as winter
To those who are cold in the heart
But a man who is warm in his nature
Bids winter for ever depart
The ground that he treads on will blossom
Till beauty around him shall throng
God bless such a man and a brother
And here's to his health in a song

生活就像冬天一样令人不悦
对那些心肠冷酷的人来说是如此
但是对于一个天性温暖的人来说
冬天会永远离去

他足下的土地上繁花盛开
直到他周围的丽人蜂拥而至
上帝保佑这样一个人和他的兄弟
在一首歌里为他的健康干杯

As clouds that in sunshine are open
And silvered by light passing through
So man who are generous in spirit
And blessed by the good deeds they do
There's nothing like helping another
For getting one's own self along
Who does this is truly a brother
And here's to his health is a song

就像阳光下的云朵绽放
被光照得银光闪闪
所以精神上慷慨的人
会被他们的善行所赐福
没有比帮助别人更好的了
为了自食其力
这是真正的兄弟
在一首歌里为他的健康干杯

多年之后，在疫情席卷全球的冬日里，我打开电脑，回看南极的照片，耳畔似乎又轻轻地回荡着斯蒂文斯先生起始轻柔、继而激越，最终豪迈的歌声。这首歌词平易朴实，却暗含人世间的真理：善缘，就是力量。

在半月岛的最后登陆

在南极的最后一次登陆是在半月岛（Half Moon Island）。半月岛位于南纬 62° 36′，西经 59° 55′，是一个长约 2 公里的半月形岛屿，岛上的一汪湖水反射着岛

上的山峦和冰川。小岛锯齿形的峭壁上，聚集着大量的颊带企鹅，还有大量的南极燕鸥和暴风海燕。岛的西侧是卡马拉（Cámara）科考站，橘色的建筑上飘扬着阿根廷国旗。

在雪地上，必须沿着探险队员开出的路稳步向前，不允许在旁边自行开路，因

为雪地很厚，一脚踩下去，往往没到膝盖甚至大腿，这样的一个个脚印，形成一个个深洞，对于普遍高度只有 40 厘米—50 厘米的企鹅来说是相当危险的，万一它们掉进去，将很难爬出来，其他的企鹅也无法相救。

小岛的中央，一弯新月般的湖泊没有封冻，波平似镜，而湖的四周，是洁白的雪地。在那上面，躺着两头巨大的威德尔海豹（Weddell Seal），圆滚滚的，浑身由脂肪组成，十分可爱。与活泼好动的毛海豹相比，这种威德尔海豹是安静的，动作也是迟缓的。

这种海豹身长 2.5 米—3.5 米，体重 400 公斤—600 公斤，雌性往往比雄性大一

点。它们外表呈灰色，且有斑点，有着小巧的鼻子和可爱的胡须。它们在野外的平均寿命为 30 年。

威德尔海豹主要栖息在南极海域，它们不会迁移，通常在位于出生地几公里的范围内活动。冬天在冰层下度过。它们像所有海洋哺乳动物一样，必须浮出水面才能呼吸，它们经常会用牙齿啃出冰层气孔来呼吸，并需要保持气孔畅通。它们可以潜水深至 600 米，停留时间长达 45 分钟。研究表明，它们在水中深潜时会折叠肺部，以减少对氧气的需求量。主要食物是磷虾和鱿鱼，其天敌是逆戟鲸和豹海豹。

每年的 9 月或 10 月，是威德尔海豹幼崽出生的旺季。海豹妈妈喂养这些幼崽的乳汁里，大约有 70% 的脂肪，这种丰富的营养，使得幼崽生长非常之快。它们出生时大约重 27 公斤，而当海豹妈妈在幼崽 6 周大停止哺乳时，它们的体重可达 90 公斤。

目前威德尔海豹的数量相当可观，全球大约有 80 万只。年老的威德尔海豹由于经常啃咬冰层，会造成牙齿磨损而影响生存。多家环保组织计划将这些威德尔海豹圈养起来，以延缓寿命。

此时，我眼前的一头威德尔海豹睡醒了，它慢慢地睁开眼，打了个哈欠，弓一下身体，然后缓慢地爬行，从雪地到海边大约 30 米的距离，这只庞然大物爬了 20 分钟。到了海边，还在石头丛中小心地探下头，以避免身体被石头划伤。最终它游进了海里。

太阳从厚厚的云层中露出淡淡的影子。颊带企鹅趴在雪地上，用两个扇动的翅膀滑行。远处一群企鹅栖息在岩石上，如一幅素雅的中国画。

在南极海域的时间里，每天都会一整晚地开船，只为第二天到达某个海岛，去看一群企鹅；走一段山路，看一群海豹或一群信天翁……最遥远的世界，总是以最简单的方式令人着迷。

这是纯净至极的世界。

为什么要去南极？

对我而言，不是去寻找答案，只是为了提出问题，或单纯去倾听另一个大陆上企鹅的吟唱。坐在这片纯净的土地上，思考着热爱与厌倦、坚守与疏离、繁华与荒芜……

我到过许多大陆的尽头，如非洲大陆的尽头好望角，欧洲大陆的最北端北角，而今又站在南极大陆的土地上。

在这里，不仅可以坐在岩石上倾听企鹅的歌唱，更可以怀想一个多世纪以来的南极风云。南极的群岛是企鹅和海豹的天堂，也分别对应着 20 世纪的捕鲸、不太久远的战争以及当代对于南极的和平利用。

对我而言，接近遥远之地，不仅更加懂得环保的意义，而且更体会到自然界的绝美和残酷，从这个意义上来说，来南极不是去逃避，而是进一步入世。因为一直以来，极地所弘扬的，正是勇敢、智慧和英雄主义。

这不仅仅是身体的旅行，更是精神上的慰藉，是与大地的相互触摸。在南极和北极地区，我们不仅接近那些企鹅、海豹等动物，更重要的是，试着学会怎么去尊重人类以外的其他生命，它们和我们一样有着高贵的权利——被尊重的权利和不被打扰的权利。

即使在此地，要欣赏到壮美的景色也并不容易，需要缓慢地航行，慢慢地接近，才能一睹令人屏神宁息的那个瞬间。尤其对于我这种已涉足七大洲的行者来说，其兴奋点更加难觅。

黑白之间，富含最斑斓的色彩。

如此简单、宁静的画面，便是我此次南极之行的最后定格。足以让人长久地回味，为着那遥远的净土。

世界，总是激荡而来，安静而去。寒冷，只是南极的一种表情；伟力，才是它的内核。

“个人的历险，不计代价的历险，是我们共有的晨曦。”法国诗人勒内·夏尔（René Char，1907—1988）的诗句，似乎为我的南极之旅做出了某种注解。风雪弥漫，静默如风，南极苍茫大地归于平静。

我突然想到一句话：“幸福有时并非来自——有，而可以来自——无。”

航向罗斯海的冰山

邮轮即将返航，离开南极的土地。

面对舷窗外的茫茫大海，我再次忆起斯科特船长。

他的那座石冢被包裹在 109 米（约合 360 英尺）厚的罗斯冰架（The Ross Ice Shelf）中，成为冰冢。在此后的 100 多年的时间里，由于环境气候的变化，冰川运动也带动冰冢缓慢地移动。根据极地记录，截至 2011 年，由于地表积聚了更多的冰层，冰架底部的融化和重新冻结，使得这座冰冢被掩埋在大约 16 米深的冰层下。假设过去几年间冰川运动的速度大致相同，则可以推算出，目前这座冰冢已被掩埋在冰层下 16.7 米深处。

同时，由于整个罗斯冰架缓慢地移向北侧的海岸，因此，冰冢已经从原来的地理位置向北移动了大约 62.7 公里，且目前仍在移动中。参与这一课题研究的冰川学家普遍认为，他们 3 位的遗体仍然保存完好。

按此进度计算，再过 200 多年，冰冢将移位至罗斯冰架的边缘，在那里将与罗斯海的麦克默多峡湾（McMurdo Sound）交会。到那时，冰冢将被包裹在超过 99 米厚的冰层中，冰架的边缘没有中央部位厚。

可以想象，随着罗斯冰架向海洋的进一步推进，每隔 50—100 年，罗斯冰架的多处边缘部分就会分裂。掩藏着那座冰冢的冰架部分，预计将在 2250 年前后变成一座冰山，溅入大海。

如果一切如预期，则意味着斯科特船长、威尔逊医生和鲍尔斯中尉将在他们去世 350 多年之后，被晶莹的冰山包裹着，然后，漂浮在罗斯海上，继而，漂向更为辽阔的南大洋——这将是何等悲壮的结局！

尽管斯科特和他的两位伙伴罹难已久，但作为南极探险家，他们的身体和英灵依然在经历着一场遥远而漫长的历险，与冰川同在，与日月同辉，也与我们的忧思同存。

我一直觉得，时间的流逝不是单一的线性关系，即从过去走向将来，它更像两股相对的洪流，激荡奔涌，汇聚而来，在我们情愿或不情愿地走向未来之际，未来也在快速地涌向我们。

当这座深埋着斯科特和同伴遗体的巨大冰山，沿着时间的长河，滑向罗斯海的时候，全球海平面上升的警报已经被有识之士不断拉响：如果从现在起，我们不采取切实有效的应对措施，到 2100 年，全球平均海平面预计上升 98 厘米。届时，很多岛屿和多座沿海城市，都将被淹没在海水中。

希望这不是危言耸听。

人类目前的活法，决定着子孙后代的活路。

数年之后。

随着新冠病毒在全球的肆虐，2020 年 12 月，智利位于南极的贝尔纳多 · 奥希金斯·里克尔梅将军基地（Base General Bernardo O' Higgins Riquelme）也出现新冠病毒。

而早在 2020 年 8 月，国家南极局局长理事会（COMNAP，各国主管南极事务的部门负责人的组织）已提出要求大幅减少各国到南极科研人员的人数，取消多项实验和实地考察项目，以期保住“地球上的最后一片净土”。不幸的是，新冠病毒还是被人类带到了南极地区，并存在着继续扩散的可能性。

世界自然基金会（WWF）发布的《地球生命力报告 2020》（*The Living Planet Report 2020*），也在清晰地印证着人类活动对野生动植物、海洋、河流和气候带来的巨大影响，遗憾的是，地球上数百万物种的灭绝，并未引起各界足够的关注并采取必要的行动。

这让人忆起温斯顿 · 丘吉尔爵士（Sir Winston Churchill，1874—1965）在 1942 年说过的一句名言：“Now this is not the end. It is not even the beginning of the end. But it is, perhaps, the end of the beginning.”（现在这不是结束。它甚至不是结束的开始。但它，也许是开始的结束。）

“The end of the world is just the beginning.”（世界的尽头，仅仅是开始。）一家探险公司打出了这样的口号，颇具吸引力；另一家探险公司则设问：“Have you walked among 150000 penguins? ”（你在 15 万只企鹅之间散过步吗？ ）

的确，这片白色的大陆会带给旅行者心灵的震撼，环保理念也会得到不同程度的培育，人们会对保护地球的生物多样性产生浓厚兴趣，甚至激发起研究的热情。我认识的一位企业家，从南极归来之后，花费 1000 多万元增添了自己企业的环保设施。这从某种程度上印证了英国作家奥尔德斯 · 赫胥黎（Aldous Huxley，1894—1963）的名言——“We can only love what we know. ”（我们只热爱我们所知道的东西。）只有当人们更多了解南极时，才会更加热爱和保护南极。

尽管南极 1820 年才被发现，但远在亚里士多德的年代，人们就设想有这么一块广袤大陆的存在。2000 多年前，人们以丰富的想象力描绘过地球上的奇幻之地，比如亚特兰蒂斯和不老泉，其中，只有南极是唯一被证实的存在。

然而，不可否认，南极100多年的历史，也是一段资源被掠夺的历史，首先是捕捞海豹，然后是捕杀鲸鱼……随着气候的变化和人类活动的增加，物种入侵的风险也在加剧。南极陆地生态系统具有较低的生物多样性、简单的群落结构和资源竞争不大的特点，物种的适应能力已不能与地球上其他地区相比。

由于磷虾在南极生态系统中扮演着重要的角色，对磷虾的过度捕捞已被禁止，但对南极鳕鱼（Patagonian Toothfish）的非法捕捞还在日益增加，每年约超过32000吨，这仍然是一个严重的问题。早在2000年，南大洋（Southern Ocean）的捕捞总量已超过11.2万吨。《南极条约》是保护南极洲生物多样性的主要法律依据，对外来植物或动物的引进均可以进行处罚，但目前对南大洋的捕捞业尚无法全部有效监管，这对整个南极生态系统的潜在影响依然巨大。

在南乔治亚岛上，生态之战也从未停息。科学家在岛上已发现了一种摇蚊（Chironomidae），推测是20世纪60年代随着植物移植实验带入的。此外，在2018年，科学家宣布，经过多年的努力，在南乔治亚岛，挪威的棕色老鼠已灭绝。这些老鼠是早年随着捕鲸船跑到南乔治亚岛上的，捕食岛上的许多鸟类，使岛上两种大量存在的特有鸟类——南乔治亚田云雀和南乔治亚针尾鸭（South Georgia Pintail）灭绝，并减少了信天翁和企鹅的数量。

南极作为地球仅存的一片净土，也是地球环保链条中脆弱的一环。南极98%的地域被冰盖覆盖，冰层平均厚度1.9公里，冰雪约占世界总量的90%，淡水总量约占全球的75%，是人类最后的淡水库，如果这些冰全部融化，海平面将上升60米。

因此，保护南极，对于地球生态环境的保护具有生死攸关的意义。探索神秘的南极世界，不仅可以让人感受南极的奇妙壮观和了解地球的奥秘，从而关注这个蓝色星球的未来；同时，在这个世界的尽头，可以接受人类不屈意志和探索精神的洗礼。

这是回归自然、重归宁静的浩然大道。

Chapter Ⅱ

Iceland Circumnavigation Cruises: Time and Water

环游冰岛：驶入时间之海

我总是习惯在高纬度地区，寻找灵感、写作和拍摄。

这次我选择了邮轮环游冰岛。这是一种相对独特的方式，我可以深入冰岛主岛之外的那些小岛，去发现其中的奥秘；享受邮轮上精致的美食，站在甲板上眺望不同光线下的海面，在船舱里听冰岛音乐家奥拉佛·阿纳尔德斯（Ólafur Arnalds）的乐曲，阅读冰岛众多诗人的作品。

这是我的冰岛画卷。

幻影闪烁，从南极到冰岛，我的依恋之火照亮了谁？

From Snæfellsnes to Siglufjörður

The Fragments of Memories that Scattered along the Coastlines

散落在海岸线上的记忆碎片

邮轮从雷克雅未克（Reykjavik）启航，前往斯奈山半岛（Snaefellsnes Peninsula）。其中的弗拉泰岛（Flatey）拥有冰岛最古老的图书馆。

接着，驶向西峡湾半岛（West Fjords Peninsula）、维格岛（Vígur）和霍恩巴加格悬崖（Hornbjarg Cliff），这里是海鹦的乐园。

最后，抵达冰岛北部海岸的锡格吕菲厄泽（Siglufjörður）小镇。此地残存着远去的鲱鱼捕捞时代的遗迹。

斯奈山半岛上的电影外景地

And time is like a reflection

made partly by water,

partly by me.

…

时间如一幅未完成的镜像

由水和我

共同投射。

……

From my consciousness

to your lips

is a trackless sea.

在我的意识

与你的唇之间

有一片无路的大海。

每次来冰岛，我都会想起这首《时间与水》（*Time and Water*），这是冰岛诗人斯泰因·斯泰纳尔（Stein Steinarr，1908—1958）的代表作。此刻也是。

雷克雅未克是世界上最靠北（北纬64°08′）的首都。走出凯夫拉维克（Keflavík）机场，瞬间看到汹涌的人流拥挤在狭窄的出口处。

这是冰岛规模最大的国际机场。2020年初之前，这里每年的“旅游潮”大约输送110万人次，而这个国家的常住人口只有33万人。

蓝天中覆盖着低低的云层，从机场前往雷克雅未克市区的公路两旁是无尽的荒原。汹涌的人流被迅速化解在荒芜的大地之上，还像多年前我初次到来时那样。

海达路德的“斯匹次卑尔根号”（*Spitsbergen*）停靠在老港码头。这艘邮轮建造于2009年，2015—2016年间进行了改造，使之更适合在富于挑战性的极地水域航行，同时降低了对环境的影响。

我的房间在第四层甲板上，是位于邮轮右舷的外舱房。卫生间配有地板加热器，沐浴露和洗手液的品牌名为“Arctic Pure”（纯净北极），有一种特殊的香味和油脂感，沐浴露的成分包括云莓（Cloudberry）和桦木（Birch），云莓只生长在北极地区，桦木在挪威各地很普遍，二者结合，成为高效抗氧化剂；洗手液采用鼠李属植物（Buckthorn），这种植物在挪威西海岸多有发现。

“斯匹次卑尔根号”的整体设计简约纯朴。在第五层甲板上，有一个开阔的探险酒廊和全景吧（Explorer Lounge & Panorama Bar），这是邮轮上重要的社交空间，里面摆放着造型奇异的黄褐色皮椅，椅背足有 1 米高，人可以舒服地陷在里面，随意旋转。

晚上 8 时，邮轮启航。我站在第八层甲板上，看着雷克雅未克大教堂的尖顶慢慢后退。环行冰岛的漫长旅行开始了。

晚上 9 点钟，广播响起，全体乘客集合在第五层的探险酒廊内，接受邮轮安全知识基础培训。大家开始熟悉船上各种警报声的含义，学习救生衣的穿着方法。因为环行冰岛的航程具有一定的危险性，航程中会多次乘坐橡皮艇在恶劣的天气情况下登陆或在海面上巡游，需要熟悉这些操作程序以策安全。我们将在这样的舱体中，于冰岛的自然、传奇与幻境之间穿梭往返。

翌日清晨，邮轮抵达斯蒂基斯霍尔米（Stykkishólmur）。这是位于冰岛西部的斯奈山半岛（冰岛语 Snæfellsnes）上最大的城镇，人口不过 1100 多，主要以捕鱼和旅游业为生。斯奈山半岛和西北部的西峡湾半岛，都是陆路游冰岛（比如自驾车沿一号公路环游）比较难以到达的地方。

出了港口，沿着坡道在小镇中穿行，身边有鸥鸟飞过，不远处的雪峰矗立在深黛色的云层之下。斯蒂基斯霍尔米是一座天然良港，早在 16 世纪中期就开始海上贸易，此后“贸易”一直是小镇历史的关键词。18 世纪早期，人口最繁盛时，每个渔村聚居着二三百人，人们捕捉鱼类、海豹和鸟类，采集鸟蛋和海藻，用凝固的海豹油脂照明，将海豹皮制作衣服和鞋类。这里也是冰岛绒鸭（Common Eider）饲养业的摇篮，鸭绒产量占冰岛总产量的三分之一。

小镇所在的布雷扎海湾（Breiðafjörður），是在第四纪冰川时期玄武岩被深深侵蚀形成的，分布着大约 3000 个小岛和岩礁。海湾潮汐汹涌，最高时可达 6 米多。港口后面的山顶上，有一个高约 4 米的红色铁壳灯塔，是 1948 年从另外一个小岛移过来的，这里 1995 年之前一直使用煤气，路边还能看到一架废旧升降机的残件，是早年间用来拖拽煤气罐的。

乘邮轮旅行，除了前方即将抵达的目的地，邮轮本身的文化与风情也值得期待。当天邮轮餐厅晚餐的主题是“挪威佳肴”，头盘是驯鹿肉薄片配山越橘。驯鹿肉是挪威北极圈内芬马克地区萨米人的佳肴，肉质细嫩，有一种特殊的鲜味。我曾多次深入萨米人区域，这会儿在冰岛邮轮上再次品尝到源自那里的美味，记忆产生了一种奇妙的穿越。

接下来上桌的是挪威龙虾汤配酸奶油。轻舀慢饮，汤的味道醇厚。这种龙虾在挪威曾经遍地都是，19 世纪初经常被归入“误捕”之列，即并非专门捕捞，是在捕捞其他海产品时意外收获的。这种龙虾生长在深海，肉质细嫩，忌讳煮得时间过久，需要厨师对火候有精确的掌控。

主菜是鳕鱼柳配胡萝卜和小扁豆，我曾在许多地方品尝过鳕鱼，鳕鱼的肉质紧实。挪威的罗弗敦群岛（Lofoten）是捕捞鳕鱼的主要渔场，每年从新年到复活节之间是打捞旺季。渔民中有不少关于鳕鱼的禁忌，或者说是迷信，例如，不建议用帆布背包来装鳕鱼，捕捞时禁止谈论马匹；另外，烹饪鳕鱼撒面包粉时，一定要朝着右边的方向去撒；还有，外出捕捞出发的时间不能在星期五。

甜点是蓝莓果汁冰糕、苹果蛋挞配焦糖苹果。蓝莓的甜度很高，但却具有降低血糖的功效。

席间，从当地小镇上请来了一个女子合唱小组。6 位演员演唱了几首冰岛当地的民谣，质朴、深情、舒缓。与地域特色鲜明的菜肴完美搭调。

餐后，我坐在探险酒廊里边喝饮料边看船舱外的蔚蓝夜空，那是高纬度地区特有的炫蓝。

我忆起 2003 年 3 月，我第一次到冰岛旅行。那时的雷克雅未克是安静的，没有太多的游人。经常是晨雨纷飞，强风呼啸。泥泞的旷野，像伯格曼电影中的镜头。

冰岛的初春时节，一天有四季，大雪常常在夜间突然降临，会与我在走往酒店的途中不期而遇，让我惊喜万分，情不自禁地伸出手接住那大团大团的雪花，看着它们在皮手套上慢慢融化。

俯身凝望，旅途中，会时常浮现如雪花般可爱的细节。

午后小寐时，光的手指和梦的铁锤纷纷涌现。我好像在旅途中，微光在蓝色的船舱里闪烁，我在冰岛的雨中道路上飞行。或许，这样会更接近本质的世界和世界的本质。

那些遥远的视觉与非视觉记忆，纷纷洒落。时间与水交融，那是疏雨潇潇与自然低语的天地。自由与梦想，温和而安详。

我住的这家酒店，各个角落都挂着油画，画面皆绚丽无比。视线从凛冽的屋外移到屋内，目光一下变得温暖起来。

其中的一幅，画面上是一个女孩。她有一张年轻的脸，裸身而立。她的脸上涂着金黄和翠绿的色彩，身后是彩色的房子，这让人联想到关于青春和孤独的命题。

画面的肌理效果和在灯光照射下呈现的暖调，在苍茫寂寥的天地中愉悦着我们的身心。

这是在冰岛啊！

创造了许多神话故事的冰岛人，就是用这种简单的方法，将自己的心情调节到最佳状态，让心灵在无尽的长夜中享受安宁。这是怎样的一种享受呢？

在我的房间，每隔 15 分钟，就会听到不远处传来的钟声。

感觉立刻复杂起来——追忆、伤感、畅想。这样的时刻最适合写作，这样的季节让我沉静，并善待自己。

我观看着关于伊拉克战争爆发的直播“Attack Begins”，各路记者云集科威特与伊拉克边境，戴上面具准备出征。我知道，我又一次在目击着当代历史中的重要节点。此生漫长而有幸。

天晴之时，冰岛的夜空湛蓝如海。我在雷克雅未克最大的 Haskolabio 影城，观看了一部冰岛影片 *Nói Albinói*。这部影片由达格·卡利（Dagur Kári）执导。后来，国内影迷们为该片确定了中译名：《航向热带岛屿的冰山》。

影片的开头颇有意味。在冰岛西北部的一个小村庄里，17 岁的光头少年诺伊（Nói）早晨推开门，发现门外的积雪已有一米多高，封住了出路，他继续回到床上睡他的懒觉，他的祖母连喊他几声都不应。这时，只见祖母从门后抄起一支猎枪，对着窗外“砰——”一声，巨响在旷野里回荡，这才把她的宝贝孙子吓了个哆嗦，从床上给“震”了起来。

一位机智而无奈的祖母，跃然而出。

这部影片讲述了诺伊和他周围的人们的生活。不知道是不是由于胶片的原因，影片偏蓝绿色调，仿佛当地的人们始终生活在雪原的反光中，清冷而凝重。那种清寂的底色，也预示着外界的可见或不可见的巨大冰墙。

他过生日时，祖母送给他一个西洋镜，里面有两幅图画，第一幅是一个胖胖的酋长，第二幅是夏威夷海滩。他习惯躲在房子的地下室里，沉浸在自己的小天地中。

影片中有一个细节，是他和女友伊里斯（Iris）在深夜跑到一座小小的海洋博物馆看一幅地图，小灯一亮就出现了一个地方。第一个亮的地方是北京，最后亮的是夏威夷。

作为一个问题少年，他经常去偷自动售货机的硬币，还用一个录音机代替上学，在酒吧里偷喝含酒精的酒，甚至壮着胆子持枪去抢劫镇上的银行而被熟人发现，认为“你不是在开玩笑吧？”一场闹剧变成了喜剧，最后为了向女友炫耀，他去偷汽车被警察抓了起来。

被他的朋友保释出来后，一天他在地下室里，突然大地晃动起来……他重见天日是在几天之后，被救援队抢救出来。他披着毯子，在临时救护站里吃着面条，盯着电视机的目光突然呆住了——电视里正在播放雪崩中死难者的名单和照片，首先是他的校长，然后是他的老师、朋友，还有他的女友，以及他的祖母！

由于突然发生雪崩，他周围的人几乎全部不幸丧生，只有他因为躲在地下室里得以幸存。

几天之后，他从临时救护站里跑了出来，回到雪崩后的废墟。他跑到地下室里，拿出祖母送给他的西洋镜，对着阳光，那里面夏威夷的海水涌了过来。这是影片的最后一个镜头。

荧幕上只有长长的字幕向上移动着，余音缭绕，一些观众仍坐着，沉浸在深深的感动之中。

生命在顷刻失去之后，让人感触良多——一个愤世嫉俗的问题少年在雪崩中活了下来，而他周围那些认真生活的人们却全部死去，生命的脆弱最终会使他醒悟过来。同时，观众在思索着，诺伊到底是乡村里的天才还是伪装的弱智者？也许只有一场自然灾害才能粉碎诺伊过去的小宇宙，为他打开一扇通向更美好世界的窗户，只是这样的青春太过残酷。

我的一位朋友介绍说，20 世纪 70 年代末，冰岛设立了电影基金，一批年轻导演成为冰岛电影的中坚力量，他们立足于民族文化题材，将冰岛的秀丽风光和人们琐碎却不乏意味的生活结合起来，使冰岛电影在国际影坛声誉渐起。1992 年，冰岛影片《自然之子》（*Börn Náttúrunnar*，1991，又名《爱情的追忆》）获得第 64 届奥斯卡最佳外语片提名。

在冰岛看电影不算贵。如这部《航向热带岛屿的冰山》票价 1000 冰岛克朗（ISK），当时约合 13 美元。

我注意到放映厅里坐满了观众，除了年轻人结伴而来之外，还有很多是一家子人，其乐融融。

记得在影片放映了一个小时后，灯亮了。15 分钟的中场休息到了，许多人出来喝上一杯咖啡，吃些小食品，三三两两围在一起聊天，这时的电影院就变成了晚会现场。

影城内部装饰简约，墙上张贴着这部 *Nói Albinói* 的海报。画面上，这位叫诺伊的冰岛少年，因为偷车而被警察追捕，在雪地上狂奔。

走到影城中央，我看到一段两米多高、厚约 40 厘米的树干横截面矗立在那里：清晰的年轮前面，放着一把有机玻璃尺，上面标出从 874 年直到 1944 年的年份，以及各年份所对应的历史事件。这个细节一下子触动了我，冰岛人用如此简单的方法来展现 1000 多年的生命历程，追忆冰岛往事，而更深刻的环保主题，也在这种巧妙的创意中得到较好的诠释。

遥远的冰岛和清晰的年轮，在表达遥远的同时，也在诉说着人们在用每一个细节来完善自己的生活，而冰岛电影就是其多彩生活的写照。

这些影片也成为我生命记忆的一部分。因影而忆，因忆而更懂影片。

思绪回到酒廊。邮轮在平稳地航行。夜空已变成深碧色，一些宾客在暖光下阅读。这一刻安静极了。

弗拉泰岛，冰岛最古老的图书馆

布雷扎海湾的居民很早就表现出对于文学的浓厚兴趣。1773 年，冰岛的首家私人印刷厂诞生于海湾中一个名为哈雷普塞（Hrappsey）的小岛；1864 年，冰岛最古老的图书馆在弗拉泰岛（冰岛语 Flatey，意为“平坦之岛”）建成。据说，冰岛中世纪最重要的《弗拉泰之书》（*Flateyjarbók*）的手稿曾存放在这里。

弗拉泰岛是布雷扎海湾中唯一全年有人居住的岛屿。它形成于冰河时期，长约 2 公里，宽约 1 公里，大部分是平坦的土地。这里完整地保存着 20 世纪初独特的村庄风貌，大多数房子用作夏季住宅或度假之屋，到了冬季，岛上留下的居民不超过 5 个人。

第三天早晨。邮轮抵达弗拉泰岛。由于岛上没有可供邮轮停靠的码头，我们便乘坐橡皮艇在一个海湾登陆。

沿岛上唯一的一条主路向东延伸，直达林达博格海角（Lundaberg），尽头竖着一块木牌，说明这里是鸟类保护区，每年 5 月 15 日到 7 月 15 日禁止入内。我看见围

栏的木桩上站立着一只北极燕鸥（Arctic Tern），红喙红脚，黑冠白羽，身长大约 35 厘米，看上去娇小可爱。

这种燕鸥具有极强的迁徙性，每年会在北半球的夏季回到北方的繁殖地，然后再飞到南极海岸，度过南半球的夏天。在冰岛筑巢的北极燕鸥，平均每年往返迁徙的距离大约 70900 公里。北极燕鸥的寿命一般 15—30 岁。它们以吃小鱼为生。该种

鸟类在全球的数量估计 100 万只。

岛上有一座建于 1926 年的教堂，穹顶的壁画出自加泰罗尼亚画家巴尔塔萨·桑普（Baltasar Samper）之手，展现了这座北方小岛的生活场景，笔触粗犷有力。教堂后面不远处就是那座古老的图书馆——一座小木屋，几个书架，一个玻璃展台上摆放着影印版的《弗拉泰之书》。

我在书架上找到一本关于冰岛文化之书。书中介绍，弗拉泰岛曾经是冰岛的一个主要文化中心，1172 年建有一座奥古斯丁（Augustine）修道院，《弗拉泰之书》就是在那里完成的，可惜，如今修道院已不复存在。1770 年该岛成为经批准的贸易站，到 19 世纪中叶，成为冰岛西北部的一个商业中心。

冰岛西部的半岛通常被称为“萨迦之地”(Sagaland)。《冰岛萨迦》(*The Icelanders' Sagas*)是冰岛的民族志和心灵史，初步形成于10—11世纪，最初是口头传播的英雄史诗，直到13世纪才以文字的形式记录下来，这部史诗在很大程度上归功于冰岛的民间文学传统。

其中比较有名的故事是《恩约尔传奇》(*Njáls Saga*)，描述了960—1020年间的事件，展现了冰岛英雄时代的情态，其中有两位主人公——尼尔(Njöll)是一位睿智、虔诚、谨慎并具有预言天赋的律师和圣徒；而冈纳尔(Gunnar)则是一位勇敢、慷慨，但草率和缺乏经验的后生。

冈纳尔遇敌面临险境时，他的漂亮且性格反复无常的妻子霍尔格德(Hallgerd)，拒绝给他一缕长发用以串起他的弓箭，因为冈纳尔曾粗鲁地对待过她。

尼尔则因儿子们的正直行为陷入争斗，他勇敢地应对，结果他和他的几位家人被敌人烧死，只有他的儿媳凯利(Kári)幸存下来。她继续去御敌，讨还血债。

在尼尔的身上体现了传统北欧人的忠诚和勇敢的理想，他最后的被焚殉职也表现出悲壮的豪情，但在一个强调血缘关系的氏族社会结构里，有仇必报的传统根深蒂固，过去相互伤害的记忆总是在寻找着重新点燃的机会，尼尔的智慧和冈纳尔的善良都无法拯救他们的命运。

在《冰岛萨迦》中，包括民间传说的主题，如英雄与巨魔的搏斗，有很多生动质朴的情节，展示了丰富的艺术技巧，同时也包含对于自然环境的生动描述，营造出不同寻常的视觉美感和深刻的悲剧感。13世纪时对这部史诗的拓展，使梦幻和浪漫元素也在逐渐增长，更多地注重现实生活繁复的细节，与模糊远去的历史事实组成了一座文学迷宫。

品读片刻，清静本然，忽生莽原大地。

晚上7时许，邮轮靠近巴加坦格悬崖(Bjartanger Cliff)。我们乘坐橡皮艇靠近悬崖，此时海浪汹涌，海面上漂浮着绒鸭。继续向悬崖靠近，发现有一只海鹦(Puffin)在不远处游动，这是此行我第一次看到海鹦。

天色渐暗，只有海鹦的喙，那一点点红颜色，跳动在苍茫的大海之上。

伊萨菲厄泽与天堂岛

第四天早晨 8 时。邮轮抵达伊萨菲厄泽（Ísafjörður）港口，我们将在这里停留 12 个小时。这是冰岛西北部的西峡湾半岛（冰岛语 Vestfirðir）上最大的一个小镇，人口有 2600 多。环顾四周，是高耸的山脉，看上去，伊萨菲厄泽是一个近乎完美的天然港湾。

伊萨菲厄泽属于苔原气候，冬天寒冷，夏天凉爽，最温暖的 7 月，平均温度只有 9.9℃。这里远离冰岛 1 号公路，所以沿公路驾驶会比较辛苦。伊萨菲厄泽有一座小型机场，从雷克雅未克可以直飞过来。

据史书记载，这周边的区域在 9 世纪末时首次有人居住。16 世纪成为外商的贸

易站。那个时段女巫审判盛行，多人被放逐到这个地区。1786 年，伊萨菲厄泽被确立为城镇级别。目前该地区成为国家级自然保护区。渔业是主业，但由于 20 世纪 80 年代初期的捕鱼限制和鱼类数量的减少，渔业产量严重下降，使得一些居民外出寻求工作，导致该镇人口减少。尽管这里人口不多，但小镇曾出过一位冰岛总统和一位冰岛主教，这足以让当地人为之自豪。

从港口出来，不远处就是小镇中心。参观一下小镇的建筑，这里保留着冰岛最古老的房子——民俗博物馆，建于 1734 年。冰岛最大的旧木结构房屋也在这里，房子大部分是由外国商人在 18 世纪末建造的，其中包含目前的海事博物馆。

继续前行，一座淡绿色的雅致建筑矗立在草坪上，这里原来是一家医院，后来改造成为文化中心和图书馆。2005 年，这里还建立了一所大学，为分散在西峡湾半岛的 7000 名居民提供远程教育服务。

尽管这座小镇规模不大，且远离冰岛中心地区，但仍弥漫着独特的城市氛围。这里有一所音乐学院，近年来，小城已成为冰岛另类的音乐中心。从 2002 年起，一年一度的“Aldrei fór ég suður”摇滚音乐节，汇聚了冰岛当地和海外的乐队。“Aldrei fór ég suður”这句冰岛语的意思是“我从未去过南方”，出自冰岛歌手布比·莫森斯（Bubbi Morthens）同名歌曲。

下午 2 点钟，我登上游船前往维格岛。这座岛也被称为“天堂岛”，尽管西峡湾被认为是冰岛最寒冷的地区，全年很少有晴朗的日子，但今天风和日丽。小艇上载了 20 多位乘客。

游船启动，从港口出来，沿着 Ísafjarðadjúp 峡湾向东航行，一路上山清水秀，水面上浮现着青山的倒影。维格岛位于峡湾的中部，行驶了半个多小时，远远地就看到这座小岛。岛长约 2 公里，宽 400 米，是峡湾中第二大岛屿，目前为一个家庭私有。

从码头上岸后，沿着山径，我们来到一座风车前。导游介绍，这是冰岛仅存的一座古老风车，所有权属于冰岛博物馆，由小岛负责日常的维护工作。

沿着山脊的小径前行，山坡上遍地青草，风吹草动，诗意盎然。我与随行的一位冰岛游客聊天，他的老家就在不远处的山坳中，目前经营着一家客栈。我跟他说起海鹦，走了几步，他指着远处的海面说，你看，那里有一些啊！我立刻顺着山坡跑下去，到了海边，看到远处的海面上漂浮着几十只海鹦，随着波浪起伏，它们红色的喙在碧海中成为一个个高光点。

沿着山坡继续轻步而行。有一只海鹦从前方的草丛钻出来，离我大约 30 米，我不再靠近，以免打扰到它。我蹲下身来，端起相机静静地拍摄几张，旋即返回山脊。这也是我此行首次近距离观察海鹦。

海鹦，全称大西洋海鹦（Atlantic Puffin），是唯一原产于大西洋的海鹦，主要生活在冰岛、格陵兰岛和纽芬兰岛等地的海域。

大西洋海鹦的拉丁文学名 *Fratercula Arctica*，Fratercula 的原意，是指中世纪时穿着僧侣长袍的神父，因为海鹦的外表羽毛也是黑白相间，两者在外形上颇为相似。而“Puffin”这个单词的原意是“膨胀的”，指脂肪较多、肉滚滚的感觉。海鹦在 1768 年被首次命名，后来经国际鸟类学大会确认该英文名字。

造物主在创造海鹦时用足了色彩：黑色的冠和背部，浅灰色的脸颊，白色的胸部和肚子，红色和黑色相间的喙用色尤其大胆，嘴边还有一朵黄色的肉质小花，橙色的腿，整体是多色彩组合，尤其是它们的眼睛，上下各有蓝灰色的眼睑，形状近似三角眼，但因为有了一圈红色的眼线，看上去有一种“丑萌”之感。这种多彩的喙和醒目的外观，加上蹒跚的步态，使得海鹦有了“海中小丑”（Clown of the Sea）和“海中鹦鹉”（Sea Parrot）的绰号。

尽管海鹦的总体数量较多，但由于分布范围广泛，种类在急剧下降，在世界自然保护联盟（IUCN）濒危物种红色名录中的状态是“易危”（Vulnerable）物种。在陆地上，海鹦保持一种典型的直立姿态；在海中一般浮在水面，以捕食小鱼为生，它也能够潜入水下，游得很快，可以到达较深的水下待上 1 分钟。

冰岛拥有世界 60% 的大西洋海鹦，目前约有 500 万对。由于气候变化、海鹦食物的减少和前些年对海鹦的过度狩猎以及人为污染事故，如油轮溢油事件的发生，自 2000 年以来，在冰岛、挪威、法罗群岛和格陵兰岛的海鹦数量呈锐减趋势，据估计，2000—2065 年间，欧洲海鹦数量将下降 50%—79%。

在辽阔的北大西洋上，每只海鹦平均占有 1 平方公里的面积，如此分散的格局，使得人们很少有机会在海面上观察海鹦。像许多海鸟一样，海鹦的大部分时间都生活在远离陆地的开放水域，每年只在4月初到8月初回到海边的悬崖上繁殖。目前，冰岛北部的海鹦数量通常比在南部地区多。

雄性与雌性海鹦在外观上相似，身高一般在30厘米，翼长18厘米，体重650克，成年雄性海鹦略微大一点。未成年的海鹦有类似的羽毛，但脸颊是深灰色的，喙也不宽，呈暗灰色，腿的颜色也是暗淡的。

地球上有10000多种鸟类，大部分海鸟每次只能产一枚蛋，如鲣鸟（Gannet），若多于一枚蛋的话，由于鸟巢离海岸远，孵化出来后，成年海鸟无法及时输送更多的食物给宝宝；而筑巢离海岸近的鸬鹚（Cormorant）、海鸥（Gull）和燕鸥（Tern），一般会产两个或更多的蛋，孵化出来后，照样能够应付宝宝们的食物需求。

我走回山脊，跟刚才那位冰岛游客继续交流。他说自己小时候曾吃过海鹦。他家里的位置不通公路，只有渔船与外界交流，捕食海鹦也是没办法的事情。

自古以来，在缺乏自然资源的北大西洋地区，海鹦便被当作一种美味。居民在悬崖和海岸上捉住海鹦后会当即烹饪，或用盐水腌制后再熏干食用。海鹦蛋也被吃掉。它们的羽毛被收集起来做被褥，与其他海鸟的羽毛不一样，海鹦的羽毛很难从巢中提取，只能捕杀后采集。

后来，海鹦在大多数国家开始受到法律保护，禁止狩猎，但在几个偏僻的海岛上，仍有人以专用的网杆和套索来捕获海鹦，一天可以抓捕二三百只。记得有一位英国大厨在电视访谈节目中，推荐海鹦的心脏作为美食，曾引起轩然大波。从2011年起，冰岛已实施禁止猎杀海鹦的法令。在这样的背景下，如谁再敢提吃海鹦，无疑就是往枪口上撞。

沿着山脊在小岛上走了一圈，看到几幢建于19世纪末至20世纪初的房子，其中的一间被辟为餐厅，桌子上摆放着餐具。我沏上一杯茶，然后到餐厅选取了几块家庭自制的糕点，坐在户外的椅子上慢慢享用。

我眺望着不远处的海岸，有绒鸭和北极燕鸥在游动、飞翔。当地的居民会采集绒鸭的羽绒，作为一项重要的收入来源。一般在春天和夏天收集，经过清洗和干燥后冬季出售。

餐厅旁边有一幢黄色的木屋，门口挂着一块牌子——欢迎入内参观。里面有餐厅、起居室和卧房。走进餐厅，走廊里陈列着老式缝纫机和收音机；桌上铺着针织桌布，摆放着古旧茶具；电灯悬挂而下，门旁是老式开关。房子的一角有黑色的圆形壁炉，直径与街上的邮筒相似，上面还有一圈铁艺花边，如此精致的壁炉之前较少见到。起居室挂着这个家族的黑白照片，卧房里有一张蓝色的木床，四边有围栏，床上铺着羊毛毯子。

走出木屋，漫游在小岛上，有微风吹来。岸边一艘 20 多米长的木船浮现着岁月之痕。不远处的雪峰映衬着近处的一块巨石，富有画面感。时光似乎变得缓慢了。这样的私人小岛，无疑是接近天堂的。

我们乘坐游船驶回伊萨菲厄泽码头，回到邮轮上。晚上6点来到餐厅。这天晚餐的主题是“弗朗西斯·德雷克爵士”（Sir Francis Drake），这是英伦菜系的一次体验。头盘是烟熏三文鱼、烤面包配生菜、莳萝芥末和柠檬。

在英国作家格雷厄姆·格林（Graham Greene，1904—1991，一生曾获得21次诺贝尔文学奖的提名）的小说《与姑妈同游》（*Travels with My Aunt*）中，奥古斯塔（Augusta）姑妈就做过这道烟熏三文鱼，她一边做这道菜，一边想着英国探险家弗朗西斯·德雷克爵士（Sir Francis Drake，1540—1596）大战西班牙无敌舰队的往事。

历史上，用盐腌制再晒干的鱼，是为漫长的海上旅途而准备的。船上的这些烟熏三文鱼来自挪威南部的阿塞希（Askøy）地区的一家鱼类加工厂，采用传统的处理方法，每年的产量很少。这道菜鲜美异常，吃起来十分爽口。

接下来，端上的是牛尾汤配蘑菇馅的意大利式饺子（Ravioli）。这道汤是在法国大革命期间由贵族们发明的，后来又被逃亡的贵族带到了英国。具体的配料并不确切，但需要几个小时的时间烹制才会产生浓郁的香味。据说，英国人在品尝这道汤时，总会情不自禁地想起帝国地理版图扩张的高峰时期。最是人间留不住，朱颜辞镜花辞树。最终，也只能保存在作为世界记忆的美食图谱里了。

主菜是烤牛扒、约克布丁配烤土豆、豌豆和胡萝卜。烤牛扒和约克布丁被认为是英伦美食的两块基石，在英国小说家亨利·菲尔丁（Henry Fielding，1707—1754）的笔下，曾不吝笔墨加以赞美，认为烤牛扒滋养了身体，使得士兵更为勇敢，侍臣（Courtier）更为清明廉洁。约克布丁的具体发明时间不详，在17世纪上半叶的食谱中被首次记载。

甜品是印度淡啤酒冰糕（Mack IPA Sorbet），Mack是挪威特罗姆瑟的一家啤酒厂，IPA即Indian Pale Ale（印度淡啤酒），19世纪由英国酿造的一种啤酒，加入了大量的啤酒花，酒精含量一般在7%以上，曾大量出口到印度，经过长途海运后，仍保持着苦香的口感。这款黄色的冰糕口感爽滑。

最后端上来的是曼彻斯特蛋挞。这款蛋挞的配方诞生于1861年，是典型的英式甜点，配料有覆盆子、蛋奶冻和椰蓉。甜美，深得我心。

第五天。早晨8点钟，邮轮停泊在霍恩巴加格悬崖附近的海面上。悬崖位于西峡湾半岛的最西北侧，是陆路较难到达的区域。每年 6 月初到 8 月底，从伊萨菲厄泽也有短途旅游线路，需 12 个小时。从伊萨菲厄泽到霍恩维克（Hornvík）乘船，然后从霍恩维克徒步 4—6 个小时，徒步者的经验和体能都需要有较高的水准，才能靠近这片充满戏剧性的悬崖峭壁，观赏到冰岛西北部海岸线的景色。冰岛有着 4970 公里长的海岸线，这里是其中的一个奇景。

整个西峡湾半岛最北端的区域叫霍恩斯特朗德（Hornstrandir），其东翼就是霍恩布亚尔格山（Mt. Hornbjarg），这个地区以前有少数人居住，以其独特的传统和习惯闻名。到了 20 世纪初，定居点和农场逐渐被遗弃。交通不便，尤其冬天更是如此。现在只有极少数旅者来这个地区领略风光。附近的一处海湾于 1975 年成为自然保护区。

上午，我们需要靠近悬崖去观鸟。这陡峭的悬崖，是冰岛大型海鸟栖息地之一。天下着雨，海浪很大，我乘上橡皮艇，还没驶近悬崖，就看到远处的海面上聚集着海鸟。橡皮艇的前部不停地随着海浪起落。

慢慢地靠近悬崖，有一条瀑布从悬崖上倾泻而下，在悬崖的中部，凸出一块岩石，长约 30 米，厚七八米，像一堵尖利的高墙。这里也被称为“冰岛的边缘”。

驶近这块岩石。抬头凝望，上面布满海鸟的巢穴，后面是 534 米高的山峰，烟雨蒙蒙，鸟翅叠影，的确是自然的乐园。

晚间，在酒廊我读冰岛女作家弗丽达·奥斯劳格·西古尔达多蒂尔（Fríða Áslaug Sigurðardóttir，1940—2010）的小说《夜逝之时》（*Meðan nóttin líður*，英文名 *Night Watch*）。该小说在 1990 年获得冰岛文学奖，随后于 1992 年获得北欧理事会文学奖。

小说的主人公尼娜（Nína）是一位成功的职业女性，她创立了自己的广告公司。透过她的视角，叙述了冰岛西峡湾地区的一个家族中 4 代女性的生命历程，勾勒出该峡湾地区严酷的自然与漫长历史，并大胆袒露了个人的感情生活：尼娜不相信爱情并怀有贪欲，因此曾多次发生婚外情，游走于多个男人之间。

整部小说充满文学时空的跳跃感，以及自然环境与文明力量的对峙，唤起重重疑问，也在苦苦地寻觅答案。涉及冰岛妇女解放的曲折过程，以及人们该如何去接受我们的家庭和过去，还有，人们将如何确认“我们是谁”等哲学问题，同时也暗

示，在贪心、癫狂与恐惧之外，某些异域女子该如何学会坦露难以启齿的隐情，去与凌乱、狂喜而又略带苦涩的岁月和解。

这或许也是与自己最有效的和解方式。在文学和情感中，一般来说，真实就是力量，与此同时，在追求真相的过程中，由于当事人出于各种因素的顾虑，谜团最终可能被打成一个死结。从这个意义上来说，永无完整的或最终的真相可言，但只要彼此还心存善念，救赎和自我救赎的希望就永在。而在很多时候，"救赎人的不是真相，而是与真相共同活下去的能力"。

我曾读到过一段关于感情的独白——"我渴望一种爱情：不会因为爱的低微而心生倦怠，也不会因为爱的贪婪而暗含轻蔑。他与我棋逢对手，见招拆招。他狡黠而又愚笨，自私而又慷慨。他洞穿我的欲念，鼓励我的直露，然后，原谅我的无耻和那些无法言说的卑贱。"

这，或许就是情感的全部轮廓与弧光。一种深切的呼唤和应答。

鲱鱼时代博物馆：一个远去的时代

我们在同一个世界入睡，却在不同的世界醒来。

所有曾是如此遥远的世界，都变得如此贴近。我一次又一次地深入冰岛的峡湾与小镇，去聆听那些传说。

经过一夜的航行，第六天早晨8点钟，邮轮抵达锡格吕菲厄泽小镇。

这是冰岛北部海岸中央位置的一个小镇。它是随着20世纪40—50年代鲱鱼的产业发展起来的。此后，镇上的规模一直在缩小，目前的人口为1200多。

从码头出来，我来到小镇的一家四星级酒店，坐在大堂里，屋外飘着小雪，屋内回荡着轻柔的乐声。

雪越下越大。不远处就是鲱鱼时代博物馆（Herring Era Museum）。它是冰岛最大的海事博物馆，同时也是冰岛唯一赢得欧洲博物馆奖的博物馆。博物馆于1994年正式开放，后来又加建了两个展厅。

鲱鱼一直以来就是沿海居民的主要食物。作为重要的食用鱼，可以生吃、腌制，或制成熏鲱鱼。鲱鱼在欧洲海洋渔业史中，也曾起到关键的作用。鲱鱼中数量最多的是大西洋鲱鱼（长约 30 厘米），锡格吕菲厄泽曾经是冰岛的鲱鱼渔业中心，占冰岛出口鲱鱼收入的 44%。

历史上，冰岛北部和东部海岸都曾是打捞鲱鱼的地点，但只有在这里聚集成一个渔业小镇。从 1903 年夏天开始，挪威渔民乘坐鲱鱼船赶来此地，开始了鲱鱼的冒险时代。在此后 40 年的时间里，这个小村庄变成一座拥有 3000 多名居民的繁荣小镇，冒出 23 个用于鲱鱼加工的盐站（Salting Station）。

随着鲱鱼业的蓬勃发展，一种淘金的气氛笼罩着小镇，被称为“大西洋的克朗代克河”（Atlantic Klondike，克朗代克河位于加拿大育空地区，1896—1899 年间约有 10 万人前往淘金），吸引了众多投机商和数以千计的渔业工人。到了 1950 年前后，冰岛的渔业开拓者研发出一种新的捕鱼技术，其他几个国家也很快掌握了这种技术。越来越多的鲱鱼船开始在冰岛东部水域捕获，东部冰岛的鲱鱼城镇开始繁荣。自此之后，锡格吕菲厄泽黯然失色。在历经半个世纪的鲱鱼繁荣时代，资源终于枯竭，到了 1969 年，基本捕捞不到鲱鱼了。随着整个鲱鱼繁荣时代的结束，这座小镇与其他鲱鱼城镇一样衰退，盐站和码头也弃用了。

1989 年，当地的志愿者组成一个协会，改造老建筑，试图保留这一段鲱鱼捕捞的繁荣史。博物馆建筑主要由 3 个主要部分组成，即 Róaldsbrakki，Grána 和船屋。

首先步入一座砖红色外墙的木屋。这就是 Róaldsbrakki，由挪威人奥勒 · 泰恩斯（Ole Tynes）建于 1906 —1907 年间。

一楼陈列着当年使用过的渔具、吊车和高约 1 米的木桶。当年，腌制好的鲱鱼就是装入这种鲱鱼桶中出口到其他国家。墙上挂着黑白照片和油画，展现了当年的渔民尤其是鲱鱼女工的工作场景。

上到二楼，这里是原来渔民的宿舍。窄窄的上下铺木板床上摆放着私人用品，仿佛他们刚刚离去。来到隔壁的餐厅，开裂的木桌上摆着简单的餐具，靠墙放着老式收音机，墙面上挂着煤油灯。时光似乎从未走远。

不远处的 Grána 展厅于 2003 年开放，集中了从冰岛各地废弃的旧鲱鱼工厂中收集来的重型机械，看起来像一个真正的作坊。这些机械曾用于从鲱鱼中轧制鱼粉和提炼鲱鱼油。

然后我来到船屋，这是博物馆中最新的建筑，于 2004 年 6 月建成。船屋内陈列着 10 多艘鲱鱼船，展厅里有海鸥的鸣叫声和海浪的背景声，再现了一个繁忙的海港景象，“*Týr SK* 33”是其中最大的一艘，这艘 38 吨重的橡木船建于 1946 年，是战后冰岛政府为振兴经济建造的渔船中的一艘，直到 1988 停止使用。船上配备着捕捞鲱鱼的专用设备，还有两艘小型围网渔船一起配合作业。船屋偶尔也被用作音乐厅，乐队以这艘最大的鲱鱼船作为舞台，观众就坐在长凳上，最多可以容纳 250 人。

在船屋的醒目之处，陈列着一座灯塔的灯具部分——黄铜部件和锃亮的透镜仍然出旧如新。上面的标牌介绍，这是从西格鲁内斯（Siglunes）灯塔上拆卸下来的，这座灯塔曾在 80 多年的时间里，引领那些鲱鱼船安全回家。这组灯具从 1908 年随着该灯塔的建造安装上去，使用到 1992 年才结束它漫长的使命。

这一幕场景是富有诗意的。温暖的灯光，曾照耀着冰岛鲱鱼捕捞业的辉煌时代，尽管它已经熄灭。

重返岛屿年代。

即使世界幻化成一座座孤岛，我们依然保持着连接感。

From Grímsey to Húsavík

A Tiny Arctic Island and the Stories of Whales

北极小岛和鲸鱼故事

整个冰岛大陆位于北极圈以外。格拉姆西岛（Grímsey）是冰岛唯一位于北极圈内的岛屿，北纬 66° 33′ 47.2″的北极圈线（The Arctic Circle）贯穿全岛。

阿库雷里（Akureyri）是冰岛第二大城市，是重要的港口和渔业中心，也是观鲸的热门之地。而胡萨维克（Húsavík）鲸鱼博物馆则是了解鲸鱼秘密生活的窗口。

北极圈内的格拉姆西岛

格拉姆西岛是冰岛有人居住的最北端的岛屿——仅在岛南部的桑德维克（Sandvík）港湾有 86 位常住居民。

当天下午 3 点 30 分，我们乘橡皮艇在桑德维克港湾登陆。岛上没有树木，主要的植被是苔藓和茅草，水塘边聚集着白色的海鸟。岛上立着一个简易的北极圈标线

标志——小小的铁梯平台中间竖立一根铁杆，上面挂着几块牌子，标明此地距离伦敦和悉尼等地的距离。

格拉姆西岛距离冰岛主岛的北海岸 40 公里，面积 5.3 平方公里，主要产业是捕鱼，并有少量农业设施，包括收集海鸟蛋。近年来旅游业逐渐兴起，“体验北极圈上岛”成为一个受欢迎的项目，岛上有渡轮定期往返冰岛主岛，还有一条简易飞机跑道。虽然纬度偏北，但受北大西洋暖流的影响，岛上的气候通常比较温和，与雷克雅未克相似。

在这里，我第一次了解到北极圈标线是移动的。北极圈标线的位置并不是固定不变的，其纬度依赖于地球的轴向倾斜，与月球的潮汐力有关，目前，北极圈标线每年向北移动大约 15 米，这种现象被归纳为“极圈移位理论”（Polar Shift Theory）。

我在小岛上继续西行。地势在缓缓上升。在一处悬崖边，有用树干搭建起来的休闲区，里面用一根树干搭成一条长凳。沿着悬崖的边缘行走，可以看到悬崖下海鸟在岩石与大海之间翱翔。

远远地，我看到一只海鹦在悬崖边的草丛里，于是慢慢地靠上去拍照。在高处，有四五只海鹦，还有一两只刚好飞来，给这越来越凝重的阴天带来生机。继续向前，我走到一处 105 米高的悬崖对面，五六只海鹦挤在一块岩石上，隔着空蒙与绿色草丛的前景，画面甚是好看。这处悬崖是岛上的最高点。

走到悬崖边，我趴在边缘往回看，才发现在下面险峻的崖石上聚集了几十只正在孵蛋的海鹦。风很大，一只海鹦起飞后被朔风顶着，似乎僵在了空中，像一颗射不出去的子弹，隔了好一会儿，终于弹射而出。

从小岛西侧的尽头往回走，发现不远处的草丛中直立着几根白色的羽毛，凑近一看，是一只海鸥，似乎刚刚死去，头部的羽毛上沾着露水，眼睛没有闭上。目测身上没有受伤，不知道是饿死的还是其他什么原因，顿时浮起一丝惋惜。

回到桑德维克港湾。走进一家咖啡厅兼纪念品店，里面卫生间的门上贴着使用一次付费 100 挪威克朗（NOK，约合人民币 80 元）的告示。我没带钱包，店中的一位女士依然同意我使用。

之后，跟她闲聊几句，她在安静地用钩针织着蕾丝。时光就这样静寂地滑过，在这个北极圈以北的小岛上。

阿库雷里，鲸鱼与海

经过一夜的航行，第七天早晨 8 点钟，邮轮抵达阿库雷里。这里被称为“冰岛北部的首都”，人口有 18000 多，是冰岛除了雷克雅未克之外人口最多的城市。

维京人赫尔吉·马格里·艾文达森（Helgi Magri Eyvindarson）在 9 世纪时最早抵达这里。到了 17 世纪，鉴于这里的天然良港和肥沃土地，丹麦商人在此设立流通站。每年春夏秋 3 个季节在此工作，冬天歇业返家。1778 年，这里有了永久定居的居民，1786 年，小镇被丹麦国王授予市镇规格，旨在通过此举提高当地居民的生活

条件，因为在此之前，冰岛还未有过市镇，但此举在阿库雷里不算成功，它的人口一直停留在 12 人便不再增加，于是，1836 年失去了市镇地位，直到 1862 年才得以恢复。此后，阿库雷里因其优良的港口和周边的农业生产区而得到迅速发展。

二战期间，阿库雷里是盟军的一个空军基地。挪威—英国的一支航空中队驻扎于此，主要是为了保护从美国到英国和苏联摩尔曼斯克的运输队，免受德国潜艇的攻击。

战后，冰岛人口开始向城市地区转移。20 世纪 90 年代，商业和旅游业迅速发展。进入 21 世纪，阿库雷里成立了两个渔业公司，捕鱼业已经成为当地收入的重要来源。

从码头出来，没多远就是阿库雷里文化中心。中心外的广场上，展示着几十幅照片，表现的是冰岛一支营救队救援的场景，颇有感染力。

走进文化中心，里面正举办冰岛画家哈拉杜尔·英吉·哈罗德森（Haraldur Ingi Haraldsson）的个人展览《鳕鱼头》（*Codhead*），画作都是人身鳕鱼头、西装革履的怪异形象，这些作品表达出当今社会中，权力的使用失当、富豪阶层的兴起，以及无休止的贪婪，使得浪费主义甚嚣尘上的现状。他在前言中说道："这些鳕鱼头像被挂在断头台上一样，这是他们最终应待的地方。"

在古埃及和希腊神话中都有人身动物头造型，后来在迪斯尼，则将动物以人物的个性来体现，即拟人化，这位画家则相反，采用"拟动物化"的手法来表现人类，具有强烈的反讽和调侃之意。

漫步在大街上，我发现餐厅、酒吧很多，休闲气氛浓郁。民间文化活动甚至比在雷克雅未克丰富，每年夏季还会在周边的一个盖西尔（Gásir）小镇举行中世纪节。此外，还有阿库雷里国际音乐节，冰岛民间歌舞团"Vefarinn"也扎根在此。这里还建有冰岛最大的图书馆。

下午 2 点钟我来到码头，乘上一艘观鲸船。这是一艘产自挪威的双体船，可以承载 100 多名乘客。启航前我与船长聊天，他说这艘船买来后又进行了改装，以更好地适合观鲸。我问他看到鲸鱼的概率是多少，他私下里告诉我是 100%，但他们在对外宣传的口径是 99.3%。

这一天乘客不多，除了来自邮轮的 20 多位成员之外，还有其他四五位乘客，这样大家能有一个比较宽松的观赏环境。启航后，我站在上层的观赏平台上，望着阿库雷里的街景渐渐远去。

整个船舶设置两层观赏平台。我在第二层平台静候鲸鱼。行驶了 10 多分钟，在左舷大约 300 米处，出现了一条座头鲸（Humpback Whale），我迅速端起相机，无奈，距离太远，长焦镜头也无济于事。此时北风强劲，仅半个小时整个人就被吹透了，只好撤回内舱。

内舱的告示栏贴着一张“观鲸船航行守则”（Code of Conduct），即为了“负责任的观鲸业务”，冰岛的观鲸船均严格按照航行规则操作，观鲸船从距离鲸鱼大约 3000 米的范围内进入搜索区域（Searching-Zone），这时需要持续瞭望，避免发出噪声和突然减速打扰鲸鱼。

在距离鲸鱼大约 300 米的距离时，进入接近区域（Approaching-Zone），船速降低到 5—6 节，如果鲸鱼游得很快，可以将船速提高到 8 节，从鲸鱼的后方斜角度慢慢接近；如果有其他的观鲸船在上述区域，则要暂缓靠近，除非对方船只让出位置；在多艘观鲸船围拢的情况下，每艘观鲸船的停留时间一般不超过 20—30 分钟。

在距离鲸鱼大约 50 米的距离时，进入警戒区域（Caution-Zone），这时需要关掉船上的引擎。乘客禁止下海与鲸鱼一起游泳或喂食鲸鱼。

几分钟之后，一条巨大的座头鲸翻动着尾巴出现在左舷大约 20 米的位置。我已经来不及跑出去，只好隔着玻璃连拍。只见鲸鱼的动作缓慢，尾部挂满水珠，然后慢慢地沉入海中。整个过程仿佛是用高速摄影机拍摄下来的画面。

拍摄完毕，我检查一下画面。由于船舱玻璃的折射关系，整个照片都是黑黢黢的，显得诡异，像多年之前用老式相机拍下的影像。

拍摄失败，继续等待。观鲸船继续前行，已经到了海湾的尽头。依然没有发现其他鲸鱼的踪迹。

行前我查阅了关于座头鲸的资料。座头鲸属于须鲸（Baleen Whales）的一种。目前共有 15 种须鲸。须鲸的主要特点是进食时以口腔的鲸须过滤掉水分，如座头鲸的口腔内，两侧上颌骨各有 270—400 根深色鲸须。

而齿鲸（Toothed Whales）则包括所有的海豚和鼠海豚，以及有牙齿的鲸鱼，如抹香鲸（Sperm Whale）和剑吻鲸（Beaked Whale）等，目前共有 73 种齿鲸。齿鲸用口腔中的锥形牙齿来捕捉鱼类。须鲸与齿鲸是在 3400 万年前分离出来的。

座头鲸属于体态较大的鲸种。成年雄性座头鲸长 12 米—13 米。雌性稍大，长 15 米—16 米，重 25 吨—36 吨。座头鲸体型独特，有着细长的胸鳍，头部和下颚布满毛囊结节，尾鳍有波状后缘。刚出生的小座头鲸长度为 6 米，体重约 1.8 吨，需要哺乳 6 个月的时间，座头鲸的乳汁含有 50% 的脂肪，颜色为粉红色。雌性座头鲸 5 岁时达到性成熟，稍晚一点就达到成年座头鲸大小。雄性在 7 岁左右达到性成熟。座头鲸的寿命在 45—100 岁之间。

座头鲸通常每年迁徙大约 25000 公里，在极地水域觅食和储备脂肪，然后迁移到热带或亚热带水域进行繁殖。

座头鲸具有须鲸中最多样的狩猎技能。他们的食物是磷虾和小鱼，捕食的方式比较独特：它们创造出一种“泡网觅食法”（Bubble Net Feeding），即 10 多条座头鲸在海中旋转游动，海水形成涡流，这个旋涡的直径接近 30 米，使得磷虾和小鱼被卷进这种由水流形成的“泡网”中，然后座头鲸突然向上游动，通过这个“闸口”，一次最多可以吞下 1000 多条磷虾和小鱼。

座头鲸为一妻多夫，雌性在一生中有多个雄性伴侣。雌性通常每 2—3 年繁殖一次，妊娠期为十一个半月，一般只产一条小鲸鱼。新生的座头鲸在第一年的病死率高达 50%。

座头鲸于 1756 年首次被发现。1846 年，英国动物学家约翰·爱德华·格雷（John Edward Gray，1800—1875）设立了座头鲸属，这个名字来源于座头鲸潜水时弓着背部的姿态，就像驼背的样子，所以“Humpback Whale”这个名称直译是“驼背鲸”。

像其他大型鲸鱼一样，座头鲸也一直是捕鲸船的目标。座头鲸早在 18 世纪就开始被猎杀。到了 19 世纪，许多国家在大西洋和太平洋地区大量捕杀该动物。1904 年起，又在南极海域猎杀，从而使座头鲸数量急剧减少。在 20 世纪上半叶，有超过 20 万头座头鲸被捕杀，其全球数量减少了 90% 以上。北大西洋的座头鲸数量下降到只有 700 条的最低水平。

1946 年，国际捕鲸委员会（IWC，the International Whaling Commission）成立，以监管整个捕鲸业。1966 年，全球座头鲸数量只剩下约 5000 条，为防止物种灭绝，该委员会下令禁止商业捕杀座头鲸，禁令自 1966 年以来一直有效。

此后的几十年间，此物种才得以部分恢复，目前，全球座头鲸数量约有 8 万条，但与船舶碰撞、噪声污染和被渔具纠缠等因素将继续影响其增长。像其他鲸类一样，座头鲸会被过度的噪声所伤害。早在 19 世纪末，两头座头鲸被发现死在一个海底爆破地点附近，它们身上有外伤，并伴有耳骨骨折。

1988 年，世界自然保护联盟（IUCN）将座头鲸列为“濒危”（Endangered）物种，1996 年的状态为“易危”（Vulnerable）物种，2008 年 8 月改为“无危”（Least Concern）物种，但该物种在数个国家仍被认为是濒危物种，其中包括美国。

对座头鲸的非法捕猎一直都存在。日本多艘捕鲸船故意用渔网把座头鲸套住，再报告说这些座头鲸无意间被渔网缠住而受伤，然后借此理由捕捞座头鲸。在日本市场上仍可以发现有座头鲸肉在出售。

观鲸，已成为纯净之地（如在冰岛、新西兰和阿拉斯加等地）的一种旅游形式。在 2020 年初之前，每年约有 1300 万人次观鲸，全球观鲸业产生 21 亿美元的旅游年收入。

座头鲸是一种对其他鲸鱼包括海豚比较友好的物种，它们能识别人类的许多行为，经常会在观鲸船附近停留片刻，或者顽皮地从船下穿过，所以座头鲸一直受到观鲸者的欢迎。

座头鲸的智商相当高，它会用悦耳的声音相互沟通，这种声音被称为“鲸鱼之歌”。雄性和雌性座头鲸求偶和社交时都会唱歌，但只有雄性能发出嘹亮而复杂的歌声，每首歌由几个声音组成，音域较低，振幅和频率变化很大，通常会持续 10—20 分钟，甚至一个小时，有的雄性座头鲸最长可以连续唱上 24 个小时。

鲸鱼没有声带，通过喉状结构发出歌声，它们也不必用呼气来发出声音。人们通过记录其歌声发现，在一定海域内的鲸鱼都唱同一首歌，如北大西洋的座头鲸唱同一首歌，北太平洋的座头鲸同唱另一首歌。这些不同族群的歌曲在一段时间内会缓慢变化，而不是重复唱一首老歌。

座头鲸还会发出其他声音进行交流，包括咕哝和呻吟。2007年，研究者发现，在鲸类的大脑皮质里存在着细长的梭形神经元，而此前，其只在人类大脑中发现。人类的梭形神经元参与社会行为、情感和判断，鲸鱼也有类似的功能，会学习、合作和做出计划，情绪丰富，甚至还会有悲伤的表情。

历史上，鲸鱼作为生活在深海或极地的海洋生物，人类对它们知之甚少，以致很多人害怕或崇敬它们。北极地区的部落尊崇鲸鱼，将它们视为生活的重要部分。在因纽特人的神话中，当发现一条鲸鱼搁浅时，只要在附近能找到一种特殊的蘑菇，人们就会有能力把鲸鱼拖回大海。

而在冰岛的传说中，一个男人扔了一块石头，击中一条鳍鲸（Fin Whale）的吸气孔，导致这条鲸鱼炸开。这个男人被告诫在20年之内不能出海，然而在第十九年时，他以为没事了，便出海去捕鱼，结果一条鲸鱼游过来咬死了他。

观鲸船慢慢逡巡。一个多小时之后停留在一片海湾中。尽管海浪看起来不算很高，但整个观鲸船左右摇摆仍有20多度，这种颠簸似乎是观鲸地的寻常，我在其他地方观鲸时也会遇到这种情况。此时，端着装有长焦镜头的相机想要站稳是特别困难的。或许是因为那些巨大的生灵在海中翻腾，海面无法平静了吧。

直觉上会有鲸鱼出现，于是我迅速跑到第二层平台。等待片刻，在右舷大约50米处，一条座头鲸先是吐着气，激起几米高的水雾。座头鲸必须浮出水面才能获得空气，它有一个心形的吸气孔。这时它翻起了尾巴，整个尾鳍（Tail Fluke）几乎正对着我的镜头，我终于有机会凝固下它尾部拖满水珠的一瞬。

隔了几分钟，在左舷大约30米处，一条座头鲸的尾鳍高高腾起，可以清晰地看到它的灰黑色尾巴上的赘生物（主要是海洋中的甲壳动物，由于它们本身没有动力，只能悬浮在海中，所以需要寄生在运动中的鲸鱼或船舶上来获得食物），水珩在尾部的边缘挂着，极富有诗意地；然后，这条尾巴缓慢而有力地插入海水之中，像插入某个神秘的器官，这时海水慢慢闭合，将这条尾巴隐藏其中。观赏如此全过程，让人不禁赞叹：Perfect！

不远处，又有一条较小的座头鲸开始吐气、翻腾。在灰蓝色的海面上，看着鲸

鱼的尾鳍起起落落，别有一番奇妙之感。

精彩不断。我们一直观赏到下午5点多钟，观鲸船才开始返航。回到邮轮上，晚上6点在餐厅享用晚宴，主题是“北极与南极”（Arctic & Antarctica）。

头盘是帝王蟹（King Crab）沙拉配醋奶油、辣根、柠檬和烤面包。帝王蟹原产于俄罗斯，1977年在挪威瓦兰言尔峡湾（Varanger Fjord）首次被发现，现在已成为挪威海洋生物中永久的一部分。

第二道是Bidos驯鹿汤配西芹，Bidos是一种典型的萨米族浓汤。萨米族居民在历史上保持着比较节制的生活方式，每个人只拥有少量的个人生活用品，与自然保持着紧密的联系。他们倾听在北极地平线上的萨满预言（Shamans Foresaw），用特殊的方法保存食物。这道驯鹿汤的主要食材是驯鹿肉，配以土豆、甘蓝和洋葱慢炖，十分滋补。开餐时，或可以像萨米居民那样，说一句“Livccii Buorrin”——祝君好胃口。

主菜是北极红点鲑（Arctic Char）配夏季蔬菜、芹菜汁、莳萝和土豆。北极红点鲑是北极地区的一种鱼类，体重在1公斤—2.2公斤

鲜红色的肉质细嫩。这种鱼是在最后的冰河季结束后，第一种在北极地区繁殖的鱼类，不仅可以聚集在沿海，有时会在内陆的高山湖泊出现。邮轮上的主厨觉得，如果这道菜还不算是

北极佳肴，那就没有其他的菜可以是了。

甜品端上来——大黄饼糕。这款冰糕的配方来自罗弗敦群岛的斯沃尔维尔（Svolvær），并将意大利式冰激凌（Gelato）与冰糕的制作方式结合起来。据说还有一款挪威鳕鱼（Clipfish）冰激凌，将在以后的晚餐中，刺激乘客的味蕾。

餐盘中还有一款山区蔓越莓慕斯，配酸奶甜薄饼。甜薄饼在挪威被称为“Svele”，谁能抵御这款用鸡蛋、大麦粉和酸乳制成的甜薄饼呢？尤其是配上奶油慕斯、蔓越莓和蜂蜜后。

甜薄饼也是北极居民食谱中的一部分，它不同于其他国家那些颇为精致的糕点和巧克力，可以让人品尝到源于北极粗犷环境的乡村风味。

邮轮以极慢的速度移动。餐毕，邮轮又回到当天下午的观鲸海域，广播里提醒大家去甲板上观鲸。我穿过第五层甲板的探险酒廊，来到前甲板上，这是整个邮轮最接近海面的地方。在右舷大约100米处，两条鲸鱼在慢慢翻腾着尾巴，天色渐暗，估计它们有点累了，翻腾的高度很低，不过回到邮轮后还能再次遇见它们，这已是一种幸运了。

胡萨维克，鲸鱼的爱情故事

第八天。早晨8时邮轮抵达胡萨维克。这是冰岛北部的斯卡加尔凡迪海湾（Skjálfandi Bay）的一个小镇，常住人口2100多。

胡萨维克小镇上建有小型机场，可以从雷克雅未克直飞过来。该小镇距离马维屯（Mývatn）区域不远，还可以前往原来的约库萨格吕富国家公园（Jökulsárgljúfur National Park），该国家公园分布着马蹄形的峡谷和几个瀑布。2008年，它成为瓦特纳国家公园的一部分。此外，胡萨维克还有一家探索博物馆（The Exploration Museum），展示人类探索自然的历史。1960年，阿波罗号宇航员训练基地就在该博物馆附近。

从港口出来，走不远就到了小镇的观鲸船码头。小镇有3家公司经营观鲸业务，我对其中一家的帆船观鲸比较感兴趣，前去他们的营业部一问，说人太少需要等等其他游客。由于帆船观鲸的费用比较高，当天没什么人购票。最后我只好放弃。

多数游客都去挤那种小型的木质观鲸船了。我本想在这里观鲸，但走到码头，仔细观察那些由小渔船改建的观鲸船后，只好再次放弃，因为直觉上船的空间过于局促，乘客数量又比较多，其颠簸程度可想而知。后来证明我的判断是对的。我在邮轮上认识的一个朋友选择了木质观鲸船，回来后跟我抱怨说船上太拥挤了，鲸鱼出现时大家都抢拍照片，乱成一团。

码头的上方是胡萨维克木质教堂（Húsavíkurkirkja），教堂建于 1907 年，是胡萨维克镇上的地标。教堂有砖红色的框架、白色的墙面和墨绿色的尖顶。走过去后我在长椅上安坐片刻，看见右侧的一角有一架钢琴，上面放着 2007 年该教堂建立 100 周年的纪念瓷盘。

根据冰岛《定居书》（*Landnámabók*）记载，这里是维京人在冰岛的第一个定居点。870 年左右，瑞典维京人噶尔·斯瓦瓦尔森（Garðar Svavarsson）在这里待了一个

冬天，于次年春天离开。后来他们在这里建立了一个农场。胡萨维克，在冰岛语中意为“海湾的房子”，指的可能就是噶尔的住宅，这是当时冰岛唯一的一座房子。

走出教堂，右拐，不远处就是胡萨维克鲸鱼博物馆（The Húsavík Whale Museum），这是我此次参观的一个重点。

步入展厅，先是一副25米长的蓝鲸（Blue Whale）骨架，为镇馆之宝。这条鲸鱼是2010年在冰岛西部的斯卡吉（Skagi）海滩上搁浅时被发现的。沿着这一骨架慢慢前行，观察着它口腔中密集的鲸须，一直到它尾部，不由惊叹造物主的神奇。

蓝鲸如其他的长须鲸（Rorqual Whale）一样，采用吞食（Gulping）的方式，每次将磷虾带水一口吞下，然后，蓝鲸半抿着口腔，利用这些鲸须将水分挤出，留下磷虾后咽下。

2020年4月，中国科学家在南海首次观测到鲸落（Whale Fall），引起海洋爱好者的广泛关注。鲸落，指鲸鱼死亡后沉入海底，可以哺育和维持至少43个种类生物

体生存的现象。一头鲸鱼的尸体分解时间最长可达 100 年。

一鲸落，万物生。多么悲壮凄美的意境！

上到二楼，里面陈列着 9 种鲸鱼的骨架，其中包括剑吻鲸（Sowerby's beaked Whale）、小须鲸（Minke Whale）、抹香鲸和逆戟鲸等。

1600 平方米的展厅里，用多幅插图和互动展品再现了北大西洋鲸类动物的自然历史、栖息地和冰岛捕鲸史；还有鲜为人知的鲸鱼知识，比如，在交配季节，一般是几条雄性鲸鱼追逐一条雌性鲸鱼，它们以各种肢体动作来赢得雌性鲸鱼的芳心，最终的获胜者，会与雌鲸鱼面对面直立交配，彼此的长鳍交触，像手臂相连。

最奇妙的是灰鲸（Gray Whale），有时，会有一条落选的雄性灰鲸用背部贴上雌性灰鲸，把自己当作海中的一张床，以使交配中的雄性灰鲸更好地找到着力点，从而使得雌性鲸鱼的受力更加精准。

午夜的阳光在冰岛南部海岸的夜空闪亮，让我忆起《冰与火之歌》中维斯特洛的长夏。

那是在冰岛以南的地方，传奇消隐。现实中的“冰与火的乐园”更加雄奇，带着几分魔幻色彩。

From Hafnarhólmi to Heimaey

Reborn in the Miracles

冰川与熔岩：

在奇迹中新生

航行至冰岛东南部的赫本（Höfn），这里是前往瓦特纳冰原（Vatnajökull）的集散中心。瓦特纳冰原拥有欧洲除格陵兰之外的最大的冰盖（Ice Cap）。

行驶到冰岛南部的海域。叙尔特塞岛（Surtsey）是一座由火山喷发形成的神奇小岛，四周甚至禁止潜水，乘坐邮轮几乎是人们接近该岛的唯一方式。

而赫马岛（Heimaey）由于1973年的一次火山喷发，被称为“冰岛的庞贝”。

靠近海鹦的乐园

第九天。早晨 8 时邮轮停靠在巴克卡格尔迪（Bakkagerði）渔村外的海面上。

这里是冰岛东部博尔加菲约尔·艾斯特里峡湾（Borgarfjörður Eystri）的主要定居点，常住人口约100人。巴克卡格尔迪的名字来源于精灵石（Álfaborg），当地人认为有精灵生活在此。这里远离常规旅游线路。

我们乘坐橡皮艇登上渔村港口。沿着港口边的一条小路前行。看见一座山崖，高约100米，这里是哈夫纳霍尔米（Hafnarhólmi）鸟类保护区。沿着特制的木质楼梯上去，半途，楼梯有个分叉，往左走，有一幢专业观察木屋，长约10米，四周开设有观察窗，有椅子，可以坐下来慢慢观赏。这样的赏鸟设施在整个冰岛也是不多见的。

在这个小小的保护区，主要有绒鸭、暴雪鹱（Northern Fulmar）和三趾鸥（Kittiwake）等海鸟，山崖的低处可以看到绒鸭的鸟巢。三趾鸥这种迁徙海鸟在这个保护区的数量，于过去的20年间一直在减少，它们一般在3—4月份飞来，9月撤离。

从观察木屋退出来，我沿着楼梯继续往前走。两侧的山崖上落着几百只海鹦，这是一路上看到的最密集的区域。它们飞去来兮，嘴里衔着枯草，正在筑巢。这些海鹦在每年4月中旬至8月中旬回到海边的悬崖上筑巢孵蛋。

一路上，我们在3个不同地点观赏到了海鹦，看到了它们呆萌的样子之外，一直希望能发现更别致的场景。此时，我发现悬崖上站着3只海鹦：中间的一只比较壮硕，应该是雄海鹦；右边的一只比较小巧；左边还有一只略丰腴。左右的两只应该是雌海鹦。

这3只海鹦似乎有一种微妙的关系。左右两只一直默默地注视着中间的雄海鹦，雄海鹦开始时背着右边的雌海鹦站立，后来它转过头，对右边的这只进行回应。大约过了几分钟，左边的这只雌海鹦知趣地飞走了。右边的这只雌海鹦立马微张着嘴，扑腾翅膀，雄海鹦旋即张开了翅膀。它们慢慢靠近，两个喙浅浅地交叉触碰。这种触碰是它们求偶的前奏。

尔后，两只海鹦激情地张大嘴，欢快地扑腾着翅膀。两个喙深入地交叉。由于海鹦的喙很长且宽，可能它们觉得这样的触碰还不够深入和到位，于是，雄海鹦将它的头向左侧转了 90 度，雌海鹦的头向右转了 90 度，这样，它们的喙终于深入地插在了一起。它们边接触边舞动翅膀，花式接吻，目光迷离。

它们的身后是空旷的悬崖，旁边有一只正在孵蛋的海鹦，十分专注，目不斜视，好像在说“我什么都没有看见啊”！

在山崖的最高处我观赏了近两个小时，海鹦的数量在慢慢减少。然后我回到专业观察木屋舒适地坐着观赏。不时有海鹦飞过来，还有一只衔着几根枯草，萌态可人。

海鹦在海中度过寒冷的秋季和冬季，春末返回沿海的陆地，进入繁殖季节。每年 4 月初，第一批海鹦陆续飞到陆地。刚开始，这些海鹦只是在下午浮漂在附近的海面上，到了晚上逐个飞到岸上。它们可以从海面上一口气飞上数十米。到了4月的最后一周，大部分筑巢的海鹦都已到达，并寻找好各自的筑巢位置，彼此的巢穴以蕨菜、金雀花等植物作为边界。

经过一个冬季的别离，大部分海鹦情侣重新聚合，它们晚间守在孵蛋巢穴的四周。从5月初开始整理巢穴，然后，母海鹦5月中旬在里面产下一个白色的蛋。它们会在巢窠旁日夜守候，直到六七月份孵化出来。

小海鹦在孵化出来时，眼睛是睁开的，自己可以站立起来。出生时体重约为42克，然后以每天10克的速度增长，主要靠吃鱼长大，约6个星期基本成熟。

然后，小海鹦在夜间第一次以疾跑和拍打翅膀的方式，飞回大海，这是为了将被天敌捕食的风险降到最低程度。这种生命的首次飞行是在黑夜中启程的，然后在两三年内不再回到陆地，直到性成熟才回到陆地繁衍，在悬崖上筑巢孵蛋。

近年，根据对冰岛10个海鹦观测点的数据统计，尽管整个冰岛南部与东南部的孵化率都比较低，但还是比冰岛北部与东部的孵化率高出许多。

每年，提前到达的海鹦会占领比较好的地点，理想的筑巢地点是在陡峭的悬崖边的草坡上，因为那里对于幼小海鹦的第一次起飞比较有利。

据研究人员观察，这些海鹦对筑巢地点有一种留恋，每年都会飞回来，但不一定是找同一个配偶，即忠诚度是有限的。有些年幼的海鹦上岸可能一个月都无法找到合适的筑巢地点，于是它们会在这一年放弃繁殖，等到下一年再找机会。有时候，迟来的海鹦发现繁殖地的好位置被占了，便不得不向外围发展，这时往往存在着更大的被捕食的危险。

海鹦通常吃长约7厘米的小鱼，用宽大的喙衔上三四条，保持一排。海鹦的繁殖地多选择在险峻的悬崖上，因为那里基本没有陆地食肉动物，但成年海鹦和小海鹦却很容易受到贼鸥的空中攻击，有时，一只贼鸥会骚扰一个满嘴衔着小鱼的海鹦，迫使海鹦放弃那些小鱼，然后，贼鸥将食物占为己有。

海鹦沿水面飞行的速度比较快，时速可达80公里，而它们着陆的姿势往往是笨拙的，要么撞上波峰，要么在平静的水中撞到腹部。

海鹦每次会谨慎地回到繁殖区，选择有其他海鹦出没的悬崖，降落前会来回飞几圈。它们会站在巢穴处与过往的海鹦进行交流，其中年长的海鹦姿势一般是直立着，摇摇头部，胸部羽毛蓬松，翘起尾部，缓慢行走，而其他幼小的海鹦则会低着头匆匆走开。这是一幅有趣的海鹦社交图。

海鹦在夜间更为活跃，它们走出巢窠，趴在草地上或者四处闲逛。有时也会飞到海里栖息，这时，山坡瞬间空了许多。它们回到海里也是为了一早去捕鱼，获得早餐。

每年 8 月初，海鹦便纷纷开始飞离大陆，重返大海。在陆地上的相聚时光总是那样的短暂，他们飞回大海之际，也意味着独立生活了。它们从 3—5 岁起即开始产蛋，一般寿命可达 20—30 年，我从镜头中那些有着红色眼线、灰色面颊、红黄喙和白色前胸羽毛的海鹦身上，看不出年龄的差异，仿佛都是一样的年轻和干净，身上几乎找不到一处脏的地方（在南极看到的企鹅，经常会有胸前羽毛脏兮兮的），喙部也看不到磨损的痕迹（喙部红色部分的纹路被认为与海鹦的年龄有关），只能说它们是“冻龄美鸟”了。

事实上，它们是勤于进行身体管理的。每天它们要花费一定的时间从尾脂腺吸出一种油脂，涂抹在羽毛上，以保持其光亮。

海鹦的背部是黑色的，腹部是白色的，这也是一种智慧伪装：背部可融入深色的海水，避开空中掠食者的目光；白色的腹部则与浅色的天空融合，不易被水下的掠食者发现。

临近中午，山崖上的海鹦渐渐飞离。一天中最佳的观赏时间是在中午之前或下午 5 点以后。中午 12 点到下午 5 点这段时间，它们大多在海中捕捉小鱼，喂养小海鹦。

初探瓦特纳冰川：冰与雾

第十天。早晨8点钟邮轮抵达赫本（Höfn）港口。它靠近赫本峡湾（Hornafjörður Fjord），作为冰岛东南部的第二大小镇。从雷克雅未克有航班直飞赫本机场。

小镇附近有一条 1312 米长的 Almannaskarðsgöng 隧道，于 2004 开通，隧道解决了东部山间公路雨雪天气交通受阻的问题。从雷克雅未克沿着南部海岸线过来的距离约为 458 公里。

赫本地处半岛，三面环海。赫本主要的经济产业是捕鱼业和旅游业，设有冰岛东部最大的鱼类加工厂，主要加工咸鳕鱼干（Bacalao）、鲱鱼和龙虾。赫本有一座冰川博物馆。小镇通常在七月的第一个周末举行龙虾节（Humarhátíð），成为当地的文化热点。夏季，会在老超市大楼举行冰川展览。赫本气候属于副极地海洋性气候，夏季温度大约在 10℃，冬季一般在零下 8℃—10℃，多雨，年平均降水约 1455 毫米。

我们从码头乘坐大巴，沿着 99 号公路向北行驶一段时间，便驶上冰岛 1 号国道，这条国道也被称为“环形公路”（Ring Road），是贯穿冰岛主要城镇的交通干道。

1 号国道在冰岛的东南部是双车道，沿途有多条冰川河流穿过这一地区，形成众

多的潟湖和沙礁，人们架起了小型钢结构桥梁，这些桥梁都是单行道，桥梁两端的道路上设立了等候区，方便一方等候另一方通过。

行驶了一个多小时，我们来到斯卡夫塔费尔（Skaftafell），远远地望见杰古沙龙冰湖（Jökulsárlón），这是位于瓦特纳国家公园边缘的一个潟湖。宽度 1.5 公里，面积 18 公里，最深处为 248 米，这是冰岛最深的一个湖。

冰湖靠近一号公路，距离雷克雅未克约 370 公里，位于瓦特纳冰原的东南部边缘入海口，由气候变暖形成，海水在涨潮时流入潟湖。

湖中漂浮的巨大冰块，是从布雷亚默库尔冰川（Breiðamerkurjökull）上分离而来的，它是瓦特纳冰原的一部分。大约 60 年前，该冰川的冰舌延伸到这个小小的潟湖中；随着时间的推移，冰架逐渐被打破，漂散在湖面各处。冰湖的面积也逐年增大，1975 年，约为 8 平方公里；1998 年，面积近 15 平方公里；2004 年，已增加到 17.5 平方公里。

我们登上一艘两栖船游湖。目前整个景区有 4 艘这种两栖船。在一处山坡上登船后，两栖船沿着一条坡道向下，慢慢驶进冰湖。10 多分钟后，两栖船渐渐靠近奇形怪状的浮冰。我看见在一块形状优美的蓝冰下面，一只绒鸭在游弋，画面格外静谧。

导游手拿一枚晶莹的冰块儿，让我们猜它的年龄，正确的答案是——1000 年。他将冰块敲碎，每个人分到一块儿，尝一下，这千年之冰有着清冽的味道。

冰架上栖立着海鸟，其中有北极燕鸥，它们以捕捉鲱鱼和磷虾为生。这里也是贼鸥的主要栖息地，它们被称为“海上盗贼”，专吃小型鸟类如海鹦的幼鸟。我在南极时看到过贼鸥，专偷企鹅蛋和猎杀幼小企鹅，所以它们是一种令人憎恶的海鸟。

大部分浮冰上都有黑色斑纹，那是火山灰，拍摄起来并不美观。两栖船在湖中草草转了不到 20 分钟就开始返回，我问驾驶员能否驶近蓝色的冰架仔细看看，他说客人比较多，不成。随着商业化进程的加速，在原本清幽的景区也无法拥有充分的时间和从容的心境去体验了，一切匆匆。

杰古沙龙冰湖和瓦特纳冰原是多部电视剧和电影的外景地，其中包括《权力的游戏》《古墓丽影》《蝙蝠侠》，还有两部 007 影片《雷霆杀机》（*A View to a Kill*）

和《择日而亡》(*Die Another Day*)。在《古墓丽影》中，这里变身西伯利亚的电影场景。

离开冰湖，我们乘车向东行驶，前往瓦特纳国家公园。在1号公路上行驶一段时间后，车子开始在一条火山灰铺成的F985号盘山公路上行进，这条土路的坡度比较陡，我们这辆客车是经过改装的，不然无法适应此路况。途中，在一个巨大的凹陷边缘停车休息片刻，四周是荒原地貌，没有任何树木，只有苔藓。

行驶了半个多小时，我们抵达约克拉塞尔（Jöklasel）的一座冰川木屋（Glacial Hut），这里海拔840米，是瓦特纳国家公园边缘的一个探索站，旁边是斯卡拉费尔斯冰川（Skálafellsjökull）。

有一家户外公司经营雪地摩托和雪地吉普等项目。这时阳光显露出来，当地的工作人员说，大约有半个月没见到阳光了。我们在这里的餐厅用过午餐之后（据说这是冰岛海拔最高的餐厅），准备乘坐冰雪车辆继续探索。

在木屋的后面停着一排Skidoo雪地摩托车和一辆雪地履带车。一位雪地向导给其中一辆雪地摩托车装上了GPS。我在北极圈内曾多次驾驶雪地摩托车进行长途越野，距离多为几十公里，途中有许多弯道、山坡雪道和林间道路，加上不时会有驯鹿蹿出来，驾驶难度相当大。当天雪地摩托车大约要行驶7公里，一条直行道路带有一定的坡度，难度系数不高。我选择了乘坐雪地履带车，这样便于拍摄。

坐上雪地履带车，里面可以宽松地坐上七八个人。履带车启动，开始舒缓地爬坡，车窗外是茫茫的冰盖。云层越来越厚，不远处一队雪地摩托车在匀速前进。这时，阳光从云层的缝隙中射出来，照在雪坡上，形成丰富的层次。

浓雾越来越厚。我们停在一处雪坡上，一下车，雪便陷到膝盖，雾气越来越重，20米开外不见人影。

雪地向导说，这里处于瓦特纳冰原边缘，附近冰盖几百米的下方就有几座活火山，不过已经很长时间没有喷发了。

瓦特纳国家公园建于2008年，面积14820平方公里，相当于冰岛国土面积的14%，是欧洲在北极圈之外最大的冰原，冰川覆盖了许多山脉、山谷和高原，厚度为400米—600米，最厚处可达950米，冰盖最高处海拔2000米以上，而冰川底部的最低点低于海平面 300 米。冰川储存了大量淡水，如果这些水通过冰岛最大的欧夫萨河（Ölfusá）流入大海的话，时间约需 200 年。

环绕冰川的景色多样，北部高原被冰川河流分隔，夏季变成强大的水流，周围有数座火山，还有冰川蚀刻的峡谷，瀑布也伴随而生；冰川的东侧形成了广阔的湿地，也是驯鹿和粉红脚鹅（Pink-footed Goose）的重要栖息地；冰川南侧有雄伟的山脉，靠近海岸处，由于火山喷发和冰川洪水的挟带，形成了特有的黑沙滩；冰川西部有熔岩喷发造成的巨大地表裂缝，伴随着大量的火山活动，西北部的瓦纳斯卡鲁（Vonarskarð）冰川则是冰岛北部和南部之间的分水岭。

离开时，除了远处一座雪峰上还有一丝残阳，整个雪原笼罩在神秘的阴影中，辽阔，苍茫，这种壮美也是冰岛的基调与本色。我忆起尼娜·比约克·阿尔纳多蒂尔（Nína Björk Árnadóttir，1941—2000）的诗句——

恐惧不是经常到访的客人。
我们有时远远地
睡在积雪里面，
紧握我们的手掌。
海岸。

我们驱车返回赫本。晚上 7 时，邮轮驶离赫本港口，一艘港务船跟随其后送行。强烈的阳光照耀在海岸的黄色灯塔上，海浪不断拍击着礁石，溅起细密的水花，鸥鸟飞翔。如诗如画。

根据纬度的不同，冰岛每年夏季会有一段时间极昼或落日推迟，甚至午夜 12 点天空还是亮的，这对于初到冰岛的人容易引起生物钟紊乱，需安排好作息时间。邮轮船舱内有遮阳板，可以让舱房基本达到全黑。

眺望奇迹之岛：叙尔特塞岛

经过一晚的航行，我们已经从冰岛东部驶到南部。第十一天上午，邮轮继续行驶在冰岛南部海岸线附近的海域。

冰岛的神奇往往体现在细微之处，比如那几座袖珍小岛。

我们渐渐驶近叙尔特塞岛。它是西人群岛（Vestmannaeyjar，又名韦斯特曼纳群岛）中的一个火山小岛，是冰岛的三个世界遗产之一（叙尔特塞岛和瓦特纳冰川国家公园是世界自然遗产；辛格韦德利国家公园，建立于930年的冰岛议会遗址，为世界文化遗产）。

这里是一个只有经过特许的科研人员才能登陆的“禁地”。袖珍小岛位于北纬63° 30′ 3″ ，是冰岛最南的岛屿。

这座小岛的诞生犹如一部电影：1963 年 11 月 14 日清晨 7 点 30 分，距离冰岛南部海岸 32 公里的地方，火山在海平面以下 130 米处爆发，炽热的岩浆、烈焰和黑烟从海中蹿出、奔腾……一座小岛开始在海面上奇迹般地诞生。

当时，附近刚好有一艘打捞鲱鱼的渔船，船长先是闻到一股硫化氢的怪味，然后看到黑烟，这艘渔船配备了灵敏的温度计，测出火山喷发中心的海域温度比周边水域高出 2.4℃。

小岛生长得很快。第二天就长到 10 米高，4 天后长到 60 米高。多位科学家闻讯赶赴附近海域实地观测，场面令他们兴奋不已：天空中闪耀着一道道奇异的光，火焰冲天，炽热的岩浆窜入空中，又坠入大海，海水在沸腾。

这次火山喷发足足持续了三年半，直到 1967 年 6 月 5 日才静止，喷出的熔岩总体积约 1 立方公里。这座新诞生的火山小岛已经高达 175 米，面积 2.7 平方公里，它的命名来源于“苏特尔”（Surtur），是北欧神话中的火神和巨人。火山爆发留下了壮观的火山地貌，也催生了各种生物。岛上植物开始生长，海鸟纷纷飞至。多位科学家在岛上盖起房子，迫切地想要了解这个崭新的小世界。

邮轮靠近叙尔特塞岛。我们聚集在顶层甲板上，几位船员悬挂起旗语。不远处的岩石高处挤满了白色的海鸟，使整块岩石变成了白色。从诞生之日起，由于海浪的侵蚀，小岛屿的面积就在逐渐减少，到2012年仅余1.3平方公里，岛上最高点的海拔也降到155米。据估计，大约100年后，它将全部沉入大海。

2008年，该岛被列入《世界自然遗产名录》，入选理由是："从诞生之日起，它就受到保护，为世界提供了一个原始的自然实验室。没有人类的干扰，这里提供了植物和动物在新土地繁衍的长期信息。科学家们自1964年以来，已经观察到了洋流、霉菌、细菌和真菌的到来……目前这里有89种鸟类，成为335种无脊椎动物的家园。"

叙尔特塞岛的保护和管理要求中着重指出："由于缺少访问，需要以创造性和积极的方法来展示这个小岛，以确

保参观者能够欣赏但不干扰其繁衍。”联合国教科文组织希望能有更多的人知晓这个“自然实验室”，吸引一定数量的参观者，但同时又不能给遗世独立的小岛带来太大干扰。

目前，只有少数科研人员被允许登陆叙尔特塞岛，观察其自然生态在没有外界干扰情况下的演变。岛上禁止引进生物、矿物和土壤，或是留下废弃物。从 1967 年起，岛上出现了苔藓和地衣。随着鸟类开始在岛上筑巢，传播植物的种子，鸟粪肥沃了土壤，植物以每年 2—5 种的速度出现，到 2008 年已达到 69 种，其中，茶叶柳（Salix Phylicifolia）已长到 4 米以上。

小岛形成后不久就有海豹出没。1983 年，人们发现海豹在岛上繁殖。这个小岛也吸引了逆戟鲸。

岛上的海鸥繁殖区 1984 年就已存在，因为海鸥数量庞大，对植物的影响也比其他鸟类更大。目前岛上已发现 12 种海燕，2004 年，海鹦首次在这里筑巢。同时，这座小岛也成为欧洲和冰岛之间鸟类迁徙线路的停靠点，往来的鸟类包括大天鹅。

邮轮在叙尔特塞岛前面停留了半个多小时，它仿若一座凸起的巨大的海中岩石。我们或坐或站在甲板上，眺望岩石上稠密的海鸟起起落落，那种生命的跃动感会令人静默不语。忽然觉得，见到如此密集的白色鸟群的概率其实是很小的，人的一生中邂逅如此奇特的小岛的可能性也微乎其微。十分庆幸“参观”这个“自然实验室”，它激发了我们全新的想象和感悟。在这暖阳之下。

赫马岛的传奇

当天下午 2 点钟，邮轮驶进赫马岛。两旁是陡峭的岩壁，中央的蓝色水道上，一艘小型引水船在前方领航，邮轮就在这狭窄的航道中灵活地穿行。我们站在第五层和第八层甲板上，经历着惊心动魄的时刻。

赫马岛是西人群岛中最大的也是唯一有人居住的岛屿，约有 4000 名居民。它与冰岛主岛南部海岸相距 4 海里，小型机场和高尔夫俱乐部在岛上占据了相当大的面积。

赫马岛的景观以峭壁为主，这片自然栖息地吸引了不同种类的海鸟，其中包括海鹦和三趾鸥。

这里也是徒步胜地。我是邮轮乘客中唯一选择徒步莱特拉悬崖（Litla Cliff）这一项目之人，这条徒步道上皆是细滑的火山岩石颗粒，坡度也比较陡，探险队成员反复强调，参加者需要有相当丰富的徒步经验，且必须穿上高质量的徒步鞋。

下午3时离开邮轮，我开始徒步。莱特拉悬崖下矗立着一座高约10米的纪念碑，是为纪念1920年第一艘轮船驶入赫马岛而建立的，顶部安装着一个船舶的螺旋桨。

我和向导沿着一条宽仅40厘米的小径向上攀登，半个多小时后，登上了一块台地，可以看到岛上小镇的全貌。这块台地极为狭窄，大约有6平方米。向下探望，下面是几十米深的悬崖，悬崖的草丛中有几只暴雪鹱正在孵蛋，不远处蔚蓝的海面上有一队皮划艇在行进。

我们在山坡上坐下来，补充点矿泉水和巧克力，休憩片刻。我和向导聊起冰岛的几则古老传说，其中都能找到赫马岛的影子。

相传，挪威的一对结拜兄弟英格尔夫·阿纳森（Ingólfur Arnarson）和赫勒费富尔·胡玛森（Hjörleifr Hróðmarsson）因为丧失了全部家产而离开故乡，前往冰岛垦荒。他们先去了爱尔兰，劫掠了一些人作为奴隶。

英格尔夫·阿纳森将船上宝座的几根支柱投入海中，认定柱子最后靠岸的地方将是他们将来的定居点。冬天，赫勒费富尔·胡玛森在冰岛南部的一处赫勒伊夫舍菲海角（Hjörleifshöfði）停留下来，英格尔夫·阿纳森则在西侧的一个地方暂居。

第二年春天，英格尔夫·阿纳森发现赫勒费富尔·胡玛森一家被杀害，他的几个奴隶失踪，并发现一只小船正向一个群岛划去，便追赶过去。

这些爱尔兰奴隶被称为“Westmen”（冰岛语 Vestmenn），因为在公元 840 年发现

冰岛时，爱尔兰是欧洲最西部的国家。这些奴隶们最终在赫马岛上岸，英格尔夫·阿纳森找到并杀死了他们。在这一复仇过程中，他为岛上的各个地点命名，如，将岛上283米的最高峰命名为Dufþekja山峰。

公元874年，英格尔夫·阿纳森找到了当初自己投入海中的那几根支柱，他认为这是神的旨意。那些支柱被冲上岸的地方，就是今天的雷克雅未克，这些维京人就是在这里上岸，建立了自己的农场，英格尔夫·阿纳森成为冰岛的第一个定居者。

另外一段与赫马岛有关的冰岛往事更加浪漫。

传说，赫约尔福·比拉尔森（Herjólfur Bárðarson）是在赫马岛定居的第一人，他于公元900年在岛上建立了农场。1627年，3艘巴巴利海盗船从奥斯曼控制的北非海岸长途奔袭，进攻冰岛南部海岸的几个城镇。他们攻击冰岛西南海岸的渔村格林达维克（Grindavík）和赫马岛。在格林达维克，居民逃到岩石间躲藏起来，而赫马岛是孤立而脆弱的，几乎无路可逃。

在赫马岛，一位渔夫的妻子古德里德·西蒙娜多特（Guðríður Símonardóttir）被海盗劫持，她作为被绑架的242人中的一员，被卖到阿尔及利亚。在被当作奴隶和小妾近10年后，她和其他几位奴隶被丹麦国王钦点赎回。她途经突尼斯、意大利和丹麦回到冰岛。

在丹麦，古德里德结识了比自己小16岁、当时还是神学院学生的霍尔格里穆尔·佩图尔松（Hallgrímur Pétursson），成为他的学生，后来与他相恋并怀孕。二人一起回到当时处于丹麦统治下的冰岛。此时古德里德的丈夫已死，他们正式结婚。

霍尔格里穆尔在索尔比尔（Saurbær）小镇的一个教堂担任牧师，后来因创作诉说基督生死豪情的诗歌《赞美诗》（*Passion Hymns*）而闻名，雷克雅未克最大的路德教会教堂（Hallgrímskirkja）就是以霍尔格里穆尔的名字命名的。往事荡气回肠。

朝东南眺望，就是埃尔德费尔（Eldfell）火山遗址。1973年1月23日凌晨1点钟，该火山喷发，引发地震，地面出现一条长达1600米的裂缝，大约有50万立方米的火山灰吹进了岛上的小镇，近300幢房屋被熔岩烧毁，岛上的5300名居民紧急

疏散到渔船上，最终有一人丧生。

蔓延的熔岩流威胁着港口。当地人采用 30 多公里的水管和 43 个水泵，不断抽取冰冷的海水喷向熔岩，约有 600 万立方米的海水被注入熔岩，最终使熔岩凝固，并使熔岩流改道。劫后余生的人们付出了巨大努力，不仅保存了这座重要的渔港，还使其得到改善。他们重建了自己的城镇，并利用冷却岩浆的热量建造了一个区域供热系统。这次火山爆发也改变了赫马岛的地貌，延展了它的长度，面积从 11.2 平方公里增加到 13.44 平方公里。

赫马岛有大量建筑物被埋在熔岩和火山灰下，有些后来被发掘和修复。火山口附近的遗迹上建起一家 Eldheimar 火山博物馆。

赫马岛也因 Þjóðhátíð（冰岛语，意为“民俗节”）户外音乐节而闻名。该节日于 1874 首次举行，以纪念维京人殖民冰岛 1000 周年。每年从 8 月第一个星期一前的周末开始，持续 4 天时间，人们聚集在赫马岛上的赫约尔夫斯达卢尔谷（Herjólfsdalur），举行演唱会、点燃篝火和燃放烟花。这个节日已经发展成冰岛持续时间最长的节日，也是最大的年度文化活动之一。冰岛人视这个节日为“国家节日”。

夕阳西斜，我们准备下山。上山容易下山难，由于下山的小径密布着坚硬且溜滑的岩溶颗粒，即便我这种有经验的徒步者每走一步也是很艰难的，尤其我还背着相机和“大炮”镜头，在半山腰不慎滑了一下，我赶紧将独脚架从镜头支架上取下，拉伸开，把它当作一根手杖，这才平安回到山下。事实上，当时山上的几位徒步者都拄着专业手杖，空手而行的确有点冒险。

晚上8时，结束了赫马岛的行程，邮轮开始向雷克雅未克返航。我们聚集在第五层甲板的酒廊里，手持香槟，举行船长告别仪式。

航船继续向前，完成冰岛环游的最后一段。在清冽的海风中，寻觅自然豪情与人类勇气的诗篇。前方的碧水长天，依然在等待着我们。

当我写完本章节之后，我觉得此次旅行才算真正结束，因为这里融合着自然之外的许多传说与畅想。

Chapter Ⅲ

Norway: Roses in the Wind

挪威：风中的玫瑰

北纬 66° 33′ 47.2″ 以北地区即北极地区，而在地理上更有“the High Arctic”的名称，是指更高纬度的北极地区，如我去过的欧洲大陆的最北端。

特罗姆瑟、哈默菲斯特、霍宁斯沃格、北角、梅港和希尔克内斯等，在地图上看起来是陌生的，仿佛还带着寒气的北极地名，在我抵达之后变得清晰起来，并且可以触摸。

现实中的北极，比想象中的北极更为妖娆和严酷。

那是由暴风雪、帝王蟹和萨米文化组成的丰富画面和体验。这样的旅行似一场没有仪式的修行：在漫天的大雪中缓行，在海上的劳作中体悟。在北极的每一天，自然与生命都给人以启示。

Tromsø

Midnight Songs in the Arctic Gateway

特罗姆瑟：

北极门户的午夜歌声

位于挪威北部的特罗姆瑟（Tromsø）是挪威北极圈内最大的城市，被称为“北极之门”。

几乎所有的北极科考队都在这里补充给养，并将此地作为始发港口。

奥斯陆：没有随机抵达的行李

在前往北极地区前，遭遇险象是什么滋味？

晚上 9 点 30 分，我乘坐的飞机从巴黎抵达奥斯陆加德穆恩机场（Oslo Lufthavn，Gardermoen）。停机坪上覆盖着厚厚的积雪，此时天上还在下着大雪。

赶到行李提取处，等着行李出来。这里有一家免税店，许多人在里面购物。毕竟，在消费水准偏高的首都奥斯陆，省一点是一点。

行李慢悠悠地出来了。等所有人都取走了行李，还没有看到那只跟随我去过许多国家的硬壳箱子出现。显然，我托运的行李箱没有随机到达。那里面有我北极之行所需的全部户外装备和部分摄影器材，还包括数码相机最重要的一个配件——充电器。尽管商务舱可以携带两件手提行李，但我的器材还是无法都带上，必须托运

一部分。

旁边的一位搬运工将我带到行李处理柜台，这里已排了好多人，都是行李没到达的旅客，而这是我多年的旅行生涯中第一次遇到的。

接待我的是一位40多岁的先生，问明情况后，首先给我一个洗漱包，然后详细地询问我的家庭地址、在奥斯陆的酒店名称和下一站的地址等详细资料。当我告诉他我在3天后将去北极地区，而我的全部户外装备和部分摄影器材都放在箱子里时，他对我笑笑，幽默地说："You are lucky." 由于巴黎机场已下班，目前无法联系上。

奥斯陆加德穆恩机场位于奥斯陆东北方向约35公里处。从机场到市内有机场快线列车连接。我登上高速列车，前往中央车站。

列车驶离机场。我瞥见两排橘黄色的跑道引导灯，光昌流丽，延伸在幽白而苍茫的雪地上，诗一般梦幻。那是我见过的最美的跑道之光，只有那么短暂的一瞬，便消失在视野中。

这也是一个独特的景观。只有在如此高寒地带才有幸看到。我第二次看到此情此景，是在几天后的傍晚时分，天刚刚暗下来，跑道之光看起来十分温暖。

抵达奥斯陆中央车站。从这里开始，设计之风四处弥漫。一面巨大的墙上放着3部电话，每部电话的位置都由细杆围成一个半圆结构。人站在里面，像披着一个巨大的风帆。这样的空间设计不仅容易让人识别，更重要的是保护了人们打电话的隐私，那看似细细的杆子将巨大的空间留给了使用者。

车站里的椅子同样富有设计感。有的椅子似乎就是将一棵粗大的原木一劈为二，在上面刻出几个适合坐着的光滑的凹槽，简单明快，坐上去非常舒服，而这种舒适感，在北欧的椅子设计中是司空见惯的。

从车站出来，看到一幅巨大的招贴，上面是一只羚羊头特写，是为一个电视频道做的平面广告。

出了车站，漫天飞雪。我身上只有一件单薄的皮衣。走路几分钟，来到预订的酒店。进入房间，看见洗漱包里放着T恤、沐浴露、洗手液和刮胡刀，还有一小瓶头发定型水，此等服务颇为人性化。

卡尔·约翰斯大道上的橱窗

第二天凌晨我很早起床，与各方联系行李事宜，但没有得到确切的消息。上午 10 点，我开始沿街搜寻户外用品商店，走了几个街区，发现周围没有太大

的专业商店。我的想法是在这里重新买齐所需装备。后来发现，在短时间内这一想法显然不大可能实现，于是我也做好了重新购买特种连体防寒服的准备，如当天晚间行李箱还没到，次日一早即去购置。

更麻烦的是，充电器还在托运行李里，我使用的顶级专业型号在普通的相机商店里无法觅到。对于充电器，我考虑，若行李箱丢失，数码相机里的电池用完之后，就只能拍一些反转片了，还要节省拍，因为这次只带了 10 多个胶卷。好在胶片相机采用锂电池，不存在充电问题。

如此，只能寄希望于当天晚上托运的行李能从巴黎转运到奥斯陆机场，并送到我下榻的酒店。

玛格西纳百货商店（Glas Magasinet）成立于 1739 年，相对高档，位于我入住酒店后面的不远处。这是一幢 4 层楼的典雅建筑。一楼有巨大的橱窗，一面是内衣，由于玻璃里面布置有绚丽的装饰带，这样，内衣少了某种隐秘的意味，而多了一分实验艺术之感。

商店的入口处有一块 2 米见方的网状铁板，下面是一个小水池，上面吹着暖风，这样，当人们走进来时，鞋子上的积雪很快就可以融化，水会滴进水池里，店家还在前面铺了一块 5 米见方的地毯，这样顾客的鞋基本都会处理干净，整个商店的地面干燥而洁净。

一楼主要是各种家居商品，从瑞典的水晶制品到挪威北部的驯鹿皮，应有尽有。一沓驯鹿皮平摊在一张桌子上，都是完整的一张，标价在 750—800 挪威克朗。最上面的一张长约 1.5 米，可以区分出颈部和尾部。驯鹿皮的颜色是深棕色的，保持着自然条纹，尾部有一缕奇特的毛发，形似一团火苗。

摸上去，感觉有点粗糙，但并不扎人，像发质较硬的头发，尽管有点硬，但整体来说却是柔软的，这种软硬相济的触觉很特别。

我将这张驯鹿皮拿起来，将脸轻轻贴在其颈部，顿生一种温暖感。旁边的营业员小姑娘看着我的举动微微笑了起来。随后，我买下了这张宽大的驯鹿皮。

二楼是回廊结构，形成一个巨大的共享空间。粗大的柱子撑起回廊，大理石柱上的浅红花纹单纯而热情，整个建筑风格典雅。

二楼出售女装。从这个意义上来说，这是奥斯陆的一个妇女乐园，所售的牌子基本都是本地生产，价格中等偏上，顾客不多，应该是中产阶层经常光顾的场所。

这里有几家店出售皮手套。柔软的皮质、颀长的版形、略长的手套腕部和羊绒（Cashmere）内衬，这 4 点对我来说是很重要的，我要经常在高寒地带戴着手套拍照，同时要求有很强的敏感度，可以照样敏捷地调整相机的转盘和按钮。还有，我的手是修长的，一些手套往往不太适合。此外，加长的手套腕部也很重要，腕部短很容易灌风。手套的内衬若是一般的薄黏绒也不保暖，寒风一吹很冻手指尖，而羊绒内衬效果则会好很多，不但暖和，透气性也好。一副皮手套看似简单，其实有很多讲究，也因此被称为“手指的信封”。

我在这里还看到一家 Ciano 品牌的手套，8 号，棕色，内衬是开司米，手背部分没有花纹装饰，腕部也很长，符合我的所有要求，轻轻一戴，手形显得很美观，更重要的是，手套 5 个手指的长度几乎与我的手一致。

作为时装摄影师，我曾采访过一个以皮具取胜的顶级品牌。它的手套共有 100 多个模版，以其精确的设计去适应各种手形的需求。

我买的这副手套价格也比较合理，599 挪威克朗，相对于其他的大牌几乎便宜了一半，而在国内，一副上好的皮手套在专卖店的价格动辄在 3000 元人民币以上。

我的服装多为黑色、蓝色和军绿色系。作为摄影师，我希望自己淹没在人群或自然环境中。衬衣的颜色可以很丰富，我的肤色几乎可以搭配各种颜色的衬衣。不背相机的时候，我还喜欢穿上带袖钉（Cufflink）的衬衣。我收集了不少袖钉，除了一副中国结袖钉之外，还偏爱在法国买的一副袖钉，上面嵌着紫色的珍珠母贝，做工考究。

在新西兰皮克顿（Picton）的一家工艺品店，我曾选购过一副袖钉，上面镶着 Pāua 贝壳，纹路绚丽。这种贝壳经常被毛利人镶嵌在代表祖先的大型木雕上作为眼睛，夜空下可以看到幽蓝之光。

袖钉可能是男人身上最微型的装饰品了，所以有人说，看一个男人的品位，首先看他的袖子。

百货商店的屋顶是一个巨大的圆形光环。从扶手电梯的角度望上去，直达一方光耀之地。

买好手套，退税要到斯蒂恩和斯特罗姆百货店（Steen & Strøm Magasin）。这里超过 200 挪威克朗就可以申请退税。

离此不远，位于卡伦斯利斯特大街（Karenslyst Allé）的斯蒂恩和斯特罗姆百货店是另一处购物中心。这家店始创于 1797 年，是挪威规模最大的百货商店，营业面积 1. 3 万平方米，其设计与玛格西纳百货商店不同，是现代派简约风格。一楼与其他大多数购物城一样，是化妆品天地，巨幅广告预示着当下的时尚与逼人的物欲气息。二楼以上出售服装，空阔的过道，服装摆放在一侧，有种通透感。

我漫步在卡尔·约翰斯大道（Karl Johans Gate）上。建于 1874 年的 Grand Hotel 是一座灰色建筑，并不起眼。酒店底层有一间咖啡厅，这是奥斯陆最具情调的咖啡馆。一个多世纪以来，亨里克·约翰·易卜生（Henrik Johan Ibsen，1828—1906）、爱德华·蒙克（Edvard Munch，1863—1944）等作家及画家经常光顾这里，喝咖啡会友。

进入咖啡厅，整体是深红色基调：暗红色的椅子，泛着深厚光泽的黄铜把手和靠背；还有高高的吊灯，这种古典风格的设计在任何光线下都显得幽深而高雅，无论室外是晴朗的蓝天还是阴寒的雪天，这里自有其高贵的暖色调。墙上挂着素描和老照片，是曾到访过这里的名流留下的影像。

咖啡厅的尽头是一幅巨大的油画，画面是几十位贵族和文学家的形象，还有几位贵妇人。他们衣着考究，身材修长，没有那种常见的大腹便便的愚笨和油腻，更没有张扬奢华的浮夸意味，充盈着一种内敛和低调的气质，一种奥斯陆式的内省和宁静。

临街的窗台上，有一根黄铜扶手，扶手的两端翘起，人好像站在一艘邮轮上。

这样便在街道前面，在窗玻璃和客人之间平添了一种间离感。落地玻璃的地基上，一尊儿童铜像，裸体的、可爱的，面对着雪中的街道。对面的商店有红色的橱窗，是一家食品店，散发着诱人的芳香。此时，一辆灰色的车在街上疾驰而过。

咖啡厅的洗手间也颇有特色，有红色纹理的大理石地面和墙面以及雅致的灯光；一侧摆放着黑色皮革沙发，配有长约 2 米的圆柱形靠垫，图案充满异域风情，坐在上面十分舒适。一个满头银发的老太太在这里负责管理衣帽间，她优雅地对我微笑着。即使这样一个普通的职位，她也表现出她的敬业和安详，人们把贵重的皮草大衣交给她是安全的。

喝完咖啡，在大街上漫游。一个橱窗引起了我的注意。3 个塑胶模特站在一堆揉成团的报纸上面，看不到她们的眼睛，因为正对着眼睛的玻璃上，贴着黑色长方形贴纸，这种做法在国外报纸和杂志上司空见惯：将偷拍下来的人物遮住其眼睛，这是暴露与遮蔽的两难境地，一方面需要展示他们特定的情态，另一方面又试图保护他们的隐私。这个橱窗恰好是一幅放大的版面，印证着这是一个盲视的时代。这样的橱窗对于时尚有着轻微的反讽，含蓄而有力。

从维格兰雕塑公园到维京船博物馆

古斯塔夫·维格兰（Gustav Vigeland，1869—1943）的弗罗格纳雕塑公园（Frognerparken）是不同凡响的。尤其在一场大雪后，园内的塑像更显奇特，塑像与塑像之间的小径消失了，如同人生主要阶段的路消失了，只有某个阶段的特定时刻被执拗地定格。我像一位观察者，回望白雪覆盖下的这些瞬间。

维格兰的塑像就是一部石头上的人生历史。从生到死，从欢爱到重生。17 米高的“生命之柱”（Monolitten，又被称为“幻影世界”）的形态，恰似人生美妙的悬浮状态，生命在这种浮动中周而复始。这 121 尊不同形态的塑像，雕刻在一根花岗岩单柱上，也是整个雕塑园里最为精妙的珍品。

这块巨大的花岗岩重约 280 吨。1922 年，在维格兰的建议下，开采于奥斯特福尔德（Østfold）的伊德夫约登（Iddefjorden）山中。1928 年，一家工程公司采用驳船和铺设铁轨等运输方式，将这块巨石搬运到维格兰公园。

维格兰于 1924—1925 年间完成了生命之柱的石膏模型。尔后，他雇请的石匠团队从 1929 年开始一直忙碌到 1943 年，历时 14 年，才在维格兰谢世之前完成了生命之柱的雕刻工作。

应该感谢当时的市政府，正是由于他们的远见，为维格兰的创作提供了一切必要的条件，不然，世界上会缺少这些不可多得的雕塑杰作而使人们感到遗憾。1943 年他去世时雕塑公园尚未竣工。

喷水池周边的积雪很厚。当地的朋友说，如果没有雪的话，地面上可以看到维格兰设计的迷宫，用黑色与白色的花岗岩拼成马赛克图案，象征人生道路和选择的

错综复杂，有数公里长。真是想不到，就是这样 50 米 × 50 米的建筑外围，世界的路径如丝，一旦设计成迷宫便如此复杂，很难绕出来。

维京船博物馆（Vikingskipshuset）是体验北欧风貌的另一个佳处。

这里陈列着 3 艘维京木船，分别是“奥塞伯格号”（*Oseberg*），“戈克斯塔德号”

（*Gokstad*）和“图恩号”（*Tune*），都是以它们的发现地点命名的。

大约 1100 年前，维京人从海岸线上拖起几艘木船，将它们作为酋长或贵族的陪葬品，此外还包括珠宝、家具、马车和武器等物品。19 世纪末 20 世纪初，3 艘木船在奥斯陆峡湾被陆续挖掘出来，经过精心修复后在此展出，为复原维京人的生活图景提供了物证。

我们首先靠近“奥塞伯格号”。这艘木船极为精美，船艏和船尾雕刻着动物图案。在挖掘时，船舱内发现了斯堪的纳维亚半岛有史以来最大的维京时代文物，尽管其中的珠宝已被掠夺一空。

这艘木船于820年左右在挪威西南部建造。船体由橡木制成，吃水线下面的船体木板只有2厘米—3厘米厚，吃水线上方的船体木板略厚。甲板以松木板制成。桅杆也是用松树制作的，高10米—13米。

木船的两边各有15个桨孔，可以推算出船上共有30位桨手。木桨由松树制成，其中一部分还饰以彩绘，这些木桨没有磨损的迹象，所以专家分析，也许它们是专门为陪葬制作的一批新桨。

往里面走。大厅中央摆放着“戈克斯塔德号”木船，船体为深褐色，两头高高翘起，线条优美，流畅轻盈。

这艘坚固的木船长24米，建于890年左右。当时，维京人的霸主时代正在全面展开。这是一艘灵活快捷的木船，适合在公海上航行，它也是维京人大型木船遗存中最好的。木船发掘出来时已被洗劫一空，几乎没有发现文物。

走到大厅尽头，登上楼梯就到了一个小平台，这里与船身的上沿平行，便于看清楚木船内部的结构，其实里面相当简单，很难想象当时维京海盗们就是驾着这样的木船雄霸一方的。

陪同的当地朋友问我：“你知道这木船靠岸后还有什么用途？”

“什么用途？”我一下子没反应过来。

“可以把船翻过来。因为船身很轻，就这样变成一座房子。当时的船员就从底下与地面形成的空隙中钻进钻出。”

北欧人就这样把设计融合到生活的每一个细节里。

第二天晚上10时许，我的行李箱终于被送到了酒店，我如释重负。这已是在我抵达奥斯陆24个小时之后了，而在第三天，我将飞往特罗姆瑟（Tromsø）。我的北极之行就这样戏剧性地开始了。

北极之门特罗姆瑟

深夜，乘飞机抵达特罗姆瑟。这是挪威北极圈内最大的城市，也是我此次北极航行的起点。

如果乘坐邮轮，在海上抵达特罗姆瑟，在穿越 66° 33′ 47.2″ 的北极圈时，一般都会举行隆重的洗礼仪式。有一种形象的说法是，当跨越北极圈时，耳朵会嗡嗡作响，而在空中，我们已倏然飞过。

记得在邮轮的顶层甲板上，曾举行别致的“北极圈洗礼仪式”（Arctic Circle Baptism）。一个高大的人戴着海王神面具，拿着一把巨大的叉子，装模作样地来到我们中间，这时自愿参加受洗的旅客排成队等着海王神，只见他拿起一把勺子，将一勺含着冰块儿的水倒入人们的脖子或胸口。

冰水刚接触身体时让人浑身一激，会不由得大叫一声，而后慢慢会觉得被冰水浇灌的地方有了一丝丝暖意。这是一种别致的传统仪式，可以切身感受走入北极圈的心情——几分激动和一丝新奇。

由于气候恶劣，北极圈内地区的居民只有大约 400 万人。该地区 10% 的人口是土著人，他们在此居住了几千年。数千年前，一拨又一拨的移民从西伯利亚东部穿过白令海峡迁徙到北美。北极圈内较大的城市包括：挪威的特罗姆瑟，瑞典的基律纳（Kiruna），芬兰的罗瓦涅米（Rovaniemi）和俄罗斯的摩尔曼斯克（Murmansk）。

特罗姆瑟机场很精致，等出租车时，我在机场里的 Mini Bank 机上，用欧元卡提取了 500 挪威克朗现钞，担心一会儿坐出租车没有现金支付车资。后来发现出租车有刷卡机，这让旅客方便了许多。车子一路在寂静的雪原公路上疾驰。

来到特罗姆瑟。这里地处北纬 69° 39′ 7″ ，东经 18° 57′ 12″ ，人口约 77000 人，是一座安静的大学城。它一直是北极探险的始发基地，也被称为“北极之都”。

在夜晚的海边，看到几家酒店的建筑都不高，四五层，基本是全透明设计，经常会有人站在走廊长久地张望，极富画面感。我眺望着如同站在光明大夏里的人，

这感觉有点超现实。

从码头开始，一层厚厚的冰覆盖了大地。我小心翼翼地走在冰封的地面上，小街两旁皆是酒吧和咖啡厅，如此休闲气息与极地的寒意形成有趣的对比。隔着玻璃，可以看到空阔的店里一对恋人在缄默地对视。如此极地也是另类的恋爱之乡，如果两个人都足够浪漫的话。

次日上午 9 点多，我来到特罗姆瑟郊外，迎来极夜后的第一次日出。一位男子在遛狗，洁白的雪原上，他的两只小狗十分活泼。我看到海边木凳上的积雪足有 50 厘米高。

中午和当地的朋友在特罗姆瑟小镇中央的一家餐厅吃饭，旁边是特罗姆瑟教堂（Tromsø Cathedral）。这是北欧唯一的木结构教堂，建成于 1861 年。

教堂下，一辆车子的玻璃反射着极地的阳光，光位很低，分外凝重，但很耀眼。在教堂的木制门前围着很多嘉宾，一对新人正在举行结婚典礼。嘉宾们按照当地的习俗，欢呼着将手中的大米粒儿抛向新人。新郎低下头来亲吻他的新娘，长久地，那是刺骨寒风中冷冽的温柔。

黄昏时分，赶上了萨米人（Sámi）的集市。这天是 2 月 6 日，刚好是萨米人的民族日，是联合国相关机构在 1993 年为纪念 1917 年第一届萨米人大会的召开而设立的。

萨米人是数千年前居住在斯堪的纳维亚半岛北部的游牧民族的后裔，他们中的许多人都是语言天才，会说两三门语言。几个萨米中年男人身着鹿皮袄，充满北极风情。集市上最多的是皮制品，从驯鹿皮到海狸毛帽子，驯鹿皮一般在 450—500 挪威克朗一整张，皮帽子的价格为 1800 挪威克朗，上好的绵羊皮手套价格在 600 挪威克朗，一双海豹皮手套则在 800 挪威克朗左右。

一位精明的萨米老太太手里拿着退税表，告诉我可以退税，还可以刷卡，我问她，刷卡机呢？她微微一笑，翻开桌上的一块驯鹿皮，里面藏着一只便携式刷卡机，她说，温度太低了，若不放在驯鹿皮里保温，刷卡机会失灵的。

下午 5 点钟，天已漆黑。我在积雪上拖着行李来到码头。“午夜阳光号”（*Midnatsol*）邮轮已矗立在眼前。这艘邮轮总吨位为 16151 吨。

对于常规海域的邮轮来说，这艘邮轮可能不算大，但对于极地航行来说，已经相当壮观了。因为去往南北极的邮轮由于复杂的海洋和停泊环境，并不需要很大的吨位。

进入船舱，是一个宽敞的公共空间。有一幅巨大的抽象画，色彩绚丽，从天而降，其艺术灵感来自夏季挪威极地海岸的壮观景色，这个公共空间像一个巨大的购物中心，电梯从第三层一直通到第九层甲板。

来到第七层甲板，穿过长长的迷宫般的走廊，我的 Timotei Suite 套房位于船尾的最深处。打开房门，大套房约有 30 平方米。客厅里摆放着长沙发、电视机，还有组合音响，书桌上放着最新的旅行线路资料。卧室里有一张宽大的床，侧面是一个圆

形舷窗，直径足有 1.5 米。

低碳之行始于细节。由于地球过量的碳排放，对北极地区的影响极大，气候变暖，北极冰盖开始分解。如果格陵兰岛的冰层彻底崩塌，海平面将上升 7 米。旅途中，我始终自带水杯，尽量不喝瓶装水。美国一家环保科研机构通过评估瓶装水生产、运输和使用的各阶段所产生的能源足迹，计算出每升瓶装水的能源消耗，相当于生产一升自来水能源消耗的 2000 倍。我把房间空调的温度设定到 18℃，而不是舒适的 25℃，如此可以适当减排。

在房间里，我一边写航海笔记，一边等待北极光（Northern Lights 或 Polar Lights）的出现。

北极光是一种奇特的光，是由太阳风引起的，太阳风是由太阳发出的带电子的微粒物质，在吹到地球表面时，被地球的磁力圈阻挡后带到极地上空，与100公里超高大气层的氧氮成分相碰撞而产生的发光现象。在这里，每年的11月到第二年的1月间，在高纬度的极夜条件下，很容易被人眼看到，最常见的颜色是黄绿色，而红色和紫色的北极光则很难看到。北极光的形状多样，变幻无穷。

北极光，英语称为“Aurora”，这是罗马神话中曙光女神的名字。过去，北极光被称为“天国之风”；中世纪，更是被看作天国勇士的光芒。北极光是大自然壮美的灯光展，有幸看到它，更被当成是吉祥如意的征兆。

我的舱房位于邮轮的右舷，离岸边比较近，也方便我摄影。晚上，拉开舷窗的窗帘，躺平就可以看到窗外的景色，累了可以枕着月光入眠。

午夜时分，只见遥远之地，有一丝北极光一滑而过。

聆听北极的吟唱

几年之后，我搭乘邮轮，再次抵达特罗姆瑟。

沿着特罗姆瑟码头旁的马路，游览车经过罗尔德·阿蒙森的塑像，他是挪威的极地探险家。

很快就来到极地中心（Polaria Centre），大厅里，陈列着一个巨大的鲸鱼尾雕塑和一只北极熊雕塑，瞬间把人带到北极特有的氛围之中。在放映厅里，我观看了影片《斯瓦尔巴——北极荒原》（*Svalbard—Arctic Wilderness*），该片讲述了斯瓦尔巴群岛的高纬度之旅。展厅内，则以大量的实物和图片，展示了北极特有的自然现象，包括北极光、冰原（Tundra）和暴风雪（Blizzard）。

展厅的二楼是水族馆，4只海豹在碧绿的水中游弋，偶尔会露出水面。生活在这里的4只海豹分属于两个不同的物种，每只都有名字，其中海豹贝拉（Bella）和迈桑（Mai San）属于纯北极物种，2003年从斯瓦尔巴群岛来到这家生态中心。这种海豹嘴边有很长的触须，看上去萌宠有趣。另外的两只是2010年出生于洛福塔克瓦里特（Lofotakvariet）的斑海豹（Harbour Seal）洛芬（Loffen）和莱拉（Lyra）。斑海豹身上有灰黑的斑点，成年雄性的身体长度约 1.8 米，体重 130 公斤。雌性斑海豹则略小。

接着，前往北极大教堂（The Arctic Cathedral，挪威语 Ishavskatedralen），又被称为特罗姆斯达伦教堂（Tromsdalen Church），这是特罗姆瑟的地标性建筑物，也是我来过多次的地方，立面装饰着北欧最大的彩色玻璃窗。这座教堂由挪威建筑师扬·英格·霍维格（Jan Inge Hovig）设计，他从 1960 年开始绘制草图，1965 年完工。

该大教堂采用 11 块铝涂层混凝土面板，塑造了不同寻常的外观，也被称为“挪威的歌剧院”。1972 年，挪威画家维克多·斯帕雷（Victor Sparre）在教堂的东侧增加了玻璃马赛克装饰画。2005 年，教堂内安装了新的管风琴，共有 3 组键盘，包括 42 个音栓和 2940 根音管，其中最长的音管长 9.6 米，最小的只有 5 毫米。这座教堂被认为是建筑界的一个杰作。

午夜 11 点 30 分，我再次前往北极大教堂，欣赏午夜音乐会。音乐会开始前，我在舒适的椅子上坐好，欣赏着前面的玻璃镶嵌画。

一个天籁般的女声，混合着柔美的管风琴乐声，还有长笛声，从我的背后飘来。午夜音乐会就这样拉开了序幕。

这首《挪威日出》的开场曲，选自 1975 年的动画影片《绝壁赛车》（*Flåklypa Grand Prix*），这是广为人知的一部挪威影片。教堂的面积不大，音效极好，乐声清澈。用管风琴演奏了 4 首曲目后,3 位演员来到前方，首先用钢琴和长笛表演《晨曲》——爱德华·哈格鲁普·格里格（Edvard Hagerup Grieg，1843—1907）的《培尔·金特》（*Peer Gynt*）组曲中的一首乐曲，我曾在多座城市听过不同版本的演奏，在教堂里欣赏还是第一次。

作曲家格里格是挪威民族主义音乐学派的创始人。1876 年，格里格为挪威作家亨里克·约翰·易卜生的同名诗剧《培尔·金特》创作伴奏音乐。该剧首演时广受好评，以此汇编的《培尔·金特》声乐组曲，成为格里格最受欢迎的作品之一。

该剧取材于挪威民间传说，描绘了乡村纨绔子弟培尔·金特传奇的一生。他生活狂放，是一个以自我为中心的另类，只有少女索尔维格（Solvejgs）对他怀有一片深情，可他在乡间的婚礼上，诱拐朋友的新娘，上山同居，然后，又抛弃了她。

他母亲去世后，他开始周游世界，先后在非洲、阿拉伯地区和美洲闯荡，艳遇不断，并依靠淘金致富。晚年，他乘船回家乡，途中遭遇风暴，导致沉船，他千金散尽。回到故乡，已无人认识他。最后，培尔·金特循着歌声来到林中小屋，只有索尔维格还在等待他的归来。

培尔·金特的故事可以从多个角度来解读。有评论家认为，培尔·金特流浪世界的欲望就像一缕“幽灵之光”（Will-o’-the-wisp）。在英格兰的某些地方，经常有这种鬼火一样的磷光，在沼泽地和荒野上空盘旋漂浮，诱惑着旅行者离开既定的道路；而在许多时候，人生也是时刻需要自觉和自省，与内心的魔鬼搏斗。

易卜生作为19世纪后期挪威最重要的剧作家，他的作品始终闪耀着一种人道主义的光芒，并以犀利的对话和深刻的哲学思考，在欧洲舞台上发出一种道德拷问，并将这种拷问直指当时的自我优越和自保懦弱的中产阶级。他的《玩偶之家》和《人民公敌》等剧作，即使在今天看来依然不过时。

接着，歌唱演员唱起《天鹅》，这是根据格里格的乐曲填词创作的。然后是挪威的民谣，简单，舒缓，蕴含一种热情的力量。

演员又唱起北挪威民歌《灯塔》，一个舒朗的声音响起。不断闪亮的灯塔，在那些海湾的礁石上指引着方向。大雪纷飞，灰暗、冷峻、忧郁，但灯塔始终以明亮的微光，恒定不变地转动，引导航行者前行。接下来，萨米民歌《风》则模拟风的形态，体现出一种风中无畏的力量，有一种直指人心的温暖和纯粹。

音乐会在《英格丽之歌》（*Ingrid's Song*）中结束。3位演员站在门口送别观众。此时，回望北极大教堂，有一种荡气回肠之感——因为这样的午夜，因为这样的极地风情。

268
93
281
502
416

道恒不变。

因为旅行是生活的必需。

严格来说，不是为了写作而旅行，旅行即是目的。

From Nordkapp to Mehamm

The Concentrated Arctic Ecological History

从北角到梅港：

浓缩的北极生态史

从北角（Nordkapp）到梅港（Mehamm）。北挪威的极地海岸有着丰富而独特的自然和人文景观，也是旅人比较难以抵达的区域之一，因而令人神往。

于如此遥远之地，暂时摆脱都市的焦虑感；在荒原中，以舒缓的节奏，感受温暖。

风雪赴北角

凌晨 5 点 15 分，邮轮停靠在哈默菲斯特（Hammerfest）。

我被闹钟叫醒，全副武装走上码头。这也是我第一次这么早在一座异乡的小城漫步。橘黄的路灯，平整的雪原，还有一座小教堂，静得连呼吸声都很清晰。

这座人口 7000 人的小镇，地处北纬 70° 39′ 48″，是世界上最北端的城市。它与

西伯利亚和阿拉斯加最北端的纬度大致相同。尽管地处北极，冬季经常大雪纷飞，却没有永久冻土。

哈默菲斯特一直是一座渔港，1789 年挪威沿海贸易垄断被解除后，它获得了市场地位，当时镇上的 40 名居民免税。直到拿破仑战争结束，全镇人口才超过 350 人。北冰洋的捕捞业和与俄罗斯的贸易给该镇带来了经济增长。1891 年，哈默菲斯特成为挪威第一个拥有发电站和街道照明电灯的城镇。

这里曾是地球测绘的一个重要站点。2005年被列入《世界文化遗产名录》的“斯特鲁夫大地测量弧”（Struve Geodetic Arc）的一条测量线，就位于哈默菲斯特附近的富格伦斯（Fuglenes）。

斯特鲁夫大地测量弧从挪威的哈默菲斯特延伸到黑海，横跨10个国家，距离超过2820公里，是俄罗斯天文学家弗里德里希·乔治·威廉·斯特鲁夫（Friedrich Georg Wilhelm Struve，1793—1864）在1816—1855年间进行的地球测绘项目，旨在确定地球的确切大小和形状，标志着地球科学和地形测绘的发展迈出了重要一步。这是多个国家科学家之间深度合作的一个非同寻常的例证。原始弧线由265个主要站点组成，测绘点被标记在岩石、铁十字架或方尖碑上。

尽管相传北极熊会在哈默菲斯特街头游荡，实际上这种庞然大物早已无缘见到。这里是挪威北极熊协会的所在地，有一座展示北极狩猎史的博物馆。

清晨，邮轮继续航行在北极深处的海域。那些浅浅的海湾连着海湾，我站在顶层甲板上，风如针刺。不远处的悬崖上矗立着一排风车，在橙红色的天光中格外壮观。当地人就这样依托自然资源，充分利用风能。

我采用反转片，以70mm—200mm f/2.8的镜头，外加1.4倍增距镜，凝固下这个瞬间。这幅风车的图片也许颠覆了读者的一般想象，它有着梦幻般的玫瑰色天空，同时弥漫着一种寒意。我喜欢悬崖上岩石的那种清晰的肌理效果和残雪轻覆的色调，冷冽与微热相融，极美。

回到温暖的船舱。我在酒吧喝了一杯热饮，在札记本上写下了这样的句子：“我抵达过一些深幽的峡湾。隐约的水声漾起，又落下，搏动不息。眼望远方，宛如电影的画面，平添了某种隐喻的色彩。”

上午11点45分，船在霍宁斯沃格（Honningsvåg）停靠，这里地处北纬70° 58′ 33″，东经25° 58′ 59″，有2800名居民，此地的旧地名为“霍农斯韦格尔”（Hornungsvágr），其中“Hornungr”是指附近的一座山峰，“vägr”意为“海湾”，合起来的意思是：“位于霍农格山下的海湾”。

据考证，早在10300年前就有人类定居于此，海洋产品是人们主要的食物来源。

目前，霍宁斯沃格已成为大型渔港，并带动了海鱼、鱼粉和鱼油贸易业的增长。

稍后，我们坐车向北，驶往北角。此间距离约为 34 公里。

开往北角的过程令人震撼。放眼望去，是一片亮度不太高的银白世界，道路也只有露出的一点红色标杆供人分辨。我们车的前方是一辆扫雪车，扬起的雪浪撒向道路的一侧。一个多小时的车程中，只有冰天雪地。在微弱的阳光照射下，从中性灰的世界里可以分辨出纯白、浅灰、深灰，再到背阴处的幽蓝，有着极为丰富的色阶，红色的道路标杆在这里显得如此纤细。

车子停了下来。天飘着大雪，前面是一处险峻的悬崖，北角的北极标志塔矗立于此。踩着没到膝盖的积雪，欧洲大陆的最北端终于触手可摸。

风雪迷梦，这是另一处新的旅行边疆。

人们聚集在标志塔下留影。我取下橙色羊绒围巾，用力一挥，定格为冰雪北极的一个鲜亮画面。

离北极标志塔不远就是北角大厅（Nordkapp Hall），这是一座低矮的平房。进入大门，我忘记把镜头盖盖上，镜头上立刻蒙上一层水汽，这是室内外温差太大所致。

由于此地风速很大，因此主要设施都在地下，B1 层是北极地理展厅，B2 层是宽大的影视厅，里面已坐满此次来的旅客，5 块大屏幕拼成的环形银幕上，正放映关于北角的一部纪录片——从空中到水下，以不同的视角全方位展现这个北极地理点的环境、生态和动植物。最后以一组从不同角度飞掠标志塔的镜头，使影片达到高潮，赢得了观众的一片掌声。这是对北极壮美景色的礼赞。

回到港口的路上，夕阳洒下一丝余晖。天地依然银装素裹，只是千山暮雪，不必记住来路。因为我们已经抵达。

荒原之晨，欧洲大陆尽头的早餐

几年之后，我在一个清晨再次探访北角。

早晨 5 点 45 分，邮轮在霍宁斯沃格停靠，我们驱车前往北角。

晨曦之中，车子行驶在马格罗亚岛上。时值 9 月上旬，天气已很凉，我穿上厚毛衣，外加冲锋衣。马格罗亚岛的面积为 436.6 平方公里，道路两旁皆是荒原，起起伏伏，只有数种极地苔藓植物的色彩点缀其中。放眼望去，看不见树木，也看不到野生动物。

在车上我听到了这样一则趣闻：一年的春季，挪威军队的登陆艇将大约 3800 头驯鹿运过马格里海峡（Magerøy Strait），前往马格罗亚岛的夏季牧场。到了深秋，当

驯鹿回到卡拉斯约克（Karasjok）冰雪覆盖的平原时，驯鹿带着它们的幼崽，游过了1.6公里宽的海峡。

到达北角。北角海岬的海拔高度约307米，并不算高，但由于是海平面直立而上的地貌，因而显得十分陡峭。

早晨，偌大的空地上几乎没什么人，寒风吹过，我的目光穿过北角的标志塔，极地的晨光洒在东边的海面上，令人迷醉；还有远处岛屿那淡淡的影子，衬托出北角的安谧。

北角标志塔的左侧，矗立着一座高约4米的“奥斯卡二世纪念碑”（King Oscar Ⅱ Monument），旁边的一个木架子上，记录着当时挪威和瑞典的联合国王奥斯卡·弗雷德里克二世（King Oscar Fredrik Ⅱ，1829—1907），在1873年7月2日纪念碑揭幕仪式上的挪威文和英文的致辞：“这不是一个临时的装饰物，而是挪威王国疆土扩展到此的庄严标志，所以我在这个最北点，竖立起这座纪念碑。”

奥斯卡·弗雷德里克二世于1872—1907年担任瑞典国王，1872—1905年担任挪威国王。他是一位杰出的演说家，热爱音乐和文学，出版了数本诗集，并撰写过历史方面的研究文章。在外交政策上，他努力维护挪威与瑞典的联盟。1905年，两国联盟和平解体，他被迫放弃挪威王位时异常悲痛。

而北角第一次被外人所知是在1553年，当时由英国指挥官理查德·钱塞勒（Richard Chancellor，1521—1556）在率队探索东北通道（The Northeast Passage）时发现。北角的名字由探险船的船长、英国人史蒂文·博罗（Steven Borough）命名。他们当时试图通过这里，寻找到一条通往俄罗斯和东方的新路径。

此后的100多年，一位意大利牧师弗朗西斯科·内格里（Fransesco Negri，1623—1698），花了两年多的时间，以步行、骑马、乘船和滑雪等方式，于1664年来到北角，成为此地的第一位游客，而在整个18和19世纪，前往北角仍被视为一次昂贵的探险和旅行，只有挪威与瑞典的国王、德国的威廉皇帝等显贵之有幸抵达。

一个人需要走多少路，才可以在这样一个清晨，在这里享用早餐？坐在北角大厅的餐厅，环顾四周，那些跟我一样穿越荒原的几位旅人，他们同样在安静而满足地享用佳肴，享受着惬意的人生。

晨光清亮。用完早餐，我漫步在北角中心。看到一家纪念品商店，这里可以买到各种纪念品，也可以投寄带有北角邮戳的明信片。

北角本身没有住宿设施，旅人可以住到马格罗亚岛上的其他区域，如斯卡什沃格（Skarsvåg）小渔村，有一家客栈建在丘陵之上，可以眺望渔村以及整个海湾景色，接触到北极渔村人的生活。在距离北角40公里的耶斯韦尔（Gjesvær）渔村，也有一家客栈，可以乘船观赏海鸟。此外，在马格罗亚岛上也设有几处宿营之地。

2009年，曾举办过一次跨欧洲徒步比赛，起点在意大利的巴里（Bari），终点在北角，总距离为4485公里。2003年，这里还举办过穿越挪威的自行车比赛，从北角到挪威南端的林德斯内（Lindesnes），最快的骑行记录为4天22小时18分钟。

插播一个冷知识，哪个是欧洲大陆最北的海岬？

在北角西北侧的克尼夫谢洛登角（Knivskjellodden），其实更靠北一点，比北角更靠近北极点 1457 米。北角位于北纬 71° 10′ 21″ ，而克尼夫谢洛登角位于北纬 71° 11′ 8″ 。从北角到克尼夫谢洛登角有一条远足小径，这条小径长约 9 公里，徒步约需一个半小时。

早晨 8 点 30 分我登上旅游车，车子沿着欧洲 E69 号公路行驶。这条 129 公里长的公路连接北角和奥尔德菲约德（Olderfjord），包括 5 座总长为 15.5 公里的海底隧道，是世界上最北面连接跨国界路网的公路。

我们开始穿越马格罗亚岛，从霍宁斯沃格驶入长 6875 米、深为海平面下 212 米的北角海底隧道，到达大陆后，深入南岸的波桑格峡湾（Porsangerfjord）。经过大约 2 小时的时间，在哈默菲斯特与邮轮会合，然后，继续挪威北极圈内外的海岸航程。

在梅港捕捞帝王蟹

我的思绪回到数年前隆冬时节的梅港（Mehamm）。

晚上 8 点，邮轮抵达梅港。这个渔村位于诺德金（Nordkinn）半岛。斯文德·福恩（Svend Foyn）于 1885 年在梅港建立了一家捕鲸站，是挪威芬马克地区最大的捕鲸站。从那时起，这里一直是与俄罗斯进行贸易往来的集散中心。当时约有 800 位居民，主要产业是捕鱼。

接待人员把我接到一家海边渔人酒店，5 幢木屋别墅一字排开，最前面是一间接待室兼餐厅。落座没多久便走来一位高个子男子，40 多岁，穿一件海豹皮外衣，气质兼具豪放和儒雅。他就是这家酒店的主人，也是一艘帝王蟹捕捞船的船长——“奥德·特雷号”（*Odd Tore*）船长，一般都称呼他为奥德船长。我们一见如故，话题从他身上这件海豹皮衣聊起，他说是在格陵兰买的，大约 600 欧元。

晚上，他开车带我参观梅港的村落。这是典型的北极渔村，一派宁静的极地景象。雪夜中，他指给我看一家时装店，窗台上，布满白雪的橱窗里只挂着 3 件衣服。其中两件女式皮衣，还有一件挪威民族风格的男式马甲。作为曾经活跃在国际时装最前线的摄影师来说，这也是我见过的最别致的时装店了。

时间已晚，餐厅的服务人员还在特意等着我们。端上来的主菜鲜美无比，但一时无法分辨是哪种鱼。一问厨师，他说这是本地最好的鳕鱼（Cod）下巴 是很名贵的一道菜。吃饭时，我发现奥德船长的大拇指和食指各失去了 1 节关节和 2 节关节，出于礼貌我没有问。

按原计划是要在隔天出海捕捞帝王蟹（King Crab），但他告诉我今夜有暴风雪，明天的情况还无法预测。回到木屋别墅，一夜沉沉而睡。清晨，推上小窗，外面已有了厚达四五十厘米的积雪，在温暖的木板房里浑然不觉寒冷。这里冬季室外的平均气温为零下 30 ℃。

早晨依然风雪弥漫，显然无法出海。我建议去当地的一家鱼类加工厂参观。在车间里我看到码放整齐的一箱箱海鱼，有几箱就是我们昨天吃的鳕鱼下巴，除了供应西欧外，还销售到远东地区。

接着，奥德船长邀请我到他家里做客。我因此看到了一户典型北极人家的生活。这是一座斜顶房子，地上一层是宽大的客厅，布置简约而有情调；二层是他的办公室，斜屋顶使小小的办公室看起来更紧凑；地下一层是主卧；地下二层是桑拿室。整个设计皆依据北极气候的特点，地面部分尽可能少，以减少暴风雪对居住的影响。

下午风浪稍小，船长决定出海。尽管天空飘着大雪，18.2 米（60 英尺）长的捕捞船的甲板上铺着一层厚厚的雪，海浪有五六级，他说这样的天气算是出海的好天气了，北极严酷的生存环境可见一斑。

在北冰洋的边缘海——巴伦支海（Barents Sea）上，我客串了一回渔民。巴伦支海的名字取自荷兰航海家威廉·巴伦支（Willem Barents，c. 1550—1597）。他试图寻找一条从欧洲到亚洲的东北航道。基于广泛的航行经历、绘制精准的图表以及收集的第一手气象数据，他被誉为早期重要的北极探险家之一。

他在 1596 年的第三次航行中，看到了斯瓦尔巴群岛，但他的舰船被浮冰击沉，他和其他船员被迫在北冰洋的新地岛（Novaya Zemlya）上过冬。

次年春天，他们修复救生小艇，驾船离开，威廉·巴伦支只活了一个星期，便在这片海域病逝。1871 年，在北极的一座岛上，旅行者发现了他们当年过冬的临时棚屋，此后，又发现了巴伦支的航海日记和其他文物。

巴伦支海的面积为140.5万平方公里，平均深度229米，在熊岛海沟（Bear Island Trench）中最大深度为600米。由于北角暖流的影响，巴伦支海的水温比周围的北冰洋其他部分水温高一些，所以，巴伦支海也被称为北冰洋的“暖池”，但由于复杂的地质结构，导致这里的风浪极大。

离岸越来越远，大约行驶一个多小时开始下网。此时，大雪纷飞，捕捞船极度

颠簸，人在甲板上无法站立，我只能退缩到狭小的船舱，五脏六腑被颠得异常难受。

大约过了 15 分钟开始起网，我踉踉跄跄从船舱走回甲板。全船人员奋力从海中拖起那张 1.5 米见方的网，大约 10 分钟，将网拉上甲板，里面装满了帝王蟹。

奥德船长将帝王蟹从网里拿出来一一检查，每网只挑出 5—10 只成熟的，它们的重量在3公斤—7公斤不等，蟹壳直径30多厘米，蟹腿张开后的跨距可达60厘米，甚至1米多。这是地球上最大的蟹，最大的重量可达10公斤。

然后，他把其他幼蟹都放归大海。这样，每次捕捞到的帝王蟹的数量十分有限。

天色已暗，远处的山显现出蓝蓝的光，红色的蟹在渔船灯光的照射下十分诱人。

他告诉我，帝王蟹是从其他海域迁游过来的外来物种。由于没有天敌，繁殖很快，估计这片海域有几十万只甚至上百万只，所以适量的捕捞对环境没有任何影响，还可以适当地减少帝王蟹物种的激增。

从北角到梅港，就像浓缩的严酷的北极历史，以及自然生态的悄然变化。外来物种如帝王蟹的大量繁殖，正是物种变异的潜在灾难，也昭示着地球复杂的生态系统的局部变异。带着一种敏感和末世感，去感受和关注更加宏大的世界，这是北极之旅给我的最大启示。

晚上，在渔人酒店的餐厅里，煮好的帝王蟹已经摆盘。品尝的时候，直接将叉子插进蟹腿，轻轻一卷，里面的肉即被带出。清水煮的帝王蟹味道比想象的还要好，肉质鲜嫩，后味有一种清甜之感。与国内的大闸蟹不同的是，帝王蟹是没有蟹膏的，只有腿部的肉可以食用。由于捕捞和运输等方面的原因，在国际市场上，帝王蟹的价格一直相当昂贵。

席间，奥德船长主动说起关于他手受伤的事。那还是在读大学时，他手持一只已点燃的巨大鞭炮等着拍照。光线很幽暗，拿相机拍摄的人怎么也对不上焦，“好了没有？好了没有？”他着急地问道。然后，一声巨响，爆炸让他失去了3节手指关节。

他大学毕业后一直待在这里。现在的主业是梅港机场的领航员，每年大约有10万挪威克朗的收入。渔人酒店和捕捞船是他的副业。他的女儿受他的影响，正在学习客机驾驶专业，理想是当上汉莎的飞行员。

他告诉我，在北极的环境中生活很不容易。严酷的不仅仅是气候，更重要的是生态环境带来的社会问题和产业政策的变化。

早在16世纪，荷兰人就在此海域捕杀鲸鱼。斯文德·福恩建立捕鲸站后，引入一种更加工业化的捕杀形式，捕鲸遂成为当地的主导产业，但到了19世纪90年代末，鲸鱼的数量因捕捞过度急剧减少。从1900年起，本地重要的春季鳕鱼捕捞季节，连续几年无鱼可捕，渔民们认为捕鲸和鳕鱼减少之间有着必然联系——当这片海域没有鲸鱼时，鳕鱼以及毛鳞鱼（Capelin）等品种便不会出现在近海海域。

1903年6月2日圣灵降临节（Whit Sunday，即每年复活节后的第五十日，又称“五旬节”），梅港发生暴力冲突，这座捕鲸站被夷为平地，骚乱局势达到顶峰。政府军士兵从附近的瓦尔德（Vardø）被调集过来平息事态。此次事件也产生了积极的影响：次年秋天，挪威工党的议会代表投票决定，鲸鱼成为挪威北部的受保护物种。

晚间，他带我去梅港机场参观。机场设施简单，一个调度室，旁边一间木屋就是候机室了，只有两排座位。夜色中，大雪刚刚停歇，只见一架小型客机滑落下来，跑道很短，放下舱门，就是一个舷梯，不到10位旅客走进这冰天雪地之中。飞机是从奥斯陆飞来的。遥远的北极渔村，因为有了这座机场而变得不再偏僻。

一个小小的渔村折射出多方面的问题。北极也变得丰满起来。这里不再是单纯的与世隔绝的自然栖息地，而是一个不断变化的边缘人居地区。地球上其他区域所面临的问题，在这里同样会有所体现，而在奥德船长的身上，则表现出他面对严酷生活的淡然和乐观的心态。

我注视着月光下朦胧的海岸，邮轮穿行在数座小岛之间，心想着，群岛的迷墙里，隐藏的是什么？

那些海湾仿如大脑的褶皱，是自然的大脑皮质，保留着古老大陆的记忆。

From Barents Sea to Atlanterhavsveien

从巴伦支海到大西洋之路

罗弗敦群岛（Lofoten）地处北极圈内，位于北纬 68°—69°，被誉为“世界上最美的岛屿”之一。

全长 8.3 公里的大西洋之路（Atlanterhavsveien），沿途有海景和山景，是受欢迎的旅行目的地。2005 年曾获得“挪威世纪工程技艺奖”称号。

邮轮上的影像回望

晚上，又下起了大雪。19 点 40 分，告别了奥德船长，从梅港登上“韦斯特龙号”

(*Vesteralen*)邮轮继续前行。这是一艘颇具古典气息的轮船。

上船没多久，我还在各层甲板拍摄和欣赏，发现船的颠簸已很严重，难以平稳地行走，会让人不自觉地跑跳起来，颇有些失重感。

与船员一聊，他告诉我，巴伦支海是世界上风暴最多的水域之一，在大西洋暖湿气流和北冰洋冷气流的共同影响下，天气变化多端，狂风常常掀起 3 米多高的巨浪，此外，海底地形复杂，使得水流分布也变得异常复杂，从而使船只产生剧烈颠簸。我从房间的舷窗望去，恶浪滔天，几乎漫到窗边，充分感受到大自然的威力。

次日清晨来到餐厅，在宁静的北极海域享受美味早餐。北极海域的风浪让人得以体会自然的严酷，如同人在经历过许多事情后，会不再惧怕。

我来到第六层甲板。休息室位于船头，视野极佳。上午 9 时许，旭日升起，阳光照射在结满霜花的玻璃上，绽放出一簇簇七彩冰花。这里太阳的初升，与在其他低纬度地区不同，停留的时间比较久，好长时间还在初始位置。

坐在柔软的沙发里，我读法国田园诗人弗朗西斯·雅姆（Francis Jammes，1868—1938）的诗歌，目光停留在他的那首《微风里的指南针》(*Boussoles dans la Brise*）上——

一群羊，约有两百只
放牧在草坡上，每只的方向，
都朝向北方，仿佛被磁化了的头，
接受风中玫瑰的建议。

是的，此刻我在经历了海上风暴之后，也在接受“风中玫瑰”的邀约。在时光的溶洞里，倾听着内心的声音。挪威的北极地区，正像奢华时间的入口，让人有丰沛的时间追忆和遐想。在这些日子里，也许不需要带更多的书，索性让自己放空，任那些早已遗忘的往事，一帧帧地在脑海里回放。

我的目光从休息室陈列的航船模型上移到窗外。忆起小时候在夏天的星空下，父亲给我讲他的航海生涯，讲述海员在海上用六分仪测定船舶位置的方法。那是我心中最早的远方和远方之水。

回想起来，我在童年时代就对摄影或者说影像产生了浓厚的兴趣。在我上小学的时候，父亲从上海外文书店买回一份美国《解放报》（*Liberation*）。在当时，普通中国人能看到的英文时事读物，除了国内出版的《北京周报》（*Beijing Review*），再就是这份美国左派报纸了。

在那上面，我仍记得这样一幕：一辆美军装甲车拖着一具越军士兵的尸体。那照片是如此之大，甚至能分辨出装甲车上的番号。还有一张照片，是美军将一位越军士兵倒着塞进一个大缸内。

那或许就是对我最早的影像启蒙了。如今，人们会经常提到“灵魂暴击”这个词，后来我回想起来，这种越战的画面就是对我幼小心灵的暴击。让我在那么小的时候，就知晓了另一个世界的狰狞模样。

多年之后，在越南拍的一部战争影片中，一个角色说：“I love the smell of napalm in the morning.”（我喜欢早上凝固汽油弹的气味），这句台词让人寒战不已，战争已经改变人的嗅觉，这是一种何等残酷的境地！

美军在越战中，曾投掷了大量凝固汽油弹，它在爆炸时会形成高达 1000℃的温度，黏稠的凝固汽油飞溅到人身上后燃烧持久，给人造成极大的痛苦。1980 年，有关国际法已限制此类武器的使用。

经年之后，我发现，在我们平静的生活之外，常常存在着充满血腥的另一面，甚至残酷到让我们难以想象，新闻摄影师则以历史见证人的身份，冷静地推出一帧帧照片，无需说话，一图已胜千言。

正是这种不可回避的真实，让我对摄影情有独钟。好些感人至深的瞬间通过我的相机凝固下来，它们就像心灵的全息照片。每次翻看自己的作品时，那些瞬间前后的时光一下子奔涌回来，连接成一条影像之河。

我的祖上是苏州大户人家。父亲出身书香门第，勤于治学，是一位老派知识分子，一生掌握5门外语，晚年还在学习印度语。他早年就读于大连海运学院驾驶系，毕业分配到上海港务局。他曾当过沿海货轮的大副，但由于时代的限制，他并没有机会去探访那些知名的港口。尔后，他支援内地建设，也永远失去了他的海洋。

他从未坐过飞机，却搜集了很多地图。记得当时我去德国前，他就在研究德国地图（他还分别收集东德和西德地图）。他像一位被岁月困于陋室的旅者，完成了他漫长一生的内心之旅。

父亲传下来一本珍贵的影集：绸缎封面，里面照片的固定需要特殊的粘贴角，将黑白照片或人工染色的彩色照片卡进去。看他五六岁时的照片，穿着西装短裤、袜子和皮鞋，清爽斯文，感觉还很时髦。后来，父亲家道中落，可他的布衣衫总是很干净。端详我的上辈和上上辈的照片，他们的面目都浮现着一种相似的清朗，这在浮躁的现代人身上已很难寻见。那种清濯之美，不知道何时消隐了。

而我从母亲那里继承来的，更多的是一种浪漫气质。我的母亲是一名心理医生，医术高超，极为敏锐，曾收到过多位病人赠送的锦旗。当时，母亲因为体弱，无法参加医疗队，长期下放到偏远山区，从而失去了8年的工作。我家在很长一段时间里，经济来源只靠父亲一个人的工资，家境清寒。母亲有时会援引邓拓《三家村札记》里的话："几个鸡蛋的家当"，调侃父亲只有"几个蛋壳的家当"。

我在北京读大学期间，第一个理想是当战地摄影师。入学前，我经历了极为严格的政审和面试环节，从而考入首都一所大学的新闻系。

我是一个深深怀有英雄情结的人。在大二期间就系统钻研过美学，其中我研究的课题之一，就是关于崇高、美学范畴的崇高、战争与崇高美，还有英雄美学……二战时期的方尖碑，曾不止一次地被写进我的诗行。

我在担任《南方都市报》摄影记者期间，主要负责突发新闻和日常新闻的拍摄，专注于纪实摄影。“用自己的生命记录别人的生命”，我总是会在第一时间抢拍新闻，不是星夜飞赴岳阳的列车相撞特大事故现场，就是赶到广深公路死伤 100 多人的车祸案发地，或者深夜 1 点钟赶到一辆刚刚爆炸的出租车前，在拍摄现场，需要不断突破和抵抗有关人员的阻挠和干涉；我还长时间深入养老院拍摄，关注被临终关怀的老人们……

那是一个优秀新闻摄影师辈出的年代。在新闻前线，我经历过严酷的磨砺和几乎所有的灾难，可以说亲历过新闻现场的“刀光剑影”和“枪林弹雨”，在生死和灾变现场，直击人性的不屈以及无法逾越的困境。那种悲剧性的美，常常让我经受一次又一次影像和心灵上的洗礼。这样的生活，锤炼了我的快速反应能力和应变能力，可以“眼到手到”，内心日渐强大，也使得我的影像慢慢充满一种凌厉又不乏温情的力量。

摄影师在用影像保留现实，保留在未来人们的视野和关切之中。在那个年代，《南方周末》每周都会推出一个整版的纪实摄影专题，我曾发表过几组专题。有空时我会从所在的 15 楼，跑到 9 楼的摄影版编辑办公室神侃交流一番。那也是国内纪实摄影的黄金时代，涌现出一批佳作。

只是，我常常也会遗憾，当时无缘到波黑战场和巴以冲突前线去采访拍摄。当然，由于我所在媒体的局限，这些机会自然不会有。

索性远离这一切吧。

于是，从 1999 年起，我不远万里去拍摄全球顶级时装盛会，进入国际奢华时尚盛典最前沿，在云裳风暴里，开始了另一种摄影师生涯。我通常扛着五六公斤的 400mm f2.8 的“重武器”（长焦镜头），一天里在不同的场合拍摄 10 多场，其体能和智能的消耗，一点也不比拍摄其他专题少。

只是，在静下来的时候，我依然会时刻注意着国际同行们在忙些什么。我看过一张照片：在巴以冲突前线，硝烟弥漫，一群摄影师头戴防毒面具，弯着腰或蹲在地上，艰难地在等待着拍摄时机。这幅照片以强烈的震撼力，让人在相对和平的远方静静地怀想战场。

这也构成我的多面性。一个怀有英雄情结的人，做着"时装之旅"私人项目，在巴黎时装周和伦敦时装周的最前线搏杀，拿出富有冲击力的作品奉献给读者，而这一切，在这个消费时代都是值得的。

在那一段时间里，我反复地观看纪录片《战地摄影师》（*War Photographer*，2001）。该片记录了詹姆斯·纳切威（James Natchwey）从战火纷飞的科索沃到蚊蝇飞舞的雅加达贫民窟的非凡摄影生涯。他被认为是"有史以来最杰出的战地摄影师之一"。

从 1999 年 6 月到 2001 年 6 月，导演克里斯蒂安·弗雷（Christian Frei）将一架特制的超小型摄像机，安装在詹姆斯·纳切威的相机上，同步记录下他的观察角度和他手中发出的快门声响，并将跟拍的镜头与詹姆斯·纳切威拍摄的那些黑白照片交替剪辑，富有现场感，产生了对比强烈的视听效果。

詹姆斯·纳切威曾说过："我的照片就是我的证词。"但在许多情况下，这是一份艰难的证词。在战场之内和战争之外，那些令人震撼的瞬间，大都无法用相机记录下来。在现代社会的多种场景中，摄影师们也经常被粗暴地排斥在外，在战场上更是如此，因为战争的当局者确信，没有被拍到的就是不存在的。

最终，那些苦痛只能是幸存者的心灵之殇。

长久以来，支撑我生活和创作的动力，一直如英国哲学家伯特兰·罗素（Bertrand Russell，1872—1970）所言的那种激情："Three passions, simple but overwhelmingly strong, have governed my life: the longing for love, the search for knowledge, and unbearable pity for the suffering of mankind.（有 3 种单纯而又极其强烈的激情：对爱情的渴望、对知识的渴求，以及对于人类苦难痛彻肺腑的怜悯。）

在夜深人静的时候，有时我会问自己："你远离你的理想了吗？"

答案总是否定的。我一直在默默地前行，以一己之力，使自己的灵魂走得更远，让自己的镜头如目光一样，具有更深的穿透力。时尚并不像人们想象的那样简单，其中也暗含非常深奥的内容，只是鲜有摄影师的镜头对准更深刻的层面，比如后台的丰富场景。此外，我会以静观或略带嘲讽的心态，去捕捉时装顶级人物与媒体间有趣的作秀和阿谀现象。

而每次，我都可以清晰地拍摄到坐在 T 台侧面的那些掌控时尚走向的人。这其实也是一种权力。

巴黎是时尚中心。时尚是文化最新颖的表现形式之一，所以，我通过“时装之旅”的方式触摸前卫文化，理解多元时代的文化自由及其使命，了解国际时尚文化的话语和精神体系。保持宽容和尊重差异性的态度是十分必要的。对于一位国际时装作家（International Fashion Writer）而言——这是我在国外的身份——亲临，意味着一切。

每年春秋两季，我会从世界各个方向飞临巴黎，俯瞰这座华丽之城，追击时尚风暴。从伦敦、从雅典、从维也纳、从威尼斯、从里斯本、从法兰克福、从哥本哈根、从雷克雅未克……从遥远的东方飞抵巴黎，感受它的祥和之风与疏朗气息，还有更多的是沉思和随想，以及我永不停歇的影像之旅。

我忆起 2001 年初秋，Christian Dior 2002 春夏时装流行趋势的表演，被安排在巴黎第十六区跑马场（Hippodrome d’Auteuil）中临时搭建的大棚子里。当我进入会场，发现情况十分不妙，所有的好位置均被扛着梯子的西方摄影师们占得严严实实，只剩下 T 台正对面的地方还有一些插足之地，可台前的 40 多盏强光灯通过玻璃台面产生了强烈的反光。我在那里站了一会儿，感到非常晃眼，甚至有点晕眩，在这个位置拍的话，肯定会拍出一堆大眩光的照片来。赶紧撤！

于是，我移到了左侧的台口，端着机器，隐身到侧面的最后一排，因为有大批保安站在前排，我若站到台口的话，肯定会被赶走。我必须先躲起来。等表演开始再迅速到位拍摄。

演出开始。我以极快的速度潜到理想的机位，拍摄顺畅。觉得此角度比较别致，凝固了一个独特的瞬间，这是由两个不完整的影像组成，却因弥漫着诗意，营造出一种神秘而不同凡响的效果，从而吸引了众多读者的视线。

2002 秋天，在夏洛特宫的 Espace Ephémère du Trocadéro，我再次等待拍摄 Dior 2003 春夏时装流行趋势的展演。

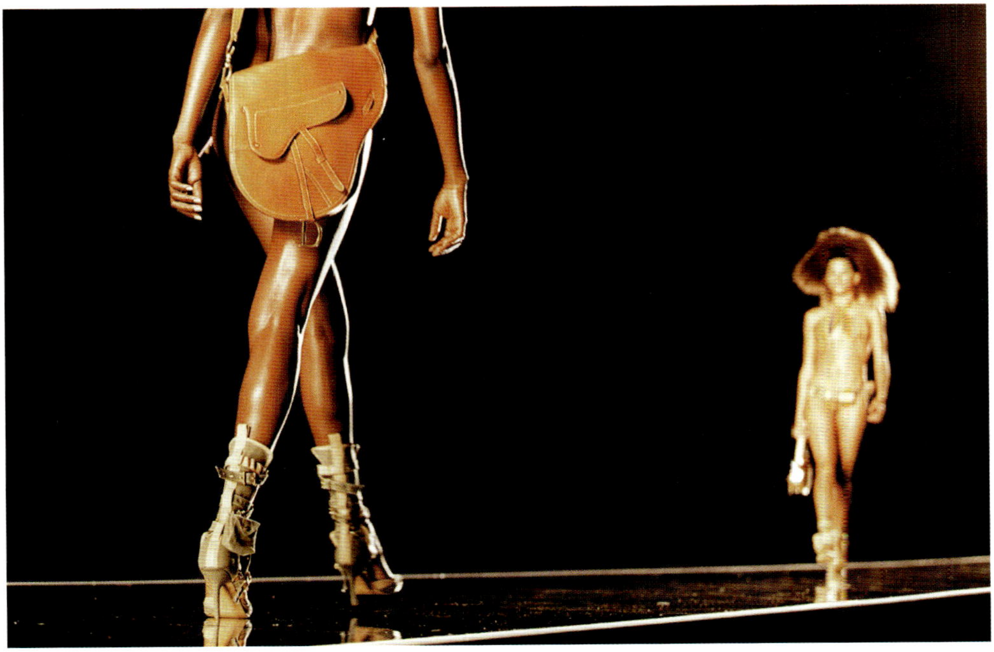

展演预定在下午 2 点 30 分举行。早在上午 10 时许就有 30 多位电视记者和摄影师开始占据有利地形，但直到演出开始前半个小时，入口处的七八位保安帅哥才认真检查请柬和记者证，让摄影师重新排队入场。Dior 时装秀全球瞩目，由于太阳西晒和嘉宾云集，大棚里的温度十分高，不时会有人拿出请柬来当扇子扇。

Dior 春夏展演启幕。充满魅惑的身体演绎着生命的激情，野性华美，震撼无言。经年之后，当我翻阅自己拍摄的那些妙不可言的瞬间时，脑海中会不由地浮现出这样的诗句——“你的身体有风暴的味道……”

记得在这场秀接近尾声时，金粉飞舞，全场笼罩在绮丽的世界里，以此表达时尚的激情。掌声四起，一些女生在尖叫：“Galliano！”“Galliano！”此刻，无数镜头涌上去，对准那位顶尖设计师——约翰·加利亚诺（John Galliano，1960— ）。

在那一刻，人们处在华丽的巅峰，满足且喜悦。

在后台的出口处，那些模特卸完妆，会很乐意配合我们摄影师，她们在附近的草地上做出各种夸张的姿势和表情。而后，模特与一直默默站在旁边的男友拥吻，相携而去。

在巴黎卢浮宫——巴黎时装周的另一处主会场里，别致的观众席营造出一种迷人的气息。座位下面发出的绿色之光，将现场渲染得恍如梦境。

我还忆起雨中的航空港——戴高乐机场。从舷窗望去，雨很大，那种光像幽静的梦境。不断地返回，又不断地离开，对于时装之都的眺望，会幻化成不能淡忘的东西，就像在驶往蔚蓝海岸的高速列车上，窗外划过的春天的轨迹，明亮、绚丽而无法命名。当它停下来的时候，变成了清晰的图案，那便是——记忆。

2000 年 9 月，我使用 Ektachrome 160T 胶卷，拍摄下伦敦时装周的一个瞬间：一位模特站在 T 台口用力挤压白色薄衫内的草莓，鲜红的果汁沁染了她的身体，沿着她的指缝向下流去，激起全场一片尖叫。

这一帧经典画面，似乎浓缩了 20 多年前时装盛会上的激情与狂野一瞬，刺破了平庸生活之幕。直至今日，那种时光的气息犹在。

我曾在全球最大的杜塞尔多夫内衣展上，以 1/6 秒的快门速度，抓拍下女模特挥舞着发光彩带，转身迅跑的时刻，也凝固下一个黑衣丽人手举鸟笼，清寂的目光从鸟笼间隙投射过来的瞬间。时光之舞永恒，人性的自我枷锁永在。

作为最早一代活跃在国际时装前线的华裔摄影师，这种衣香鬓影的浮华令人迷醉；我也用镜头凝固下时尚业鼎盛发展的“美好年代”。“时装之旅”让我变得更坚韧、丰富而自信。因为在走遍时装之都之后，我对许多时尚问题的解码随之顺利完成。这个答案，是他人和书本都无法给予的。

在我看来，时尚更多地关乎生活方式和内涵，还有就是细节之美，而不仅仅是将一些奢侈品堆砌在身上，它必须与人的精神内核发生联系。时尚如果是盲从，则没有任何意义。

我在 2005—2006 年间出版的《华丽巅峰》《时尚候鸟》和《橱窗里的彼岸》等图文书，实际上也是一部部关于观看和体验的影像随笔集。观看的主题，当然是那些奢华场景和优雅生活。这是一种从容的凝视。我像站立在时尚之外的隐士，留在云裳艳影的另一边，让被世俗生活中断的激情和梦想重启，长久地停留在文化肌体的深处和时尚灵魂的深处。

摄影师的视觉思维，给我的写作带来一种注重现场感和细节描写的表现方式。我作品中的很多段落，有点类似电影的分镜头剧本，包含着“全中近特”的各种镜头感。早在2005年，有评论家评价我的作品“像在哑粉纸上行进的电影”。

奢侈品是一种文化现象，需要时间的积累和素养的熏陶。奢侈品带给这个世界的最大贡献是想象力和创造力，这个庞大的产业集合了无数设计师、摄影师和营销人员，从而营造出一种视觉盛宴，也创造了消费梦想。在与各著名品牌的接触中，保持一个时装作家的独立立场是至关重要的。

国外的设计师十分重视时装作家。在伦敦时装周上，一位60多岁的时髦老太太是著名的时装评论员，她比较挑剔，如果她没看完一场发布会就退场，有的设计师会急得哭出来。

记得采访英国时装设计师维维安·韦斯特伍德（Vivienne Westwood，1941—）时，她曾这样说道：“你必须与生活恋爱。设计就是发挥想象力，给自己惊喜的过程。”

在我看来，时尚就是与生活恋爱。在影像的居所里，在迷眩的光影中，我看到了历史和人文的绮丽色彩。

而更多的时候，需要看到华丽背后的情感支撑和更深奥的心智內涵。一次拍摄内衣展，在与一位法国设计师交流时，他认为了解“What they want and what they need”这两个问题至关重要。这给我很好的启示，洞察和知晓她们身体的渴求、情感的需要、审美的愿望和智性的领悟，对于一个书写者来说，是如此重要。

时尚也在留存着生命。记得一次在佛罗伦萨，我被Ferragamo公关经理邀请去总部参观。该总部坐落在离维其奥桥（Ponte Vecchio）不远的地方，内部装饰古朴典雅，除了他们的两个新品商店外，给我留下深刻印象的是鞋类博物馆。

博物馆的每一个展厅都不大，展出的是多年来最有代表性的鞋履，还有为社会名流制鞋的鞋楦子，其中包括多位女影星，如英格丽·褒曼（Ingrid Bergman，1915—1982）、索菲亚·罗兰（Sofia Loren，1934—）等。

玻璃柜里，挂着那些丽人的鞋楦子，上面刻有她们的名字。一些人的美貌和身体已不复存在，只有这些与她们的脚一样大小的鞋楦，木纹依然清晰、光滑，又有些陈旧，令人怦然心动。

对我而言，故乡是影像之根，极地是影像之翼，心灵是影像之魂。这样的极地，也包括时尚的极地。

繁华落尽，深深呼吸。

岁月如海浪般翻卷。逆旅与羁客，成为我生活的主题。时尚之外，我一直希望尽可能逼近俭朴生活的本质。那些年，我在上海的时间里过着半隐居的生活。早晨，我拉开窗帘，窗外有几株樱花树，几只小鸟经常会伴着阳光，飞到窗台上跳跃。

寂静的写作，让我感到初心照进现实的力量。

对我来说，现实意味着什么，影像便意味着什么。作为生活和影像的见证人，忠实地记录是我的出发点，只有忠实地记录，才能真实地、全方位地留存当今丰富的世界图景，在事实面前，任何夸张和虚妄都是不恰当的。

“很多瞬间是镜头不能记录下来的，要用眼睛、灵魂……”影像是心灵的避难所。我通过影像安置着自己的灵魂。“程萌在他乡竟可以如面对故土一般的熟悉，我想是源自爱，谁去爱她们，谁就增加了她们翠绿的清新。程萌赋予影像出于灵魂的深切理解，影像便赋予每一个瞬间追忆的震惊。”多年前，一位诗人曾这样写道。

慧根和灵性，会让人与众不同，也会多一些思考的喜与苦。一个缄默的人，原本却最需要倾诉，需要灵魂的对语，而内心，依然坚如磐石。记忆之豆，会经常在时间之钵里噼啪作响。

这些记忆隐匿在岁月深处。正如一位美学研究者在给我写的书评中所言：“一切都被美隐匿了。摄影家在美景中隐匿了他的镜头，旅行者在人文历史中隐匿了他的到场，航船在河流中隐匿了它的航线。”

从 1999 年 8 月以来，我拍摄“记忆之水”私人长期项目，关注着海洋和岛屿的未来。水是热烈的，也是冷静的。对于水，也许我们永远无法感知她的全部秘密，在江河湖泊或明媚或阴晦的风光里，我们所看到的只是水那丰富的表情，而不是水的内心。

迄今，我已抵达全球近 100 个港口。每到一个港口，我都会在心里默念：“爸，我替您来看了。”

此刻，在邮轮窗外的冬季荒原上，我梦境之中的羊群，就在寒风中游荡。那是北极的不朽之梦。

整个旅途有惊无险，我的行李最终也找到了，不然真的很难想象在零下 30 多度的天地里人会被冻成什么样子。人在经历许多事情后，也会不再惧怕。北极不再是单纯的严酷自然，它有着更多不屈的人们奋斗的痕迹。

晴空艳日，雪原皓洁。

中午时分，邮轮抵达希尔克内斯（Kirkenes）。这座小城地处北纬 69° 43′ 40″，东经 30° 2′ 40″，位于瓦兰格峡湾（Varangerfjord）一个分支贝克峡湾（Bøkfjord），是挪威西海岸最北的端点，靠近挪威和俄罗斯边境线，人口有 7000 人，其中 10% 是俄罗斯人。

我在码头坐上大巴前往机场。回望码头上的邮轮旁叉车正在忙碌地卸货。120 多年以来，从挪威南部来的轮船就是这样日夜不停地将邮件和其他货物运来，尤其在冰封的冬季，它已成为北极地区的生命线。

在希尔克内斯机场的候机室里，坐着一群年轻士兵。我与其中的一位聊起来。他制服的右胸口上绣着名字“Sôland”，他在警犬部队服役。他举起右手给我看，上面还留着被狗咬过的痕迹。他用手机展示了一段训练时的录像，他与警犬不停地搏斗，非常惊险。

他告诉我，挪威的年轻人都要服兵役，像他这样待在北极地区是比较艰苦的，但他还是偏爱这一行，或许将来自己可以开一家宠物店。他说，每月他大约有四五千挪威克朗的津贴，他的很多钱都用来探望远在荷兰的女友了。

我从候机楼走进白雪覆盖的停机坪，登上旋梯，在即将进入机舱时，回眸远眺，阳光温暖地照耀着，白色的大地上有一排齐整的小树，纤细、挺拔，只在上端有弯曲，仿如一排细密的睫毛。冰雪覆盖下的小城安静祥和。

数年之后的深秋，我搭乘邮轮，再一次抵达希尔克内斯。在这里我乘车前往挪威与俄罗斯边境参观。这是一条安静的边境线。刚下过雨，林间空气清新。

在挪威这一侧并没有边境站。对面俄罗斯的边境站也没看到有士兵站岗。偶尔有几辆车从俄罗斯一侧开过来，导游说，俄罗斯人经常来挪威一侧采购生活用品。

在这里，人们很快发现了来自俄罗斯文化和自然的影响。小城矗立着 1944 年苏联红军解放塞勒—瓦朗格（Sør–Varanger）地区的纪念碑，这里每月会举办一次俄罗斯集市，路标用挪威语和俄语双语书写。

希尔克内斯的自然风貌与挪威其他地区也不同。多种植物种类在挪威其他地区是罕见的，或不存在，周边的帕斯维克（Pasvik）地区的森林起源于西伯利亚塔伊加（Siberian Taiga）——世界上最大的连续林区，甚至动物也含有许多东方元素，尤其在鸟类中。

1826 年之前，即目前的边境线确定之前，希尔克内斯周围地区一直是挪威—俄罗斯混居地区。这个半岛的原名是皮塞夫内斯（Piselvnes，即英文 Pis River Headland），意为“皮斯河海角”，但在 1862 年希尔克内斯教堂建成后，此地的名称改为“希尔克内斯”（Kirkenes），意为“教堂高地”。

1906 年，此地发现了铁矿石，一战期间，希尔克内斯成为火炮的主要原料供应地。二战初期，纳粹觊觎距此不远的苏联港口摩尔曼斯克的资源和战略地位，遂占领了希尔克内斯，并部署 10 万军队。因此，面积不大的希尔克内斯成为继马耳他之后，二战期间被轰炸最严重的地方，苏联军方至少发动了 320 次毁灭性的袭击。1944 年 10 月，纳粹军队在苏联军队逼近时撤退并毁城。战后，希尔克内斯在一片废墟上重建，继续向欧洲供应铁矿石，最终因成本太高无法维持，1996 年矿井关闭。

从更长的时间来看，遥远的希尔克内斯形似一个静观历史的侦察所。它目击了 1917 年的俄国革命、1939 年苏联和芬兰之间的冬季战争、二战期间的惨烈轰炸，还有战后 30 年的冷战阴云。未来的希尔克内斯将作为拟议中的从北海通往中国的海运航线起点，这条航线将比通过苏伊士运河的传统航线的距离缩短 40% 以上，因此具有重要的战略意义。

记得在边境线挪威的一侧，有一家小卖部，出售俄罗斯套娃和仿制的苏联红军帽子，帽子上绣着一颗红五星，看起来恍若隔世。

罗弗敦群岛，维京博物馆的晚宴

继续南下。晚上 7 点我们抵达斯塔姆松（Stamsund），这是罗弗敦群岛中的西沃格岛（Vestvågøy）上的一个港口小镇。

罗弗敦群岛的挪威文是“Lófót”，其中“Ló”的意思是猞猁（Lynx），“fót”来源于“fótr”，意思是脚（Foot），整个意思指群岛的形状像一只猞猁的脚。考古发现，早在 11000 年前，就有人类居住于此。罗弗敦群岛的陆地总面积为 1227 平方公里，目前人口约 24500 人。

欧洲 E10 公路通过桥梁和海底隧道，连接起挪威大陆与罗弗敦群岛，有长途班车运营。另外，从挪威的博德可以乘坐小型飞机，抵达岛上的斯沃尔维尔和莱克纳

斯（Leknes）等地。此外还有渡轮运行。

该群岛盛产鳕鱼干，至少已有1000年的历史。鳕鱼捕捞业是当地的主要支柱产业，每年冬天，鳕鱼从巴伦支海南下，聚集在罗弗敦群岛附近的海域产卵，于是，这里成为鳕鱼渔业中心。早在汉萨同盟期间，鳕鱼干经过卑尔根港口，出口到欧洲各地。

我们的车子离开码头，向岛的深处开去。一路上是秀丽多变的景色——高耸的群山倒映在一汪碧水之间，尽管天色已晚，依然可以看出水中色调的变化；山路弯弯，远处的点点灯火拉出了丰富的层次，两旁高耸的群山仿似奇异的背景，更像向上伸出的手掌，而山路则像手腕的一条细纹，是沿着海平线铺展开来的通途。

沿着岛上的E10号公路疾驰，经过半个多小时的车程，到达博格（Borg）小镇，远远地看到一座宏大的建筑。沿着山坡小道前行，来到建筑的前面，更加感到它的特别：黑色的屋顶，建筑的正面没有窗户。这就是维京博物馆（Lofotr Vikingmuseum），这里曾发掘出维京时代的最大民居，该博物馆就是按原比例重建的，长达83米。

一位穿着维京民族服装的中年男子引导大家通过一道木门，走进这座大屋，里面是传说中才有的世界——高耸的空间，幽蓝的光从天窗投射下来，房间中央炉火熊熊，木架子上挂着煮羊肉汤的黑色铁罐，香气袭人，旁边的木架上挂着鳕鱼干。我们坐下后，一位维京土著装扮的女子给每个人倒上蜂蜜酒，一位披着皮毛的男子端起一杯酒，先朝天，向上苍致敬；后朝地，感谢土地赐予食物，然后大喊一声："Skål!"（干杯！）

我们也端起酒杯。这种维京特色的酒杯很沉，下部是尖的，需要放在一个铁丝弯成的架子上。我们大声地说着："Skål!""Skål!"顿时，一股豪迈之气从胸中涌起，然后大口饮尽蜜蜂酒。酒很醇厚，属于烈性酒，入口甜中带有辣的味道。

主菜端上来，盘子里放着一大块儿羊肉，还有水煮的红萝卜和土豆，蘸上点酱，应该说是一种最简单的做法。味道比较好的是鱼汤，醇香。刀叉也是最原始的木头手柄。

吃罢维京大餐，开始参观大屋。除了餐厅，还有卧室，床上铺着整张驯鹿皮和

其他皮质品，以抵御岛上的寒气。

餐毕，那位维京首领看到现场只有我一位适龄男士，而且还是东方人，便对我产生浓厚兴趣。他从站成一排的维京女生里挑出一位最漂亮的，让她站在我的前面，开始相亲游戏。

这位女生在确认我来自哪个国家后，问了我一系列问题，如："Are you rich?" "How many houses do you have?" 等。我纳闷儿，怎么到了这个遥远的岛屿上，也是房子房子的！我一一回答了她的提问。在一片欢笑中游戏结束了。然后，大家手拉手，围着火堆跳起舞，并学唱维京人简单的民谣。

愉快的晚餐结束后，我们在周围的小路上散步，走到镇上的一家旅游中心，抬头望去，建筑物天井上方的图案形似巨大的船体。一位来自德国的女士买了一只维京酒杯，她看到我，还不忘开玩笑说："你的新娘呢？"

通过这个游戏我了解到，在世界任何一个地方，一些女生比较关心的，可能都是房子。

斯沃尔维尔小镇和观鹰之旅

车沿着公路疾驰，经过一座大桥驶入维根岛（Vågan）。晚上 9 点钟到达斯沃尔维尔，这是罗弗敦群岛上最大的小镇。从 1918 年开始被授予城镇称号，同时作为该群岛中的一个重要渔村。斯沃尔维尔在 16 世纪末首次被史书提及，这个地名可能来自古代挪威语单词"Svair"，意为"寒意"。

小镇北面的山势险峻，其中斯沃尔维吉塔山峰（Svolværgeita）形似山羊，因此被称为"斯沃尔维尔山羊"，这里是攀岩爱好者的心仪之地。

小镇的中心地带遍布餐厅、酒店和画廊，充满浓郁的艺术氛围，港口旁排列着色彩鲜艳的渔村木屋，渔火在海面上随着海浪涌动，透出一股纯朴气息。这里还有一家罗弗敦战争博物馆（Lofoten Krigsminnemuseum），展示着二战时期德军和挪威军队的服装，此外，还陈列着阿道夫・希特勒（Adolf Hitler，1889—1945）的情妇伊娃・布劳恩（Eva Braun，1912—1945）用过的手提包，以及来自提皮茨（Tirpitz）战舰的一盏灯，看似随机且相距遥远的物件，却构成一个进入战时生活的迷人窗口。可以说，这是一座风光秀丽的群岛，它与世界其他地区息息相关。

翌日下午 4 点 30 分，我们乘坐一艘小型观鹰船行驶在罗弗敦群岛窄窄的航道上，两旁是峡湾的壮美景色。由于小船位置比较低，沿着海岸前行可以靠近山体，可以体会那种摄人魂魄的气势。在一个山崖的裂缝处，有两只小小的山妖（Troll）雕塑，令人莞尔。

山妖是北欧传说中的超自然存在。他们与人类有着相近的外形和行为举止，但他们的手指和脚趾只有 4 根，鼻子尖长，可以在煮汤时伸进汤里搅拌。他们都很害怕阳光，因为光线会把它们凝固成石头。

船上的两位女引导员从水桶里拿出几条鱼，在鱼肚子上划上几刀，立即有一群海鸥飞来抢食。它们张开灰白色的翅膀，跟着我们的船一起翱翔，后面是高耸的群山，场面煞是好看。

大约喂食 20 多分钟，在高高的天空中，逐渐出现一个、两个、三个黑色的小点，大家即刻兴奋起来——海鹰出现了！我举起相机，即使透过长焦镜头，这几只海鹰也很渺小。驾驶员马上将引擎熄火，观鹰船慢慢停下来。一位女引导员拿起大鱼，剖开肚子，然后高高扬起，抛入水中，只见一只海鹰以“之”字形飞行路线瞬间俯冲下来，以迅雷不及掩耳之速度轻快地掠过水面，两只爪子有力地抓起了漂在水面上的鱼，引来一船人的惊呼。

另外两只海鹰也不甘示弱，开始往低处飞，但保持一定的高度。女引导员拿起鱼，剖开后让那鱼的味道诱惑海鹰，但并不马上抛向水面，而是等待海鹰逐渐飞近时，再往空中一抛，只见那只海鹰一个漂亮的弧线，在空中抓住了鱼。

海鹰真的是孤傲的鸟类，抓到鱼后也不知道飞到哪个绝壁上独自享用去了，只有再次见到新的猎物才会飞奔而下，然后绝尘而去，没有留恋。

我们的小船不断地走走停停，那些海鸥一直尾随我们。在暮色中前行，前方是斯沃尔维尔港区，我们又回到罗弗敦群岛最繁华的小镇。

博德航空博物馆，直击 U-2 飞机

博德（Bodø）是挪威西海岸北极圈内的第一个中型城镇。在博德城中心东南方向 2 公里处，挪威航空博物馆（Norsk Luftfartsmuseum）坐落于此。它是飞机迷们的心仪之处。

博德位于北纬 67° 17′，是挪威诺尔兰郡（Nordland）的首府，面积 1395 平方公里，人口约 52000 人。

走进博物馆大厅，见到空中飘浮着用轻型材料制作的白云，还有一只信天翁标本，以及阿拉伯飞毯模型，瞬间，仿佛人也飘浮在空中。

博物馆设有左右两个展厅。在 1 万平方米的展厅里，展示着各种民用飞机、军用飞机。我首先走进左侧的展厅，10 多架飞机错落有致地占满宽大的展厅。

展厅的入口处，摆放着 Kjeller F.F.9 Kaje I，这是挪威的初级双翼教练机，机舱内两位驾驶员一前一后落座。从 1921 年起，这种飞机作为教练和侦察机供挪威军方使用。飞机的主要结构采用木头和帆布，发动机外套采用铝材。这款飞机一直使用到 20 世纪 30 年代早期。

展厅的尽头，是洛克希德（Lockheed）的 CF-104 Starfighter，长 16.6 米，宽 6.7 米，高 4.1 米，最高速度为 2.2 个马赫。灰白色的机头，军绿色的机身，加上修长的线条，十分炫酷，这是美国的歼击轰炸机（Fighter Bomber），也是一代名机。Starfighter 大约有 20 个不同的版本，其中 XF-104 是这架飞机的原型，1954 年 1 月首次升空，而 YF-104A 是第一款速度达到 2 马赫的飞机，20 世纪六七十年代，这款飞机也是北约部署在欧洲最重要的飞机，其中有一个作战中队被安排在博德。

步入右侧展厅，这里以民用飞机为主，我的目光掠过 Junkers Ju 52、DHC-6 Twin Otter 和 Fokker F.28 飞机，一眼便落到悬挂在尽头的 Lockheed U-2 高空侦察机上，这是传奇和被打破的传奇。

这架飞机长 15.1 米，宽 24.4 米，高 4.6 米，最高飞行高度约 21350 米。由于飞机外表为避免反射阳光涂成黑色，因此也被称为“黑寡妇”。近距离看，这种黑色是那种焦炭般的黑，似乎把光吸在了里面，看上去十分神秘。这是冷战时代的一个飞行符号。

20 世纪 50 年代，美国对当时苏联的军事和工业发展高度关注，决定研发一款高空侦察机，高到苏联的导弹无法击落的程度。洛克希德公司获得了研制合同，由其机要部门“臭鼬工厂”（Skunk Works）具体承担任务，1955 年完成研发，开始生产。

1956 年夏季，这款飞机被部署在德国的威斯巴登（Wiesbaden）空军基地，之后飞往苏联多个地区上空，而苏联似乎束手无策。从 1958 年底起，U-2 被部署在博德，直到 1960 年 5 月 1 日，飞行员加里·鲍尔斯（Gary Powers）驾驶着一架 U-2 飞机，从巴基斯坦白沙瓦空军基地起飞，一路飞到苏联领空，被S-75德维纳（*S-75 Dvina*）地对空导弹击落，此事件震惊了世界。这也是当代战争史上的知名案例。

沿楼梯而上，我来到昔日的空中管制塔。塔内还保留着控制台，可以看到早期的电脑和航路图等。

阳光静静地照射着，从左侧的窗户向外望去，可以看到一架小型飞机正对准跑道降落。顺着这个方向，可以看到远处目前使用的空管塔。注视之时，心中默念着“航空”“飞翔”等词汇，半个多世纪的战争风云在眼前一一掠过，然后渐渐远去。

大西洋之路，广告片的拍摄之地

我们继续南下。在上午灿烂的阳光下，邮轮再次穿越厄内斯（Ørnes）与内斯纳（Nesna）之间的维京人小岛（Islet of Vikingen），在66° 33′北极圈标志塔的山冈上，一位女士带着一群中学生不停地向我们挥手致意，并用挪威语祝我们旅途顺利，场面令人心头一热。

在北极圈标志塔的西边是赫斯特曼宁岛（Island of Hestmannen），在当地的传说中，一个巨魔被神灵变成石头，化作海岸的山脉。向东，梅菲约登（Mefjorden）山脉一直延伸到斯瓦尔蒂森（Svartisen，意为“黑暗”）冰川。

下午4时许，抵达克里斯蒂安松（Kristiansund）。走下邮轮，眼前是一座古雅的海港小城，坐落在4座小岛之上。这里8000年前就有人类居住，目前人口24000多，它位于默勒—鲁姆斯达尔郡（Møre og Romsdal），是挪威西海岸的特色小城。

这座城市由历史上的丹麦—挪威国王克里斯蒂安六世（Christian Ⅵ）创建于1742年，城市名字中的“Sund”，意为“Strait”（海峡）。

沿街排列着古老的房屋，大多色彩淡雅，格调清新，漫步在花草繁茂的小径中，心境随之澄明。从码头就可以看到一座白色建筑物，那是挪威鳕鱼博物馆，建筑也是典型的西海岸风格。

我们从码头出发，开始“大西洋之路”行程。在这条景观路上，8座桥梁将一系列小岛串连起来，其中最长的是260米的斯托塞松德大桥（Storseisundbrua）。公路在山海之间构成了蜿蜒的曲线。曾有汽车广告片在此拍摄。

我们沿着海边公路进入大西洋隧道，这是一条海底隧道，连接克里斯蒂安松和阿伏洛亚岛（Averøya），全长5727米。进入隧道后，感觉在不断地向下行驶，这条隧道最深处在海平面下250米处，是全球最深的海底隧道之一，2006年起施工，2009年底开放使用，从而使大西洋之路更加通畅。

我们来到海湾畔的一处安静院落，里面有一家特色餐厅，木质结构。一股暖意扑面而来，透过窗户可以瞥见海面上的残阳。

美食很快端上来，一个巨大的器皿盛着今天的主菜——咸鳕鱼干炖土豆、洋葱、橄榄和西红柿，看上去红红的一锅，香气袭人。这是一种用盐腌过并风干3—6个月的鳕鱼，也是克里斯蒂安松的主要出口物产，大量出口到西班牙、葡萄牙和南美几个国家。尤其在每年的四月斋（Lent）期间，更是受欢迎的传统佳肴。我曾在里斯本多次品尝这种咸鳕鱼干，做法以油煎居多，跟这种慢炖的做法有所不同，咸鳕鱼干也是克里斯蒂安松的一道名菜。

这种海产品在欧洲的制作历史已超过数百年，成为旧世界与美洲之间的一种重要的贸易产品。通过盐渍，鳕鱼得以保留营养成分，并变得更加美味。根据传统工艺，鳕鱼要在阳光下晾晒干燥，如今的商业生产则多会在室内烘干。

我盛了一碗，热气腾腾的。餐厅的主人倒上了一杯当地产的红葡萄酒。一般来说，吃鱼是要配白葡萄酒的，但吃咸鳕鱼干习惯上是配红酒。端起酒杯，我喝上一口红葡萄酒，再去品尝咸鳕鱼干，发现如此搭配果然有其道理，因为炖鱼汤热量很足，不是传统小块儿的煎鱼中段，所以，配上红酒，鞣质饱满，有点涩且醇香，恰好把咸鳕鱼干中热烈的劲儿勾调出来。

尽管这锅炖咸鳕鱼干炖了很长时间，吃起来仍然有点硬，比较有嚼劲儿。慢慢地品尝，鲜味漫溢而出，略带一丝甜味，配上土豆和西红柿，很快全身暖和起来。

三碗下肚，酒足饭饱后，餐厅主人拿出一条大约50厘米长的鳕鱼干展示给我，她让我拎起这条鳕鱼，我一提，发现重量不轻，足有20多公斤。还给她后，手上沾着细细的盐粒。

晚上9点30分抵达莫尔德（Molde）小城。该城由于受到墨西哥湾暖流的影响，植被生长茂盛，尤其盛产玫瑰，被称为“玫瑰之城”。这里也属于默勒—鲁姆斯达尔郡（Møre og Romsdal），位于鲁姆斯达尔（Romsdal）半岛，人口有26000多。中世纪晚期这里就是定居点，1838年莫尔德确立了行政区划，19世纪时，成为挪威纺织和服装中心。

莫尔德的鲁姆斯达尔博物馆（Romsdal Museum）是挪威最大的民俗博物馆，建于1912年。本地区有代表性的建筑按计划被迁移到这里，其中包括农家屋舍和一座小教堂。模拟的小镇街道上有一家咖啡馆，体现出“一战”前莫尔德小城的风貌。渔业博物馆（Museum of the Fisheries）坐落在赫杰尔泰亚（Hjertøya）岛上，离莫尔德中心大约10分钟车程，这是一处小渔场，保存完好的建筑、渔船和渔业设备展现了自1850年以来的海岸区域文化。

窗外，是一家家装饰精致的服装店，巨幅海报皆是大牌风范，装饰灯在夜空中闪烁。

我回味着数次的北极圈之旅，在自然的清流中，最终找到记忆的绽放。

Chapter Ⅳ

Finland : The Places that the Auroras Shined

芬兰：极光闪耀之地

从萨利塞尔卡、伊纳里湖、凯米到罗瓦涅米，体验驯鹿雪橇、雪地摩托车、哈士奇雪橇、冰钓和破冰船漂浮等冰雪运动项目。快慢由心，在激情和速度之外，更重要的是纯净和谐的人居环境。

到达拉普兰的第二天夜晚，我看到了北极光。那不断流动和变幻的绿色光芒，像幸福的暗示，传递着久违的温情。

山河邈远，人间充满热望。

我仿佛站在时间之岛上，接受生命的启示，守望未来的生活。

何时才能返回自身？

Ivalo and Saariselkä

The Remote Arctic Town

遥远的北极小镇

拉普兰省（芬兰语 Lappi，英语 Lapland），是芬兰最大也是最靠北部的一个省份，面积 100367 平方公里，人口约 17.8 万，拥有芬兰全国 3.6% 的人口，是人口密度最为稀少的省份，每平方公里约为 1.77 人。

拉普兰北部是萨米文化区，具有原始文化的风貌。

飞向伊瓦洛

我从上海起飞，经过 10 多个小时的飞行，抵达赫尔辛基—万塔机场（Helsinki-Vantaan Lentoasema）的时候，是下午 2 点 45 分。透过候机楼的巨大玻璃，看到窗外是一片冰雪覆盖的世界。

下午 4 点 15 分，我搭乘 AY0559 航班，继续向北飞往伊瓦洛。这次的航班像一趟飞往度假胜地的空中巴士，经过一个半小时的飞行，飞机首先降落在基蒂莱（Kittilä）机场。下客后，等待新的乘客登机的空隙，我走到舱门口，看到舷梯上已落着很多雪，漫天白雪飞舞。虽然身上穿着一件带夹层的皮衣，却觉得无比单薄，站了一会儿便退回机舱。

在座位上，我静静地阅读关于这个小镇的资料。基蒂莱是芬兰拉普兰省的一个度假胜地，地理位置是北纬 67° 41′ 55″，东经 24° 50′ 53″，人口约 6300 人，知名的滑雪营地列维（Levi）坐落在附近，适合进行高山速降滑雪（Downhill Skiing）和越野滑雪（Cross-country Skiing）等项目。

这里备受关注的还有金矿。从 2006 年开始建设一座金矿，2009 年投产，已成为欧洲最大的金矿之一，探明黄金储量近 400 万盎司。

基蒂莱还是芬兰最冷的地方，1999 年 1 月，测得过零下 51.5 ℃的极端低温。

飞机再次滑行，起飞。经过 20 多分钟的飞行，晚上 7 点降落在伊瓦洛（Ivalo）机场。走下舷梯，我踩在雪层很深的候机坪上，进入机场大厅，看见墙面上挂着几件驯鹿头标本。

我登上一辆旅行车，即刻发现车顶是透明玻璃的，据说，这是芬兰少数的几辆透明车顶全景巴士（Sky Panorama Bus）之一，便于人们随时观测北极光。

伊瓦洛小镇的地理位置是北纬 68° 39′ 0″，东经 27° 33′ 0″，地处伊瓦洛湖南岸 20 公里处，人口约 4000 人。伊瓦洛机场位于伊瓦洛小镇南方 11 公里处，是芬兰最靠北的机场。距离赫尔辛基 890 公里。伊瓦洛在 1944 年 9 月到 1945 年 4 月的芬兰与纳粹德国的拉普拉战争中，遭到严重的毁坏，后来进行了重建。

车子行驶了大约半个小时，来到萨利塞尔卡镇（Saariselkä）。它位于北纬68° 25′ 15″，东经 27° 25′ 1.8″，即伊瓦洛南侧。这里是芬兰最北的度假胜地，每年都有许多旅行者飞抵此地，参加丰富的冬季运动项目，其中包括驯鹿雪橇、雪地摩托车和哈士奇雪橇。

这里拥有乌尔霍·凯科宁国家公园（Urho Kekkonen National Park），是芬兰第二大国家公园。此地已接近欧洲顶端，距我多次到访的欧洲大陆北端——北角（Nordkapp）只有 450 公里。

我们到达酒店。大堂里聚集着多位带着滑雪板的旅行者。沿着长长的走廊，我走进房间，里面是北欧风情的简洁装饰，适合度假者的需求。

芬兰马、雪地摩托车和哈士奇雪橇

休息一夜之后，上午前往一家度假村新开设的野性世界（Safari World），体验各种户外活动。

我在准备室换上厚厚的连体服装，穿上高筒雨靴，这种雨靴有一层毡绒内胆，比较暖和。

踏着厚厚的积雪，首先来到马场。雪地上布置着红色的烛油灯，让冰雪天地顿生暖意。在积着厚厚白雪的围栏后，一队芬兰马（Finnhorse）被牵来。

一位小姑娘牵来一匹栗色马。马不算高，有着动人的眼神。背部和大腿上有些许长长的鬃毛，显然可以抵御寒冷的气候。

我曾在南非、肯尼亚和坦桑尼亚等国家骑马游猎，芬兰马还是第一次接触。芬

兰马属于冷血马种，也是跑得最快的冷血马种，平均高度 1.55 米，可以骑行和负重，是一种在芬兰才能全面培育的马种。这种马适合在田野、林地作业和马车比赛及骑行，2007 年，被认定为芬兰的国马。

芬兰马的祖先目前尚不清楚，因为若干世纪以来，芬兰马是芬兰饲养的唯一品种，也就是说，此地养马的历史就是养芬兰马的历史。目前，现存最早的一份芬兰马的血统簿是 1907 年的，马种的数量在 20 世纪 50 年代时曾达到 40 万匹，但到了 1987 年只剩下 14000 多匹。这一马种能够生存下来，很大程度上归功于马车比赛和供旅客骑行的用途。

我骑上这匹栗色马，一边骑行一边与小姑娘闲聊。她说这匹马 12 岁，从小由她带大，所以，人马之间保持着深厚的感情。马踏飞雪，轻驰平缓，这种体验，让我对芬兰马有了初步的认识。

半个小时的骑行结束。在幽蓝的雪地上，那些芬兰马高昂着头，一副安静的样子，自有其独特的范儿。

我们来到附近的一个封闭场地，体验驯鹿雪橇（Reindeer Sledge Riding）。驯鹿是北极地区鹿的特有品种。驯鹿对在这个区域居住的原住民的生活起着至关重要的作用。驯鹿有两个品种，即冰原驯鹿（Tundra Reindeer）和林地驯鹿（Forest Reindeer）。其中冰原驯鹿在冻土带与森林之间迁徙，每年往返里程多达 5000 公里。驯鹿夏季的食物主要是水草、蘑菇和灌木绿叶等植物，到了冬天，新陈代谢变慢，驯鹿依靠高碳水化合物的地衣为生，这种地衣被称为驯鹿苔（Reindeer Moss），又称“鹿石蕊”。

雄性驯鹿的肩高约 1.2 米，体重约 250 公斤，雌性略小。驯鹿长着丁香花瓣形的蹄，所以可以轻易在雪地中站稳。它们也具有良好的游泳技巧，可以横渡河流迁徙。雄性驯鹿毛发的颜色会产生变化，从冬天的白色变为夏天的棕色。驯鹿厚厚的毛发是空心的，这样也增加了其保温性能。公母驯鹿都会长角，雄性的角略粗大，最大的长约 1.4 米。野外驯鹿的平均寿命约 15 岁，圈养的则可达 20 岁。

驯鹿对于这里的圣诞节也很重要。圣诞老人每年会乘坐飞驰的驯鹿雪橇去派发礼物。“红鼻子驯鹿鲁道夫”（Rudolph the Red-Nosed Reindeer），就是其中的一个传说。相传，驯鹿鲁道夫因为长着一个闪亮的红鼻子，而被其他驯鹿视为异类。某年的圣诞夜，浓雾弥漫，圣诞老人去四周分发礼物发生了困难，积下了很多礼物没能送达。

当他给鲁道夫的家发放礼物时，发现黑暗中红鼻子在闪亮，他觉得这鼻子可以作为一个临时替代的灯盏，照亮雪橇前行。于是，圣诞老人请求鲁道夫帮他走完黑暗中余下的行程。鲁道夫不辱使命，完成了任务，回家后遂成为英雄。

1939年，这个故事被谱成一首圣诞歌曲，广为传唱。从此，驯鹿也成为圣诞节的一个重要流行元素。

此刻，我坐在雪橇上，放开缰绳，拉着雪橇的驯鹿在光滑的冰面上撒欢奔跑，这种自由的刺激让人兴奋不已。

接下来我们进行其他户外活动。来到雪道上，看到一长溜雪地摩托车排得整整齐齐。

雪地摩托越野（Snowmobile Racing）讲究技术和技法。大家围着其中的一辆，听教练讲解雪地摩托车的基本结构和驾驶技巧。这是在雪地上行驶速度最快的交通工具，车子的前面是两个雪橇，后面的车轮有宽宽的履带。右手是

油门，左手是刹车。按油门时要轻缓，不然一手按下去，整个雪地摩托车便会蹿出去。驾驶时需要时刻看着速度表，在旷野行驶速度不得超过 80 公里，林间道路上要低于 60 公里。队员需要列队驾驶，保持车距，不可超车。

两个人一辆车，可以交替驾驶。轮到我这里，我一个人需要独自完成近两个小时的骑行。

教练给我选了一辆崭新的雪地摩托车。我问他这车的价格，他说："12000 Euro"，即相当于 9.3 万人民币，是芬兰一家公司生产的。我骑上去，将头盔的面罩拉下来。教练把摩托的总开关上的一根电线系在我左手腕上，该设计可以保证当雪地摩托车加速突然飞出去时，人不会被拖出太远，因为这根电线一旦被收紧，总开关会在瞬间关闭，以确保驾驶者的安全。

前面的车辆依次启动，我轻缓地按动油门把杆，车子极为灵巧地起步。开始的 10 分钟雪道比较宽敞，急转弯也比较少，我一路稳中带快地行驶。

渐渐地，道路越来越窄，连续弯道越来越多，雪道上的雪渣也在增多，摩托车有点颠簸，转弯时手臂需要用力；同时，复杂的路面出现了，如左侧是一个山坡，右侧是树枝繁多的路面，这样，在驾驶时不能距离山坡太近，要注意躲避树枝，还必须看清车灯下的雪道，有些多向路口需要开到跟前才能看清。零下 30℃的气温下，一片纯白世界。天光没那么亮，这里日出时间为上午 11 点 40 分，下午 1 点 30 分落日。

继续驾驶，前面的路况更加复杂，几乎是在树林中穿行，且有多条道路，必须时刻跟着前面车的红色尾灯，不然很容易跟丢。

在琼枝玉叶中穿行了大约 40 分钟，有几次遇到驯鹿在道路旁穿过。在此地带驾驶，驯鹿是格外需要提防的动物，万一突然窜出来很容易发生交通事故。

前面是一片开阔的路面，目测每一段直行雪道大约有 100 米长，我撒野加速，连续跑了七八个这样的距离后，前面车的尾灯不见了，感觉离前后的车队都很远，我继续加速，正嗨着呢，发现前面是两条宽阔的雪道，直觉前面的车队应是往右面拐了，但由于我速度太快无法急转，一下子冲进了路旁林间 1 米多厚的积雪中，此时，前面的几棵树离我的车大约两三米，车子偏离雪道已 10 多米。

我关掉了车。下了车，积雪即刻陷到我的大腿根，看看车后这条刚被铲出来的一条雪道，想起教练刚教过的办法，即可以把右侧手杆下方的倒挡拉出来，把车倒回主干道上，可我担心操作不好。往前开，雪层太厚，又怕陷车更深。

四周一片寂静。我静候援兵。大约过了五六分钟教练赶到了。他骑上我的车，准备采用倒车的办法，后来发现不好操作，于是站直身体向前开，从树林之间蹚出一条路，将车开回主干道。

谢过教练，我继续加速，开始最后的一段骑行。这段林间更加复杂，除了雪渣多、骑行颠簸之外，小半径的急弯更多，约有 100 个弯道，完全是在考验林中道路行驶的技巧，需要在恰当的油门和拐弯的力量中找到一个适当的平衡点。因为在弯道必须加大油门才能拐过去，而加大油门又容易偏离雪道撞到树上，十分危险。气温很低，呼出的热气在面罩上逐渐形成一层雾气，极其影响视野，需要不时进行擦拭，这给骑乘增加了难度。

前面是一片密林，骑行的终点到了。

沿着雪中小径，我来到一片空地，雪地上铺着一圈驯鹿皮。篝火燃起，火堆上吊着一个瓦罐，里面散发出浓浓的香气，我们在这里享受雪地午餐。

管家首先给我倒上一杯热饮，这是一种蔓越橘（Cranberry）饮料，酸甜可口。然后，用木碗盛上三文鱼炖土豆汤递给我。我坐在雪地的皮垫子上，慢慢享用。这种在自然环境中的用餐，让人顿生亲切感。

走出林中的天然餐厅，不远处散布着拉着雪橇的哈士奇，绳子绑在树上。这些哈士奇早已按捺不住兴奋之情，叫个不停。狗吠声此起彼伏，煞是好玩。我们即将体验哈士奇雪橇（Husky Safaris）。

每个雪橇由 6 只哈士奇牵引，分成 3 排，中间的间距比较长，加上雪橇的长度，整个哈士奇雪橇长五六米。我看过关于哈士奇雪橇的介绍，这 6 只哈士奇是根据各自的性格来安排位置的：一般前排的两只需要热情冲动型，打头阵；中间的两只为安静跟随型；后面的两只则为稳重断后型，可以压住整个阵势。

教练给我们讲解雪橇的基本原理。每个雪橇的乘员一般为两人，一个人坐在车斗里，另一位为驾驶员。也可以独自驾驶。驾驶员需双手扶住车斗的把杆，平时两只脚站在雪橇的两根滑竿上，中间是一块长30厘米、宽20厘米的铁板，是雪橇的刹车，平时这块铁板是抬起的，踩住时即可以卡在地面，让雪橇停下来。一般情况下，可将一只脚踩在上面，如需急停，则可以将两只脚放在上面，利用全身的重量来刹住它。

教练驾驶着雪地摩托车在前面开路。我的这辆雪橇紧随其后，欢快地跑起来。

林中的雪道很多，跑着跑着，我的这些哈士奇跑到另外一条岔道上了，教练返回来，将它们牵到正确的道路上。因为在雪橇上是无法控制方向的，也没有相关的缰绳。

雪橇在蜿蜒的雪道上奔跑。我发现这些狗狗颇为灵巧，在小半径的弯道上也可以快速地转弯。

我踩在两根滑竿上，体会着与这些哈士奇互动的乐趣。前面是泥泞的雪道，这些狗狗拉不动了，我的左脚站在滑竿上，右脚不断地用力撑地，如此度过了这段复杂的雪道。

前面是一个陡坡。从山坡的右侧伸出茂密的树枝。这些狗狗看见下坡特别兴奋，贴着右侧奔跑。我将右脚放在刹车铁板上，身体压低，这样可以避开树枝。哈士奇撒着欢地向下狂奔，我踩着刹车始终不放，速度却依然惊人，只觉得白色的树枝快速地向后掠去。

当雪橇驶到陡坡下面时，回望一下，这个雪坡足有40多度角，而且特别长。在这样的路段如失控，将是很危险的，需要时刻提防哈士奇钻进树林里，这时候的第一保护措施是用双手护住脸部。

圣诞营地的庆典，北极光来临

下午4时许，天已黑尽，华灯初上。

我们来到度假村参观。这个度假村有40间原木套房（Log House），我们踏雪去暂时空置的一间参观。走进宽大的庭院，推门而入，外间是一个会客厅，原木制成的桌椅，独具芬兰风情。还有一张高低床。里间更加宽敞，带有壁炉、浴室和桑拿房，还配有传统芬兰摇椅。

导游介绍，这里还有几间草皮套房（Turf Chamber），即采用传统的建筑方法用桦木搭建，在桦木之上覆盖一层厚达半米的草皮，这样，即使在最严酷的冬日也能保持室内温暖。这种房间同样配有壁炉、桑拿房和豪华风格的浴室，比较适合蜜月度假。

穿过一片雪地，我们来到冰屋（Snow Igloo）。这是一种连排冰屋，每间可以容纳1—5人，适合年轻人居住，室内平均温度零下3℃至零下6℃，并为客人提供能抵御零下30℃严寒的羽绒睡袋。

晚上，来到一座白雪覆盖、彩灯闪亮的木制建筑——庆典大厅（Celebration House），参加新的玻璃屋顶营地和野性世界的开业典礼。进入庆典大厅，但见高朋满座，乐声飘荡，大家手举香槟，一派欢乐融融的场面。

大厅是原木结构，金色为主色调，具有典型的拉普兰建筑风格，二层是回廊，也是多功能大厅，里面有圣诞老人的屋子和金色精灵小屋（The Gold Elvse Hut），传说中，还有精灵在嘉宾的中间飞来飞去。夏天时，人们可以在附近的小溪试着淘金。人们的婚礼通常都会选择在这里举行，尽享白色浪漫。

庆典仪式简朴而热烈。一位萨米族女歌唱家用天籁般的嗓音，吟唱北极地区简单生活的美好。她佩戴着“Risku”萨米珠宝，那是太阳的象征，还有一种叫“laukkanen”的银色或金色的椭圆形装饰品佩戴在传统礼服上，以保持围巾的妥帖。在萨米传统婚礼中，“Risku”萨米珠宝起着重要作用。

萨米人独有的“Joik”吟唱，被称为欧洲最古老的音乐形式之一，我在北欧一些国家欣赏过多次萨米歌手的演出，都是用萨米语演唱，无法听懂其含义，后来我听人解释，其实歌唱的都是简单的景物，如白雪、树林或灯塔。她们用简单又丰富多变的声音，表达对这个纯净世界由衷的热爱和赞美。

已过晚上10点，庆典还在进行。我走到室外，一阵寒气迎面扑来。我抬头看见晴朗的夜空中，一缕淡绿色的光在飘动——北极光！

我即刻兴奋起来。来过北欧许多次了，我知道区别云层与北极光最简单的方法就是，因北极光是一种电磁波，可以透过极光看到后面的星星，而云层之后则无法看到星星。

此刻，在拉普兰，我看到美妙的北极光在琼枝上方飘动。在芬兰语中，北极光也被称为“狐狸之火”（Revontulet）。按照萨米文化的说法，极光，是神灵狐狸在雪原上奔跑时尾巴激起的色彩绚丽的雪花。萨米人相信，北极光是死者的灵魂，所以他们也很害怕这种光，当极光出现时，人们大多会待在屋子里。

北极光大约只出现 10 分钟就慢慢消隐了。我静静地观看并拍摄着。依据传说，在北极光出现的时候，不能吹口哨，不然它们会过来抓人们的头发。

我始终觉得北极光就像一个灵动的生命体，每分每秒都在不断地流动、变幻、扩张、弥散或缩小……所有看过北极光的人，会更真切地体会到一种说法：“追猎北极光”（Hunting the Northern Lights），的确，它们很像难得一遇的神奇猎物。

在拉普兰地区还活跃着几位极光导游，他们会根据天文台发出的信息，在极光出现几率较大的晴朗夜晚来酒店接送客人。这些导游也被称为“极光猎人”。

每年春夏时节，是伊纳里湖湖面冰散的时节。

当地人告诉旅人，春风吹动浮冰，再撞击到湖岸岩石的声音，美妙若诗——犹如教堂管风琴的乐音。

From Lake Inari to Kemi

Ice-fishing and Icebreaker

伊纳里湖冰钓与凯米破冰船

伊纳里湖是芬兰第三大湖，被誉为“萨米家园的心脏”。在湖区了解萨米人——北极原住民的生活美学和生存智慧，无不给人以启迪。

在凯米，我搭乘“桑普号”（*Sampo*）破冰船畅游冰海。拉开厚重的舱门，古雅的色调和餐桌上全铜的老式台灯，让人回到离今天很远的年代。

芬兰第三大湖上的冰钓

第三天上午，我们驱车近一个小时，到达伊纳里湖（芬兰语 Inarijärvi，英语 Lake Inari）。跟昨天一样，我们首先在一个摩托补给站换上骑雪地摩托的制服，然后驱车前往结冰的湖面。

面前是一个辽阔的冰湖，摩托车激起雪花，一路呼啸向前。

伊纳里湖是芬兰第三大湖，湖面最长处为 80 公里，最宽处 50 公里，面积 1040 平方公里，平均水深 15 米，最深处达 96 米，湖岸线长达 3300 公里。湖中共有 3318 座小岛，其中豪图马萨里岛（Hautuumaasaari）被萨米人视为“圣地”，该岛也被称为“墓地之岛”（Graveyard Island）。从 18 世纪起，一些萨米人逝世后被葬于此地，1904 年最后一名死者被掩埋。这里的荒野使得人们必须将遗体深埋，因为一些野兽会刨出尸骨。

历史上，湖区第一批居民于 18 世纪中叶来自基蒂莱小镇。新来的定居者向这里的萨米人学习狩猎和捕鱼技术，而萨米人则获得了饲养家畜和耕种的技能，如此互补，形成了湖区特有的文化，即使在今天看来，这种文化也都是与保护自然生态紧密相连的。

我们骑行了 10 多分钟后停下，围观冰下拉绳钓鱼示范。一位向导拉开一个冰雪覆盖的木盖，露出一个 80 厘米见方的冰洞。另外一位向导骑着雪地摩托车到 100 米开外，将带着吊钩的绳索放下去，然后开亮头灯，用一个曲尺一样的特殊工具，挑起湖面下的一根绳索，慢慢地拉动，大约两分钟，一条白鱼（Common White Fish）挂在了绳子上。向导捏住鱼，立即放血，然后用冰洞里的水将鱼清理干净，说是这样可以保持白鱼的鲜美味道。

天地粉妆玉砌，皓然一色。

我们继续在湖面上驰骋。由于湖面和小岛都被冰雪覆盖，只有当雪道旁有缓坡和树林时，才能判断已到达小岛。我们在湖面和小岛上随意穿行，悠游自在。

我们选择了一块开阔的湖面开始冰钓（Ice-fishing）。教练拿着一根约 1.5 米长的钻洞杆钻洞。钻透之后，再将钻洞杆用力地上下提落几次，这样便把洞里的碎冰提上来，否则钓钩沉不下去。

我提起钻洞杆，用力钻洞，开始很顺利，最后几下由于阻力很大，需要用大力气才能钻透。钻了洞，才知道湖面的冰层到底有多厚，冰层把整个钻洞杆的螺旋钻纹部分都吃下了，可以估算出厚度在 1 米左右。也正因为如此，人们在冰湖上肆意驰骋是安全的。湖面冰封期通常从 11 月到 6 月初，冰钓的季节其实很漫长。

我给朋友钻好了一个洞之后，自己又钻了一个。洞的直径约 25 厘米。我沉下鱼钩，站在冰洞旁慢慢地守候。四周一片宁静。大约过了 10 分钟，感觉有鱼在咬饵，我慢慢地转起鱼线，发现鱼还是跑了。

据介绍，湖中生长的鱼类主要有鳟鱼（Trout）、内陆三文鱼（Land-locked Salmon）、鲈鱼（Perch）、梭鱼（Pike）、红点鲑（Arctic Char）和褐色蝶鱼（Grayling）。目前湖区大约有 20 位职业渔师，还有超过 1000 名当地居民和更多来自世界各地的冰钓爱好者来这里一试身手。

我们走过湖面，沿着缓坡来到一座小教堂。这座教堂叫作“Pielpajärvi Wilderness Church”，木质结构，里面陈设简朴，有古旧的长椅，椅子之间的距离非常小，腿稍长的人只能侧身而坐。窗台上摆放着圣物，弥漫着古雅气息。

过去的几个世纪，这里是湖区萨米人重要的宗教场所。据文献记载，此地的第一座教堂建成于 1646 年。目前这座教堂于 1760 年完工，20 世纪 70 年代进行了整修，任何时间都是开放的。

伊纳里湖也曾出现在文学作品中。英国作家菲利普 · 帕尔曼（Philip Pullman）在他的《黑暗元素三部曲》（*His Dark Materials*）中，将女巫塞拉菲纳· 佩卡拉（Serafina Pekkala）的家就安放在这个湖畔。这三部曲包括 1995 年出版的《北极光》（*Northern Lights*），在北美出版时改名为《黄金罗盘》（*The Golden Compass*）、1997 年出版的《神秘匕首》（*The Subtle Knife*）和 2000 年出版的《琥珀望远镜》（*The Amber Spyglass*）。系列作品通过两个孩子的视角，展现了另一个平行宇宙世界的奇险。

雪中的萨米文化中心

中午，在一家芬兰传统风味的餐厅享用三文鱼炖土豆汤，还有香煎白鱼中段，细嫩可口。

典型的芬兰美食，被认为是乡村佳肴与高级美食（Haute Cuisine）的混合，属于欧洲大陆菜系。芬兰西部的美食中，鱼和鹿肉有重要占比，而在东部的美食中，会加入更多的蔬菜和蘑菇。芬兰食物，经常以黑麦、大麦、燕麦等全麦为主，还有蓝莓（Blueberry）、越橘（Lingonberry）、黄莓（Cloudberry）和沙棘果（Sea Buckthorn）等天然水果。传统的饮料有芜菁（Turnip），18 世纪后逐渐被番茄汁替代。

当地朋友告诉我，区分芬兰各地美食最简便的方法之一，就是从当地面包的风格加以辨别：芬兰北部是未发酵的扁平面包（Rieska），一般可以配上糖香料渍鲑鱼片（Gravlax）；西部以甜味面包（Pulla）居多；西南部是甜酸风味黑面包（Ruisreikäleipä）；东部是酸味黑麦面包（Limppu）和馅饼（Perunarieska），在吃这种黑麦面包时，可以喝鱼汤（Kalakeitto，一般是鲑鱼或虹鳟鱼，加上胡萝卜、土豆和洋葱等蔬菜慢炖而成），食用土豆馅饼时，经常佐以黄油或熏鲑鱼；而在南部沿海地区，则是一种可以贮藏很久的甜味黑面包（Korppu），也被称为“岛民面包”。从 2018 年开始，芬兰在每年 2 月的第二个星期二设立“鱼汤日”（Kalakeittopäivä），旨在提高人们对于鱼类的消费量。

下午，驱车前往湖畔的伊纳里村，我们来到悉达博物馆。悉达（Siida）是一种历史久远的萨米人聚居社区，在芬兰语中，也被称为“Paliskunta”，在整个北拉普兰地区，大约有 13 处悉达。

进入博物馆，看到陈列的物品独特精致，这里也被认为是北拉普兰自然展示中心。文物显示，这里在 9000 年前就有人类居住。萨米人（Sámi）是这里的原住民，拥有自己的语言、音乐和服装。萨米语言相当丰富，向导解释说，在这个区域就有 Northern Sami，Inari Sami 和 Skolt Sami 等多种语言，其中 Skolt Sami 只有约 400 人在讲。

目前，全芬兰约有萨米人 10500 人。

萨米人还拥有自己的旗帜，图案源自萨满鼓以及“太阳之子”这首诗，诗中将萨米人描述为太阳的儿子和女儿。旗帜上，在红色、绿色、黄色和蓝色组成的色块上，蓝色半圆代表月亮，红色半圆代表太阳。

至于哪些人是萨米人，最简单的一个解释是，萨米人是北极萨米文化区（Sápmi）的原住民，目前他们主要分布在挪威、瑞典、芬兰和俄罗斯科拉半岛（Kola Peninsula）等地。全球萨米人的总数估计不超过 8 万人。

在拉普兰最早的萨米人定居点，可以追溯到距今 9000 多年前的冰河时期。关于萨米人的起源是模糊的，有学者将他们纳入古西伯利亚（Paleo-Siberian）民族，还有的则坚持认为，萨米人来自中欧山区。

尽管今天萨米人中，真正以渔猎和放牧为生的人已占少数，但他们与自然和谐

共存的传统智慧却传承至今。

展厅的中央，地板上卧着一只幼小的驯鹿，在它的左耳，放着一把小刀。导游说，驯鹿是萨米人最重要的财产，主人会在驯鹿的耳朵上刻上记号，放牧时，主人可以敏锐地从一群驯鹿中区分哪些是自家的。

驯鹿放牧一直是萨米人的经济基础，也是萨米文化的核心。大部分萨米人至今仍以传统放牧为生，他们的传统时令也是随着驯鹿的节奏进行的，季节比其他地区要丰富，一年有 8 个季节。每年的三四月间，驯鹿从过冬的森林迁徙到接羔地，“早春季”便开始了；四五月间，驯鹿产羔，新生命的诞生则是“正春季”的标志；到了 6 月的“春夏季”，驯鹿可以自由觅食，牧民也得以休憩一段时日；7 月，北极地区出现极昼，进入“正夏季”，牧人要在幼鹿的耳朵刻上“耳标”；8 月的“夏秋季”已经开始为过冬做准备了；而九十月间的“正秋季”则是驯鹿的交配季节；到了十一二月的“秋冬季”要将驯鹿收拢，赶到尚能找到食物的低洼地带；此后，随着极夜的降临，“正冬季”的驯鹿将在森林里度过。

在旁边的一个架子上，展示着加工驯鹿皮的过程。萨米人用驯鹿皮制作大衣、帽子和靴子，他们就是在这样极其恶劣的自然环境下不断发展和壮大的。我在北拉普兰曾经参观过一个萨米人的帐篷，在室外冰雪覆盖的时节，帐篷内炉火熊熊。

记得一次在拉普兰地区，我和一位同行参观一位艺术家的工作室，同行问艺术家：“请问你家有多少头驯鹿？”没等芬兰语翻译开口，我连忙对同行使了个眼色，转向艺术家提了另一个问题。我事先已了解到，在拉普兰地区，驯鹿是一家人最重要的财产，问别人有多少驯鹿等于在打听人家的银行存款，显然有失礼貌。

我们来到 Sajos 萨米文化中心（Sami Cultural Centre Sajos），这是一座宏大的现代建筑，矗立在白雪大地上。这也是个多功能建筑，主人带我们进入圆形议会大厅参观，里面颇为宽敞，圆桌旁还有许多间同声传译室。接着，我们进入剧场和电视演播室，里面正准备拍摄一档萨米文化的少儿节目。居住在芬兰的萨米人每年都会举办“Skábmagovat”（意为“无尽之夜的思考”）电影节，庆祝极夜的结束。

这座建筑在设计上很有特色。外表和内饰采用了大量云杉，笔直高挺，表现出

萨米人的文化情趣，木材的表面没做更多的处理；里面如会议厅的装饰，采用松木板精心打磨，营造出类似手工艺品或乐器表面的奢华感，以此形成内外材质上的反差。整个建筑在热量绝缘上的设计，甚至超过了严格的芬兰建筑标准。

穿过弧形回廊我来到礼品室，里面陈列着用桦木瘤制成的 Kuksa 水杯、用驯鹿皮做的 Nutukkaat 雪地靴。橱窗中摆放着一只精美的萨米婴儿皮床（用来放刚出生的婴儿，可以背着，也可以平放），形状好似一艘小小的船，承载着这个欧洲北方原住民族的希望，生生不息。

目前，北欧的萨米人保有数十万只驯鹿，牧民可以自由穿越芬兰、挪威和瑞典的开放边境，不过，传统的驯鹿家园和生活方式一直受到农业、林业、采矿和水力

发电等行业发展的侵扰。

星光下的玻璃穹顶小屋

由于一房难求，到了第三天晚上，我们终于可以入住新落成的玻璃穹顶小屋（Glass Igloo）了。首先来到 Lounge，这里兼作接待厅，还有桑拿室和浴室，以及原木结构的餐厅。

在 Lounge 外，摆放着几个雪橇，这是供客人放行李用的。冰雪覆盖，从接待室到后面的玻璃屋有100多米距离，我把行李放在雪橇上，很轻松就到了我的10号小屋前，这间穹顶小屋还有周围若干间玻璃屋散发出温馨的光芒。

我打开房门，应该是出于保暖的考虑，门高约1.5米，我探身而入，端详玻璃屋的内部结构。这是一个圆形空间，直径大约4米。开门后左侧是平台，可以坐，也可以放衣物。右侧是卫生间，里面有盥洗盆和抽水马桶，为了节约空间，盥洗盆是超小型的。

小屋的中间是过道，左右各摆放着一张宽1.2米的床，床上覆盖条纹床罩，上面摆放着可爱的毛绒玩具。在两张床的边上各有一个台子，可以堆放杂物。台子上有一截窗帘，高度设计既可以保持隐私，又不会遮挡夜间眺望夜空的视线。

拉开床罩，我发现床下连着一个遥控盘，可以随意调节床的整体高度，还可以分别调整床头和床尾的高度。室内温度保持在21℃—22℃。躺在床上十分温暖，下面应该有电热毯。我端详着玻璃屋顶，它是可以升温的，如此低温，上面既没有什么积雪，也没有结上雾气，说明选材颇为考究。看得出来，每片玻璃的大小和形状也是精心设计的。

我在世界各地住过各种别致的营地，但像这样专门为观测北极光和天象的玻璃屋还是第一次遇见。设计者突破性的思维令人惊叹。

入夜，四周的灯光全部熄灭。我升起电动床的头背部，眺望夜空，眼前恰似360° 环幕电影。世界如此寂静。直到睡意来临。

凯米的冰雪宫殿

次日上午10许，我们驱车向南，前往凯米（Kemi）。

天边露出极为绚丽的朝霞，在白雪覆盖的公路和高大的云杉树之上，营造出磅礴气势。我们的司机经常往返这条线路，他说已很久没看到这样壮美的霞光了。他补充说，在拉普兰的冬季，看日出不用起早，因为上午11点多钟太阳才会升起。

车子在一条冰封的河畔前停下来。我们在这里等候太阳从冰河上跳跃而出。不一会儿，太阳出来了，河旁的几幢白色房子在暖光的照射下宛如童话小屋。

我们继续向西，前往凯米。大约经过3个小时的行驶，来到罗瓦涅米（Rovaniemi）。在这里休憩和短暂活动后，继续前行，傍晚赶到了凯米。

凯米，是波的尼亚湾畔的一个城市，位于北纬65° 44′ 0″，东经24° 34′ 0″。城市建于1869年，坐拥一座深水码头。目前陆地面积95平方公里，人口约22000。凯米的经济支柱产业主要包括两个造纸厂和一个铬矿（Chromium Mine）。这也是欧洲唯一的一家铬矿。

次日早晨，我们来到凯米街头，参观冰雕制作现场。两三位制作者正用铲子和冰锯等专用工具对作品进行外观切割。冰雕的旁边放着模型，工匠依照模型进行冰雕创作。

然后，我们前往内港，到达正在建造中的冰雪宫殿（Snow Castle）工地。用冰雪建造一个宫殿，是当时的市长朱哈尼·莱诺（Juhani Leino）的奇思妙想，甚至可以说是疯狂的想法，但终于在1996年成为现实，那年，首座冰雪宫殿的1100米长的冰雪围墙被列入吉尼斯世界纪录。此后，凯米因每年冬季建造的冰雪宫殿而驰名。

冰雪宫殿也是全球最大的冰雪建筑。每年都有不同的设计主题，如2009年是“设计”（*The Design*），2010年是“民族浪漫主义”（*National Romanticism*），2011年是“喜剧的庆贺”（*Celebration of Comics*），2012年是“奥林匹克”（*The Olympics*），2013年的主题是“幻想”（*Fantasy*）等。

我的面前矗立着一个巨大的冰雪建筑，五六座相连，每座都像一个车间，高度十三四米，顶部为弧形。走到里面，施工人员正在进行内部装饰和调整。这里按计划会设立冰雪酒店、餐厅、教堂、儿童乐园和冰雪画廊，其中冰雪酒店将设有18间双人房，两间五人房，还有一个蜜月套房，因为每年都有数十对新人来到这里的冰雪教堂举办浪漫别致的婚礼。冰雪餐厅大约可供150人同时用餐。

陪同的朋友介绍了这座冰雪建筑的技术秘密：因为一般的雪很软，所以宫殿采用海水造雪。在零下7℃的温度下，通过专门的管道，于高压下可以制成建筑所需的雪，然后利用模具建造出建筑主体。这座冰雪建筑没有其他的辅助结构和材料，完全靠冰雪本身的力学结构支撑，而且可以造出多层楼，1998年建造出二层楼，1999年造出三层楼，在空间结构上也更加复杂和多元。

风静气凝，雪覆深冬。由于干冷，并不觉得冰寒入骨。在拉普兰地区，积雪没到膝盖或大腿是很正常的。全副武装之外，鞋最好是高帮雪地靴，手套需是户外防水面料，再好的皮手套一碰到雪也会湿透。

漂浮在冰海之上

翌日，上午 11 点，我们驱车来到阿霍斯港（Port of Ajos）。港区在凯米市中心以南大约 10 公里处。一艘黑色船壳、黄色船体的破冰船已停泊在码头，这就是我们要搭乘的“桑普号”（*Sampo*）破冰船。

我沿着舷梯登上破冰船。甲板上是厚厚的一层冰雪，溜滑。走进船舱，分别是衣帽间、纪念品商店和名为“北极”的古雅餐厅。

中午 12 点，“桑普号”启航，慢慢航行在波的尼亚湾冰海中。右舷的冰面上，3 辆雪地摩托车齐头并进。这是“桑普号”可选的旅游项目，即先自行在冰面上骑行一段时间，然后再登船游玩。

船方的一位代表带领我们参观。登上第二层甲板，是一间酒吧，有客人在舒适地喝饮料看书，一派悠闲气氛。然后我们来到第三层的船长沙龙，这里的环境比酒吧更加舒适，墙上挂着当年一些国家赠送的礼物，如，挂钟是苏联赠送的。强烈的阳光透过舷窗，在这些礼物上有规律地晃过，彰显一种久远的年代感。

这位代表介绍说，“桑普号”长 75.68 米，排水量为 3542 吨，从吃水线到舰桥的高度为 14 米，吃水深度 7 米。目前可容纳 150 位乘客。这艘船原来属于芬兰政府，1961 年到 1987 年间执行破冰任务，曾在芬兰的航运史上扮演着重要的角色。

芬兰是一个冬季所有港口都冰冻的国家，冬天温度为零下 30℃—40℃，芬兰的进出口业务繁多，很大程度上依赖于海上运输，这样，保持冬季港口的畅通也就势在必行了。

1960 年，“桑普号”开始在赫尔辛基建造。这个船名沿用一艘 1898 年建造的老“桑普号”的名字。那艘旧船曾为芬兰政府服役半个世纪。新的“桑普号”投放使

RESTAURANT
Reservations
016-258 878

用后，成为芬兰破冰船舰队的重要一员。这艘船还曾承担过几次接待任务，如，为1963年的国际刑警大会和1969年的塞内加尔总统访问提供过接待场地。

1987年10月，凯米市出资100万芬兰马克购买下这艘船（等于是按废品的收购价格买来的），作为旅游开发之用，没想到当年这艘破冰船就成为芬兰旅游的明星产品。

当时，市长朱哈尼·莱诺提出要购买此船的建议，曾遭到几位人士的反对，但他力排众议，最终完成了购买手续。从1988年起，这艘“桑普号”成为凯米市的旅游热点，每年的巡航季节从圣诞节前开始，可以航行4个月。这些年，每年的游客有7500—12000人。

我们深入轮机室，机器发出巨大的轰鸣，可以感受到船的强劲动力。之后到驾驶室参观。船方代表拿出两块金属物体，让我们进行对比，其中一块儿小的是一般的钢铁，比较轻；另一块儿大的是建造这艘船的特殊材料，明显沉重许多。

我们走到驾驶室外的瞭望台，这时船停了下来，骑雪地摩托的3位下了车，走近桑普号。这时从船的前甲板伸出一个延伸台，前端是一个四周有栏杆的平台，慢慢接近冰面，待这三人登上平台后又升起，如此巧妙地把冰面上的人员接到了船上。

破冰船继续在冰海航行，速度明显加快。四周是大片浮冰，在阳光下焕发着迷人的光泽。

我们回到北极餐厅享用午餐。头盘是奶油三文鱼汤，主菜是红酒酱烤牛排，配菜是蓝纹奶酪土豆，甜点是巧克力冻糕。

用完午餐，破冰船已在一个冰洞前停泊。乘客纷纷走出舱，开始本次航程中最为期待的一个项目——冰海漂浮。我来到底层甲板的漂浮更衣室，由于每次只允许15个人同时漂浮，我便等待前面的人归来。

片刻，管理员让我换上红色漂浮服。我脱掉了外衣和鞋子，只穿着贴身的薄毛衣，先把双脚踩进漂浮服，这种服装是用厚实的氯丁橡胶（Neoprene）制成的，上面还挂着冰雪。然后把双手伸进去，戴上连体帽子。管理员帮我把拉链拉上，一直拉到脸部，整个脸被绷得很紧，以防止进水。

连体服的两只手套是橘黄色的，十分显眼。穿上这身特制的服装，我张着两臂走下舷梯，来到冰洞前慢慢坐下，看护员将我轻轻一推，我就面朝蓝天，漂浮在冰海上了！

此刻夕阳西下，透过海水和冰层，我第一次看到西沉的夕阳悬在一个如此高的位置。我划动双臂，身体在冰海中前进，寒气慢慢地通过服装侵袭过来，但不过分寒冷，我便在这片冰海中体会着未曾经历过的奇妙漂浮。我看到有人在冰层上漫步，夕阳中，冷冽又温暖。

翌日，抵达罗瓦涅米，它是拉普兰省的省会，面积8017平方公里，人口63000多人。这里除了圣诞老人村外，还有一个圣诞公园（Santa's Park），是由防空洞改建的，在里面可以用棉花、木块儿和红色绒纸制作圣诞老人的小型头像，也可用鹅毛笔书写一封家信，还可以乘坐魔法火车，感受有关圣诞文化的各种场景。有幸的话，则可以与圣诞老人合影留念。

站在罗瓦涅米机场候机楼外，我看见对面的小丘上有一排驯鹿雕塑。其上挂着冰雪，昂首飞奔的造型充满力量，同时有一种简洁之美，这也正是此次北极之旅给我的深刻感受——纯净的雪原上，那些安详的生灵，在我们触碰之时，便会感受到那种生命的火热。

这是冰与火的完美交融。

旅行正在不断地开拓生活的边际，敷热我开阔的额地。

Helsinki

Discovering Finnish Design

赫尔辛基设计之旅

在赫尔辛基入住设计型酒店，参观芬兰设计博物馆，品味半个世纪的设计精品；更可以在赫尔辛基这座“世界设计之都”，体验“赫尔辛基设计街区”（Design District Helsinki）的独特魅力。

在设计之内和设计之外，这些建筑、家居、手工艺品乃至整个设计商店的布局，都体现出巧妙的构思与精美的造型，更重要的是，表达出当地人与自然、历史的和谐共生关系。

设计型酒店的另一种尝试

午夜时分，步入赫尔辛基伊尔扬卡图大街（Yrjönkatu），站在 Hotel St. George 大门前，玻璃门自动感应开启。走进门厅，登上玻璃电梯我来到大堂。玻璃柜内摆放着芬兰设计师和陶艺家伯格·凯皮艾宁（Birger Kaipiainen，1915—1988）于 1960 年创作的《杓鹬》雕像。杓鹬是一种大型鸟类，高 60 多厘米，有弯曲的镰刀状喙，身体上有斑驳的棕色羽毛。雕塑传递出这座城市的海洋气息。

乘坐电梯来到三楼，我在入口处刷卡，楼层的门便自动打开。来到我的 305 房间，这是一间 Atelier 客房，面积 30 多平方米，有一张 DUX 品牌大床，Vitra 白色装饰柜里摆放着书籍和工艺品，椭圆形的书桌上有果盘、巧克力和几册设计类书籍，

配有德国设计的扶手椅。

浴室里有浴缸和淋浴间，坐厕是智能型的，有多种水温调节和洗漱方式。房间的 Poulson 灯具亮度可以无级调节，当关闭房间的吊灯时，落地灯会自动点亮；在晚间起夜时，卫生间的灯会自动感应开启，整体灯光的设计犹如一首光线变奏曲。

次日清晨，伴随晨光醒来。我拉开窗帘，看见街对面的老教堂公园（Old Church Park）绿树葱茏。我来到一楼的 Andrea 餐厅，一位厨师将烤炉设定在 450℃，为我加工煎蛋卷（Omelette），只见他在一只陶盆里倒入鸡蛋液，然后放入我选定的几种蔬菜和肉丁，用长柄铲子将这只陶盆放入炉中，然后拧开开关，5 分钟后又加了时间烘烤一会儿，飘香的煎蛋卷就出炉了。许多酒店都会现场加工煎蛋卷，但用这种烤披萨的烤炉加工煎蛋饼还是不多见的，那味道醇香扑鼻。

早餐之后，我在酒店的各处参观。走到一楼的 St. George Bakery & Bar，这间面

包店分割出 4 个房间，其中临街的两间陈列着 10 多册设计类书刊，里面有一两位早行人在看杂志，十分安静。里面的一间房里已坐有客人，他们在轻声交谈。这家圣乔治面包店和酒吧也是当地人聚会的一个时髦场所，店内新鲜出炉的鲁内伯格水果蛋糕（Runeberg Torte）和芬兰式面饼（Finnish Style Filled Flatbread，芬兰语为 Ohrarieska）等糕点，让人垂涎欲滴。还有一种芬兰传统的忏悔节面包（Shrove Bun），是于忏悔星期二前后食用的一种特殊点心，面包中央夹着一圈高脂奶油，里

面注入覆盆子和蓝莓果酱，酸甜宜人。

回到酒店一楼，从接待处往里面走就到了冬季花园（Winter Garden），花园的设计灵感来源于芬兰18世纪建筑的室内花园，玻璃屋顶下悬挂着一个金属大鹏雕塑，这里开设有多间舒适的会谈室。外墙上覆有类似织锦的墙纸，上面绘着翡翠木和无花果树图案，写意飞花乱，凝香散。这里已成为创意人士的聚集地。

从一楼沿着楼梯逐层而上，我端详着这座富有历史感的建筑，楼梯背面的彩绘和铁艺栏杆依然保留着19世纪末的设计风貌。这座建筑最初由芬兰知名建筑师翁尼·阿尔西德斯·塔里扬内（Onni Alcides Tarjanne，1864—1946）设计，竣工于1890年。这座新文艺复兴风格的建筑曾经是芬兰文学协会的所在地。2018年5月，凝聚着芬兰建筑师和设计师智慧的拥有153个房间的酒店开业，旋即成为一个风尚地标。

来到7楼，透过圆形窗户，我眺望着晨光下的赫尔辛基，赫尔辛基大教堂的蓝色穹顶在不远处映现，这一设计型酒店，应该是俯瞰赫尔辛基这座海岸都市的佳处。

漫步芬兰设计博物馆

忆起几年前来此地，从酒店出来，我沿着安静的街道漫步，两侧遍布设计型商店，那些充满创意的橱窗，体现着2012年“世界设计之都”（World Design Capital）的风貌。“世界设计之都”的称号是由国际工业设计联合会（ICSID）评选出来的，当年的主题是“开放的赫尔辛基——将设计融入生活”，这个主题反映出设计在人们生活中扮演的新角色，即如何使设计满足人们的需求，探索设计在促进服务和系统发展方面的可能性。这里，不仅是芬兰设计大师阿尔瓦·阿尔托（Alvar Aalto，1898—1976）留下无数作品的地方，更是精微的设计融入人们生活细部的都城。

没走多远，来到科尔凯沃伦卡图大街（Korkeavuorenkatu）一座砖红色的新哥特式建筑前，这就是世界知名的芬兰设计博物馆（Designmuseo），博物馆拥有7.5万件设计成品，包括4.5万幅设计图纸和12.5万张照片，是设计爱好者心目中的殿堂。博物馆建于1873年，原为一所工艺院校。这里经常举办芬兰和国际各类工业、时装和平面设计等展览。

上到二楼，看见数件居家服装和形态各异的卡通人像用铁架子固定，悬挂在走廊上方，营造出一种春天里衣袂飘飘的欢快动感。

记得这里曾举办过一个名为《家》的设计展览。在前言的展板上，引用法国哲学家加斯东·巴什拉（Gaston Bachelard，1884—1962）的一句话——“If we look it at intimately, the humblest dwelling has beauty.”（如我们把家视作是亲密无间的，那么最简单的居所也是华丽的。）他认为，家是一个空间，也是思想的独立王国，并指出，展览中最核心的部分是起居室，可以让人们安静地坐下来，并思考家对于我们意味着什么。

在展厅，正举办家中物品图片展：《蒂莫·赖特的自画像》，是由艺术家蒂莫·赖特（Timo Wright）拍摄的。他承担了一个任务，将他家中所有的物品拍摄下来——包括每把勺子、每双袜子、每支钢笔和铅笔、每件聚乙烯制造的物品，一共 3300 张

图片。通过这个展览，蒂莫试图了解人们收集和贮藏物品的习惯，并分析自己是否真的需要这么多物品。

这个展览表现出人们消费习惯的一种自然状态。这种实验行为，被认为是“一种富有启迪性的相遇”，即一个人如何通过消费来构建自己，每一件物品都会述说自己。据统计，每个芬兰家庭的物品平均为 1 万件。

漫步在展厅，生产于20世纪50—60年代的物品，如金属水壶、台灯和收音机，看上去依然精致典雅，散发着年代的积淀感。展览最后的展板上，写出了对于参观者的提问：“什么是你家中最重要的物品？哪些物品会陪你走到人生的终点，或者在一路的搬家途中，哪些一直都没舍得丢弃？”主办者请参观者坐下来，将这些物品写在卡片上，然后会整理答案，在媒体上公布。

这真是一个极好的问题。值得我们深思，思考自己的家和家中的那些物品和收藏。

赫尔辛基在地理位置上，能便捷地到达斯德哥尔摩和圣彼得堡，是东西方之间的桥梁。赫尔辛基密布着精品店、餐厅和酒吧，不容错过的还有赫尔辛基火车站，它是20世纪初浪漫主义风格的建筑；还有芬兰国家剧院，它是建筑师翁尼·阿尔西德斯·塔里扬内的新艺术思潮的杰作。“新艺术”的粉丝们也偏爱在卡塔亚诺卡（Katajanokka）、克鲁努哈卡（Kruunuhaka）和艾伊拉（Eira）等布满新艺术建筑的街区漫步。

在这个街区，我发现有几家设计型商店。当地有关部门还专门编辑了《赫尔辛基设计街区》（*Design District Helsinki*）的小册子，上面共有 188 家设计型商户名录，包括室内设计、服装、珠宝、视觉博物馆、设计型酒店和餐厅等名录。我随便走进一家，商店里陈列着吊灯、托盘和杯子，皆具简约设计感，旁边还放着一张裁切后的驯鹿皮，标价 40 多欧元。在芬兰北部买一整张驯鹿皮价格约 100 欧元，现在这样一裁为六，可以作为椅垫使用，更精致，价格也随之上涨。

这里，设计元素随处可见，连衣架下部都折成了“Helsinki”，使得普通的衣架也有了设计元素。商店里摆放着几只台灯，台灯由一块薄板折成三折，像一个简易的书夹，开关按钮有 3 个，可以调节不同的亮度，让人爱不释手，只是价格也摆在那，约 500 欧元。这里还有专为笔记本电脑设计的真皮皮套，酒红色，摸上去颇为柔软。我选购了一个，70 多欧元，很高兴又添置了一件心仪的物品，或是关于芬兰设计的一份美妙纪念。

看着这些设计用品，想起芬兰朋友教的一句芬兰短语“Kauniin unia”，意思是“Beautiful dreams”，而这些贯穿整个芬兰的设计，恰恰给人们带来无数清丽的梦想。

思绪回到现在。我从赫尔辛基火车站搭乘机场快线列车，前往赫尔辛基—万塔机场。火车启动，驶过一个建筑新区，看到墙面上有一组涂鸦，表现的是四五个猿人和现代人的侧影，先从一个弯腰的猿人，变成一个直立的人，又慢慢弯下腰去……

这组涂鸦以简练的手法，表现了从古至今、从猿到人的历程，佝偻的身影似乎折射出当代社会的重压，几百万年的时间在这组涂鸦中瞬间流逝，这种生命的轮回令人感慨与沉思，我忆起自己跨越七大洲的漫漫征程，经历过的那些历险、磨难和波折，而最终完成了夙愿。

从某种意义上来说，一个人的漫旅也是一群人的漫旅，一个人的远征也是一群人的远征。因为，希冀同在，梦想同在。此时，一种轻热的暖意慢慢涌遍全身，正如聂鲁达在《二十首情诗和一首绝望的歌》的第四首中所感："Innumerable corazón del viento / latiendo sobre nuestro silencio enamorado."（无数风的心脏，跳动在我们爱的静默上空。）

在漫长的旅途中，我经常会凝望窗外，思考这样一个问题：传统的地理疆界正在慢慢消失，如何形成个人的旅行版图？

地理大发现时代早已逝去，但并不意味着旅行变得容易。在许多时候，旅行不仅仅意味着空间上的位移，更是试图进入历史、传说、民间生活与文化灵魂之门，那些真实的场景及其意义，可能一再被忽视，旅游潮所复制的，只是一条条相似的线路，所观所悟、所思所想都可能相去甚远。

那些100多年前的极地探险者之所以难以超越，是因为我们无法让昔日重来。那个地理大发现的岁月，永远定格在蒸汽机车散发着白烟、木质轮船需要数月才能抵达彼岸的年代，而我们，首先需要拨开时间之帘，才能看清那些渐行渐远的背影。

从后真相时代到后旅行时代，我们似乎注定处于历史进程的后半截，但我们并不需要因此妄自菲薄。在时间的纵轴上，我们依然是其中紧实的一环。沿着曾经的极地大探险线路，依然可以发现其中那些深邃的内容。

记忆中的雪原渐渐远离，纯净留存于心。

辽远极地上的异乡人，追寻着共有的晨曦。那也是作为世界记忆的壮美图像。从南极到北极，我最终完成了航船之旅，体悟着冷冽大地的严酷和诗意，思索着人类纯净的过去与苍茫的未来。

那些影像也是真正的心旅一瞬。许多璀璨的画面无法一一拍摄下来，而满眼都是温暖的灯光。那无数的异乡，已在记忆中叠合成无法离去的地球故乡。

雪白和苍翠之外，我正在书写着的，正是那暖色的未来。

Appendix

附录

The Chronicle of Antarctic Tourism: The World Belongs to the Brave

| 南极旅行志：勇敢者的世界 |

南极的商业旅行，即私人旅行者（Citizen-explorer）前往南极，始于20世纪50年代末至20世纪60年代中期。当时，距离南极最近的几个国家，以一两艘“特许船”载着几百名乘客探索南极，也有几艘勇猛的帆船冒险驶往南极；飞机则是从智利、澳大利亚和新西兰以“越界飞行”的方式飞临南极上空（不着陆），满足乘客俯瞰南极大陆的心愿。1988年，首批搭乘洲际航班在南极着陆的游客抵达南极点。

俯瞰白色大陆

1956年，智利航空开创了首个南极上空的观光航班。

1957年，从新西兰基督城出发的飞机，在麦克默多海峡由美国人修建的简易跑道上着陆。

1977年开始，新西兰和澳大利亚推出观光航班，飞越罗斯海西侧的山脉，乘客可以眺望壮美的白色山峦，总飞行时间11—14小时不等，其间并不登陆。大约有10000名游客通过这种方式感受了白色南极的壮阔和伟岸。新西兰航空的TE-901南极观光航班，当时票价359新西兰元（约相当于现在的1386新西兰元），标准行程是：早晨8点离开奥克兰，飞行8630公里，晚上7点抵达基督城，加油、更换机组，再飞行747公里，当晚9点返回奥克兰。

1979年11月28日，新西兰航空的一架DC-10飞机执飞第十四次TE-901南极航班，由于恶劣天气造成导航的误差，不幸坠毁在埃里伯斯火山（Mount Erebus），237名乘客和20名机组人员全部遇难，史称“埃里伯斯火山大灾难”，是南极旅游史上的一个悲剧。此后，新西兰航空取消了所有的南极航班，澳航也在1980年2月暂停南极航班。1994年，澳大利亚和智利恢复了有限的观光飞行，目前该观光飞行项目已停飞。

扬帆南大洋

1966—1967 年，英国探险家比尔・泰尔曼（Bill Tilman）成为第一个率队驾驶帆船到达南极的人，当时，这个船队的冒险被认为是一种恶作剧。

1972—1973 年，帆船和其他小型游艇开始定期往返南大洋。

1990—1991 年，南大洋上的帆船航行变得火爆，有大约 20 艘帆船支持私人探险活动，包括登山者和电影摄制队。

1998 年，斯基普・诺瓦克（Skip Novak）所在的帆船探险公司作为帆船运营商，第一个加入了"国际南极旅游经营者协会"（IAATO）。按规定，加入该协会的帆船公司，其船只载客不得超过 12 人。

蓝冰跑道的可能性

1985 年 4 月 30 日，石油大王迪克・巴斯（Dick Bass）登上南极文森山（Mt. Vinson），成为首个成功攀登全球"七大高峰"的人，完成了"冒险家的大满贯"。此后，两位加拿大登山者——帕特・莫罗（Pat Morrow）和马丁・威廉姆斯（Martyn Williams），在经验丰富的飞行员吉勒斯・科肖（Giles Kershaw）的协助下，也登上了文森山，当时他们取得了智利方面的大力支持，得以通过飞机将人员和探险物资运到南极大陆，人们由此意识到，物流是南极探险的必备条件，可以协助人们深入南极洲，包括抵达南极点。于是，南极国际网络公司（ANI，Antarctic Network International）应运而生，这是服务于南极的第一家民营公司，提供进入南极大陆的物流服务。

20 世纪 80 年代初，乘坐轮船仍是私人旅行者到达南极洲的唯一途径。南极大陆对外开放的下一个重要步骤，是建立蓝冰跑道（Blue-ice Runway，"蓝冰"是雪降落在冰川上，被压实、结晶形成的蓝色冰层），能承载洲际航班的重型飞机如大力神（Hercules）L-382G 和伊尔（Ilyushin）IL76 的降落。数个国家的探险队员纷纷在南极冰盖上寻找蓝冰跑道的位置，1987 年终于在爱国者山脉（Patriot Hills）附近找到一条，1988 年 1 月迎来了首批游客，后来他们抵达南极点。

1991 年，私人飞机第一次降落在道森—莱姆顿冰川（Dawson-Lambton Glacier），进入帝企鹅繁殖地。该冰川的大量裂隙冰川进入威德尔海的东南部，1915 年 1 月由沙克尔顿的探险队发现，以赞助人伊丽莎白・道森—莱姆顿（Elizabeth Dawson-Lambton）的名字来命名。

1993 年，首架大力神飞机降落在蓝冰跑道上。

2015 年 11 月 26 日，首架波音 757-200ER 客机成功降落在南极联合营地的蓝冰跑道上，创造了航空史上新的里程碑。这架飞机属于冰岛航空公司（Icelandair）的姊妹公司 Loftleiðir Icelandic，该公司与南极洲物流探险公司（ALE，Antarctic Logistics & Expeditions）等进行合作。ALE 称，此次客机成功降落，将为计划来南极旅行的游客提供更多的可能性。

邮轮的发展也并不逊色。1989 年苏联解体，其原有的几艘北极极地考察船（包括两艘破冰船和几艘具有相对破冰能力的客船）闲置，被一家邮轮公司买下，成为现成的南极邮轮。20 世纪 90 年代初，南极邮轮的数量增加了 1 倍。1996—1997 年，“科尼可夫船长号”（*Kapitan Khlebnikov*）破冰船载客进行了环南极大陆的邮轮首航。

火热的“南极季”

1991—2001 年，是南极旅游稳步增长的 10 年。此时，包括美国在内的许多国家，经济经历了一段时间的扩张，公共旅游方面的可支配收入增加，促进了一系列摄影出版物和电视纪录片的涌现，例如英国广播公司（BBC）1993 年拍摄的《冰雪的童话》（*Life in the Freezer*）等，进一步刺激了人们探访南极洲的愿望。此时，虽然总体游客数量仍然很少，但公众注意力已经被引向这片白色大陆。

2001 年，IAATO 成员，由原来的 7 家增加到 20 多家，几家非 IAATO 成员的邮轮也搭载超过 400 名乘客前往南极。2001 年，在华盛顿召开的第十二届年会上，对航行规则做出了重大修订，将邮轮分为载客量 200 人以下和载客量 200—500 人两种，每次登陆的总人数均须限制在 100 人以内，且在某些地点不能登陆；载客超过 500 名乘客的邮轮只能巡航，乘客不允许登陆。

南半球的夏季，即“南极季”，一般开始于每年 10 月底，止于次年 3 月中旬。2007 年，南极游成规模地发展起来，2007—2008 年的“南极季”，游客峰值达到 46000 多人次。

目前，全球约有 20 家邮轮公司和户外探险公司经营南极航线。南极旅游受到全球经济的严重影响，并与一个国家的国内生产总值（GDP）密切相关。早期，南极的游客大多来自北美洲和其他洲的英语国家，最近几年，越来越多的游客来自新兴市场，比如中国。2019 年底，中国已位居南极游客数量的第二位。

南极探险大事记

◎ 从 1786 年开始，南乔治亚岛成为南极地区的第一个半永久居民聚居点，人们主要的劳作是捕鲸。捕鲸活动持续到 1966 年，在此期间，该岛人口夏季超过 1000 人，冬季约为 200 人。

◎ 1913 年 10 月，挪威女婴索尔维格·贡比约尔格·雅各布森（Solveig Gunbjørg Jacobsen）出生在南乔治亚岛的古利德维肯（Grytviken），是第一个出生在南极地区的婴儿。

◎ 1840 年，美国海军从澳大利亚向南航行，发现了南极洲的巴勒尼群岛（Balleny Islands）。

◎ 1841 年，英国探险家詹姆斯·克拉克·罗斯爵士（Sir James Clark Ross）抵达南大洋，深入南极洲的一片海湾，即现在的罗斯海海域。罗斯海、罗斯大陆和罗斯冰架都是以他的名字命名。

◎ 1902—1903 年，英国探险家罗伯特·福尔肯·斯科特船长（Captain Robert Falcon Scott）的探险队探险南极，到达南纬 82° 17′。

◎ 1907 年底到 1909 年 1 月，英国探险家欧内斯特·沙克尔顿爵士（Sir Ernest Shackleton）进行第二次远征，抵达南纬 88° 23′。

◎ 1911 年 12 月 14 日，挪威人罗尔德·阿蒙森（Roald Amundsen）的探险队首次抵达南极点。

◎ 1912 年 1 月 17 日，斯科特五人探险队到达南极点。

◎ 1935 年，丹麦女子卡罗琳·麦克尔森（Caroline Mikkelsen）到达南极洲东部的裘妮群岛（Tryne Islands），成为第一个登陆南极洲的女性。1937 年，挪威女子英格里德·克里斯滕森（Ingrid Christensen）成为第一个踏上南极大陆的女性，2013 年，她 4 次进入南极的经历被写入小说《追逐光明》（*Chasing the Light*）。

◎ 1956 年，美国海军少将乔治·J·德费克（George J. Dufek）率领的小组成功驾驶飞机降落在南极点。

◎ 1969 年，新西兰生物学家帕姆·杨（Pam Young）、让·皮尔森（Jean Pearson）和美国化学家洛伊丝·M·琼斯（Lois M. Jones）等 6 位女性乘坐美国海军飞机抵达南极点，成为首批抵达南极点的女性。

◎ 1972 年，新西兰人戴维·亨利·刘易斯（David Henry Lewis）驾驶 10 米长的“冰鸟号”（*Ice Bird*）单桅帆船抵达南极，成为独自航行南极洲的第一人。

The Responsible Antarctic Travel

负责任的南极旅行

南极的所有旅行活动，都由“国际南极旅游经营者协会”（IAATO，The International Association of Antarctica Tour Operators）管理和监督。为了保护南极脆弱的生态环境，在美国国家科学基金会等机构的支持下，IAATO于1991年成立，旨在“提倡和推广对南极环境负责的私人旅行”。目前全球已有110多个公司和组织加入。该协会建立了严格的南极旅游行业标准，协调和管理国际南极旅游市场。

IAATO制订的南极旅游指南中，比较重要的5项原则是：

1. 保护南极的野生动植物（Protect Antarctic Wildlife）。2. 尊重被保护地带（Respect Protected Areas）。3. 尊重科学研究（Respect Scientific Research）。4. 保持南极的质朴（Keep Antarctica Pristine）。5. 保证个人安全（Be Safe）。

IAATO对于南极游客的具体要求：

1. 请不要向野生动物投食，或触摸野生动物。2. 请轻声慢步，给动物们充足的活动空间。3. 请注意观察动物对人类的反应，与野生动物保持5米（15英尺）的距离。在繁殖期或蜕皮期的动物更需要呵护，请和它们保持更远的距离。4. 与某些危险的动物，如毛海豹，保持至少15米距离，无论它们是在陆地还是在海中。5. 请不要破坏植物，比如：不要踩踏苔藓或地衣。6. 请针对多变的天气做好准备工作，确保着装适合极地地区的要求，能够适应湿滑和崎岖不平的岸上地形。7. 请听从探险队长的建议和指导，不要擅自离队。如果没有专人引导，请不要独自前往冰河和雪地。8. 极地很多地区禁止吸烟，请遵从此规定。9. 根据南极的特殊性，每次登陆前，请仔细检查并清理随身衣物和设备。在登陆前后请对靴子进行认真清洗和消毒。要留意靴子的底纹、背包的魔术贴扣件和衣服的口袋，可能会沾上土壤或种子。

The Number Index about the Antarctic

| 数字南极 |

南极是最后一个被人类发现的大陆，也是地球上最寒冷、最干燥、海拔最高、风速最大的大陆；南极洲则是世界上地理纬度最高、跨经度最多的大洲。

古代神话中一直有“Terra Australis”（拉丁语，意为“南方大陆”）的存在，这一传说并没有什么事实依据，只是古人认为既然地球上有北半球大陆，那么在南方也应该有一块与之相平衡的土地。5 世纪，“南方大陆”最早被马克罗比乌斯（Macrobius）标注在他绘制的地图上。1820 年，戈特利布·冯·别林斯高晋（Gottlieb von Bellingshausen，1778—1852）率领的俄罗斯探险队首次观测到芬利尔冰架（Fimbul Ice Shelf），从而发现了南极洲。

◎ 南极洲的总面积约 1400 万平方公里，约占世界陆地总面积的 9.4%，在七大洲中排名第五。

◎ 大陆海岸线长约 17968 公里。

◎ 17000 万年前，南极洲是冈瓦纳超级大陆（Gondwana）的一部分。大约在 2500 万年前，演化成目前的南极形态。在漫长的历史中，南极洲并非一直如此寒冷和干燥，它曾处于更靠北的位置，经历过温带气候，有森林覆盖，存在各种古老的生命形式。

◎ 南极洲富含石油、煤等 220 多种矿产资源，被称为“极地天堂”和“富饶陆地”。

◎ 南极洲是地球上最冷的大陆。1983 年 7 月，在沃斯托克科考站（Vostok Station）曾测得零下 89.2℃ 的最冷自然温度记录。

◎ 南洲大陆的平均海拔约 2300 米，大陆最高点是 4892 米的文森峰（Mount Vinson），最低点是南极洲西部的本特利冰下海沟（Bentley Subglacial Trench），低于海平面 2555 米。

◎ 麦克默多站（McMurdo Station）是南极洲最大的科考站，可容纳超过 1000 名科学家和访客。

◎ 南极上空的臭氧洞（Antarctic Ozone Hole），2006 年测定的面积为 275 万平方公里。

◎《南极条约》和南极科考站简况：从 1958 年 6 月起，阿根廷、澳大利亚、新西兰、挪威、南非、美国和英国等 12 国代表经过 60 多次会议，在 1959 年 12 月 1 日签署了《南极条约》（*The Antarctic Treaty*），1961 年 6 月 23 日起生效。1983 年中国正式加入《南极条约》。《南极条约》已形成一系列框架文件。截至目前，已有 54 个国家加入此条约。该条约禁止军事活动和矿产开采，禁止核爆炸和核废物处置，支持科学研究，保护南极大陆的生态区。

签署南极条约的许多国家在南极建立了一系列科考站，其中包括永久站和夏季站两种，截至目前，总数约为 77 个。此外，还建立了支持具体项目的约 30 个夏天营地。每年南极夏季共有 4000 多名工作人员，冬季约有 1000 名工作人员。

◎世界海洋覆盖了地球总表面的 70.8%，约为 3.611 亿平方公里。南大洋（Southern Ocean）通常被认为是南纬 60° 以南并环绕南极洲的大洋，它没有被任何陆地破坏或中断。南大洋的面积超过 2032 万平方公里，约占海洋总面积的 5.6%。南大洋的深度为 4000 米—5000 米，最深处是海平面以下 7235 米的南桑威奇海沟（The South Sandwich Trench）。南大洋的南极环极流是世界上最长的洋流，长 21000 公里。

南大洋毗邻南极洲的边缘海包括阿蒙森海（Amundsen Sea）、别林斯高晋海（Bellingshausen Sea）、罗斯海（Ross Sea）、斯科舍海（Scotia Sea）和威德尔海（Weddell Sea）。

Reading in the Frozen World: Anthologies and Films

| 在冰雪世界的阅读：文集和影片 |

文集

传记《坚韧号：沙克尔顿的传奇南极探险》
（*The Endurance*: *Shackleton's Legendary Antarctic Expedition*）
1998年

该书作者卡罗琳·亚历山大（Caroline Alexander）是《纽约客》《史密森尼》《户外》和《国家地理》等杂志的撰稿人，也是《坚韧号：沙克尔顿的传奇南极探险》展览的策展人，该展览 1999 年 3 月在美国自然历史博物馆开幕，并在全美巡展。卡罗琳·亚历山大整理了大量未被公开的史料，讲述了沙克尔顿虽败犹荣的极地探险之旅，随船摄影师弗兰克令人惊叹的摄影作品也在书中第一次公之于众。

中文版《700 天极地生还：沙克尔顿南极探险实录》于 2015 年初上市，在网上可以买到英文原版（Alfred A. Knopf Inc. 版）。

传记《南极的斯科特：在极端南方的勇气和悲剧生涯》
（*Scott of the Antarctic*: *A Life of Courage, and Tragedy in the Extreme South*）
2005年

大卫·克兰（David Crane）所著关于斯科特的权威传记作品。基于对原始文件多年严密细致的研究，可以看到大量斯科特的日记和关键参与者的记录。在网上可以买到英文原版（Harper Collins 版）。

影片

《世界尽头的奇遇》
(*Encounters at the End of the World*)
2007年

导演沃纳·赫尔佐格(Werner Herzog)在麦克默多科考站和埃旦伯斯火山摄制的纪录片。该片参加了多个电影节，曾获得奥斯卡最佳纪录片奖的提名，评论家认为它"Offers a poignant study of the human psyche amid haunting landscapes."(在令人难以忘怀的风景中，展现了对人类心灵的深刻研究。)

《日月无光》
(*Sans Soleil*)
1983年

法国纪录片导演克利斯·马克(Chris Marker)的作品。展现个人感知与全球历史之间的相互影响，以影像重构记忆。2014年曾被评为全球有史以来最佳纪录片第三名。

这部实验性散文电影仿似一个巨大的思想场，由来自日本、几内亚比绍、佛得角、冰岛和法国等地的影像组成。影片的最后一个场景，是赫马岛白色的房屋被深黑色的火山灰慢慢掩埋，背景是红色的熔岩飞溅到钢灰色的大海中。

《雷克雅未克101邮区》
（*101 Reykjavík*）
2000年

由冰岛导演巴尔塔萨·库玛克·桑普（Baltasar Kormákur Samper）执导。讲述一个“边缘人”赫利努尔（Hlynur）的人生故事。

赫利努尔生活在一个单亲家庭，30多岁还不愿意工作，只想领完救济金后，接着去领退休金。于是他整天躲在家里，像躲在一个由妈妈建造的小修道院里的僧侣，他每天浏览色情网站，夜晚去酒吧狂欢，并到女友家过夜。

他生活无聊。一次他走在路上，停车咪表的管理员正准备给那些超时的车子开罚单，他却不断地往边上的咪表里塞零钱，两人发生争执，管理员问他为什么要这样捣乱时，他说：“这是我的权利！”管理员一气之下将他带到交通管理局。

罗拉（Lola）是他妈妈的朋友，一位性感的女子，从西班牙来他家过圣诞节，并在一个舞蹈班上教授弗拉门科舞蹈，风情四溢。他妈妈外出几天，赫利努尔和罗拉二人在家里产生了情愫，结果罗拉怀孕。

他妈妈回来后，向赫利努尔承认自己是同性恋，罗拉是自己的伴侣。由于罗拉已是高龄产妇，只能坚持将孩子生下来，4个人就这样构成一个奇特的家庭。

影片的结尾是富于戏剧性的。赫利努尔终于出去工作了，成为路边停车咪表的管理员。他穿着制服的样子还是很帅的。有一天还假公济私地给他前女友的车子贴上一张罚单。只是不知道他会不会遇到像他那样给超时咪表塞零钱的捣乱者。

《听风的歌》
（*Heima*）
2007年

2006 年夏天，一支名为“胜利玫瑰”（Sigur Rós）的冰岛后摇滚乐队，回到家乡举办了一系列免费音乐会。这部由迪恩·德布洛斯（Dean DeBlois）执导的音乐纪录片，将充满实验性的摇滚歌曲与原始狂野的自然影像融为一体，留下了聆听冰岛的另一种方式。

《白日梦想家》
（*The Secret Life of Walter Mitty*）
2013年

本·斯蒂勒（Ben Stiller）执导并主演的美国冒险喜剧电影。主人公是在杂志社工作了 16 年的胶片洗印经理，时常做着英雄梦。一天，公司被并购，杂志要做最后一期封面，但摄影师发来的胶卷上，最关键的一帧照片莫名缺失，主人公决定去冰原寻找摄影师，从而展开一次真实的冒险之旅……冰岛的斯蒂基斯霍尔米小镇是该片的外景地之一。

《星际穿越》
（*Interstellar*）
2014年

克里斯托弗·诺兰（Christopher Nolan）执导的科幻电影。讲述了由于地球自然环境恶化，一个前美国宇航员团队辗转寻找到一颗适合人类移居的星球——曼恩星（Mann）的故事，其中曼恩星的场景是在冰岛瓦特纳冰原的斯维纳费尔冰川（Svínafellsjökull）实景拍摄，完美呈现了一个外太空冰冻星球的地貌。

《北方的纳努克》
(Nanouk l'Esquimau)
1922年

该片是罗伯特·弗拉哈迪（Robert Flaherty）的第一部纪录片，记录了加拿大哈德逊湾的因纽特猎手纳努克一家人的日常生活，开创了人类学社会影像纪录的形式。

该片拍摄时，为了试图呈现一种未被工业文明侵蚀的因纽特文化的原始状态，弗拉哈迪直接指导并摆拍了场景，从而引发争议。尽管如此，该片让观众增进了对极地自然和人类环境的了解，罗伯特·弗拉哈迪也因此被誉为“纪录片之父”。

《冰火情敌》
(Musta Jää)
2007年

芬兰导演派特利·寇特威卡（Petri Kotwica）的刺探人性之作。赫尔辛基的一位妇科医生萨拉（Saara）意外发现她的丈夫利奥（Leo）有外遇，第三者是一位名叫杜丽（Tulli）的年轻女学生和兼职武术教练。萨拉为了更多地了解杜丽的隐情，报名参加了杜丽的自卫班。

此后，利奥在冰雪郊外的车中不幸身亡。杜丽发现自己怀上了利奥的孩子。在武术班的对练中，萨拉对准杜丽的小腹击打不止，构成该片的情绪对决点，展现了萨拉的怨恨和复仇等复杂心理，也成为当代人感情困局和相互搏击的象征性画面。

《故乡之光》
（*Nostalgia for the Light*）
2010年

这部90分钟的纪录片由智利导演帕特里西奥·古兹曼（Patricio Guzmán，1941—）执导，荣获2010年第23届欧洲电影奖最佳纪录片。

该片展现了在智利阿塔卡马沙漠（Atacama Desert）的两种不同的搜寻：阿塔卡马沙漠极为干燥，具有观星的上佳条件。天文学家在此将天文望远镜对准太空，观测繁星，以寻找有关宇宙和生命起源的线索。而在不远处，当地的妇女在日复一日地寻找被奥古斯托·皮诺切特（Augusto Pinochet，1915—2006，其军政府统治时间为1974—1990年）政权杀害的亲人遗骸，试图让支离破碎的家庭得到某种灵魂上的团圆。

导演帕特里西奥·古兹曼将这两种漫长的搜索并置，使镜头指向一个民族的内在意识，点燃希望之焰，以保持记忆的活力，具有一种宏大的历史感和生命觉醒意识，而那些不屈的异乡人，试图穿越悲苦的记忆之幕，抵达星光璀璨之地，尽管那些星光依然是辽远的、微弱的。

帕特里西奥·古兹曼在40多年前军事独裁政权接管民选政府时，离开了智利，但他从未停止过对这个国家和民族在文化版图上的思考，以及对他的祖国的热爱。他的《故乡之光》《珍珠钮扣》（*The Pearl Button*，2015）和《梦之山脉》（*The Cordillera of Dreams*，2019），组成了他的“智利家国三部曲”。

Postscript
后记

I Love the Unfamiliar and Vast World
我喜欢这个陌生而辽阔的世界

世界的尽头，往往也是想象力的尽头。

极地，有着一条条看不见的边界线。

那是自然、历史和文化的渐变线，在极地的内外呈现出不尽相同的风貌。而我们始终瞩望的，正是想象的边界，是生命和她的镜像，是你我共同面对的天穹。

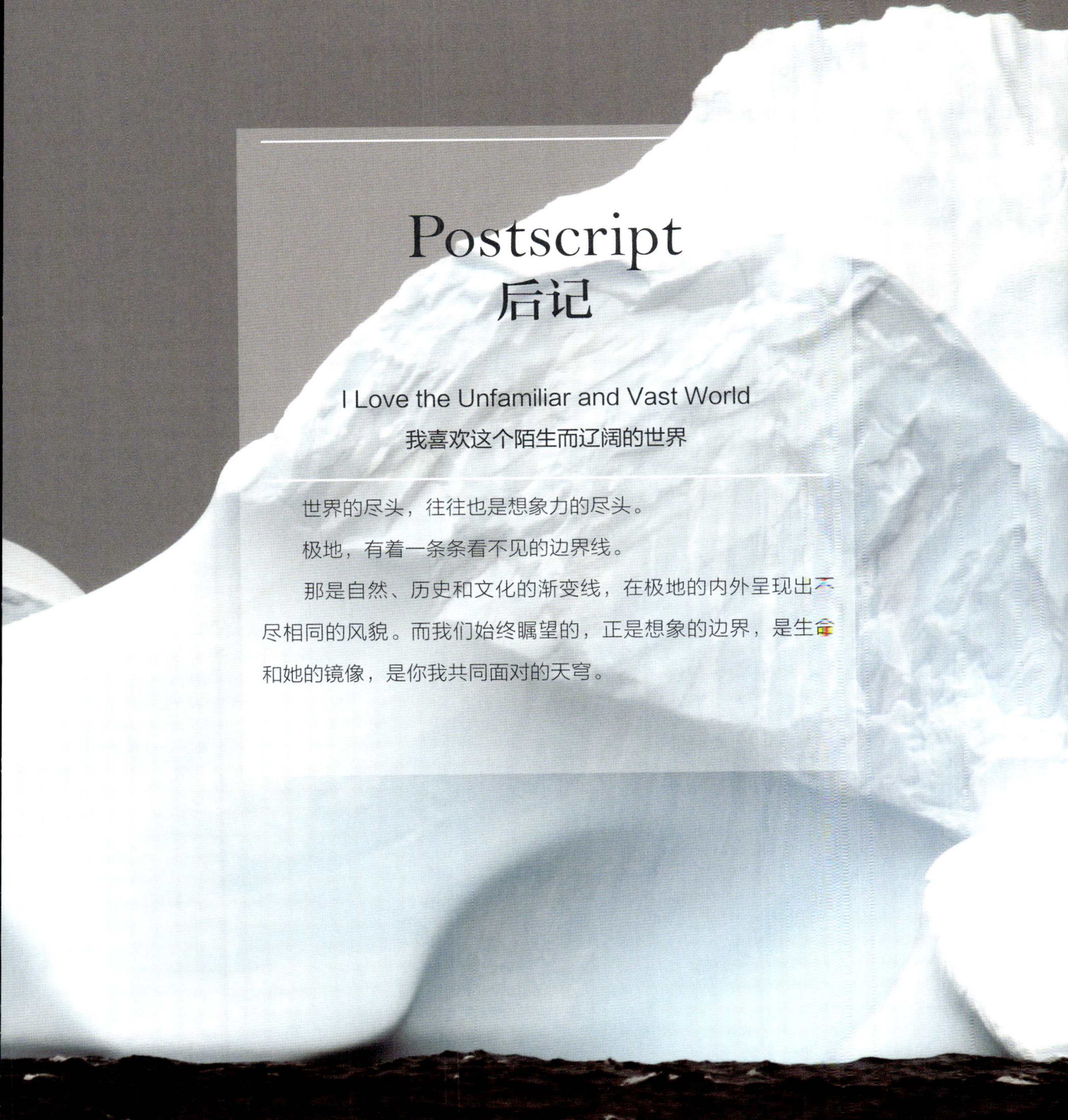

· A ·

2003 年 3 月，我第一次去冰岛。那天在雷克雅未克，清晨朔风强劲，尽管我穿着风衣，依然感觉被吹透了。

这是海边的一座白色建筑，空无一人，四周，海天之间矗立着几座雕塑。

昨夜刚刚下了一场雪。这是我第二次来到此地。

这是一个怎样隐秘的地方？

在雷克雅未克的西古尔扬·奥拉夫松博物馆，一件用树干制成的雕塑，形似一位女子平躺在木架子中，也静卧在记忆之水上。

我正准备离开那里，寒风中一位老妇人从屋里走出来拿报纸。我上前与她打招呼，告诉她我是从中国来的作家和摄影师。

“China? Really, just a moment.”她说。

她转身进去，打开大门，让我进入参观。

哇，里面是一家雕塑博物馆。我成为唯一的参观者。

她热情地给我拿出几份资料，介绍这座西古尔扬·奥拉夫松博物馆（Sigurjón Ólafsson Museum）的来历。西古尔扬·奥拉夫松（Sigurjón Ólafsson，1908—1982）是冰岛知名的雕塑家，20岁时，他前往哥本哈根，在丹麦皇家美术学院学习，1945年回到冰岛。在一本介绍西古尔扬·奥拉夫松的书上，我看到作者就是这位老妇人，比尔吉塔·斯普尔（Birgitta Spur），她是西古尔扬·奥拉夫松的遗孀，那年72岁。多年来她就一个人守着这座博物馆。

她带着我在里面参观，那些线条流畅、手法洗练的雕塑作品，让我的相机快门在这静静而温暖的空间响个不停。

里面有一个小餐厅，我想坐下来，静观窗外的风景。

“楼上还有呢。”

我登上木旋梯，楼上的作品在阳光下熠熠生辉，在一件根雕作品背后，是一扇窗户，里面盛着半窗海水。

斯普尔在我拍摄的时候，静静地站在楼梯下面，微微探头看着我。我从她的眼神中可以看出她对这些作品的极度珍爱和对客人的尊重，直觉上，平时她应该是不会轻易让人来观看这些作品的。

临走时，我在留言本上用中英文写道：“令人感动的作品，在阳光下闪耀。”

更令我感动的是，一个女人孤守着一座博物馆，已经有很多年。

斯普尔不让我给她拍照。

“不，今天不行。”她微笑着站在门口为我送行。她头发仅仅是花白，看不出已年过七旬。

那天傍晚，暮色中我站在酒店的6楼，透过长焦镜头，看见那座海边小屋里亮着灯。大地苍茫，有车辆在路上急速驶过。

· B ·

我回忆起新西兰北岛的怀卡托河（Waikato River）畔，掩映在碧波与密林之间的胡卡山庄（Huka Lodge）。在那里，我无意中发现了一桩北极往事。

在会所的草坪上，有一个直升机降落标志。通常，要员们都会直接乘坐直升机来到这家营地。

会所的一层中央是一间宽大的会客厅，墙壁上挂着早期毛利酋长的油画。旁边是一间精致的图书室，全黑色的桌子上泛着幽深之光，四周帷幔垂下，墙壁上采用红色编织效果的墙布。黄色的灯光，照在书架上那些历史和文学书籍上。这种黑红相间的装修风格，有点类似英国的绅士俱乐部。山庄主理人介绍说，英国伊丽莎白二世女王，在其下榻时就很中意这间屋子。壁炉的架子上，镶嵌着一块铜质铭牌，上面说明这间图书室是 1970 年 10 月为纪念营地的创立者艾伦·派（Alan Pye）在此经营 40 年而建。

二楼是狩猎馆，迎面摆放着两根名贵的象牙。我连续多年在非洲旅行，看到过很多象牙摆设，但像这种白中带黄、质地细腻、犹如古典瓷器般光滑的上乘象牙却不多见。目测这两支象牙有着悠久的年代。

墙壁上悬挂着一件件羚羊头标本。我在沙发上坐下端详着，仿佛置身非洲的某家顶级营地。我站起来，透过窗口的一架老式望远镜，眺望到新西兰怀卡托河的碧波。正是这种景致上的差别，构成了一种微妙的转换，但核心是一样的，都是大地的精华。

走出会所，对面是一座半地下酒窖。吊灯下，一张长桌的尽头挂着一幅裸女油画。在两边的酒架上，摆放着各式葡萄酒。

穿过树林，我来到网球场。四周高耸的树木修剪得如刀刻般整齐，花园里种植着原生的新西兰乔木和灌木，从整体景观上看，这里更像一个英式花园，里面的加州红木树可以追溯到 20 世纪 20 年代，还有许多树种和花卉，包括日本枫树、杜鹃花、玉簪花、菟葵、山茱萸和木兰花，都是适应这里冬天寒冷气候的植物。

新西兰胡卡山庄会所二楼，布置成一个狩猎馆。这些羚羊头标本，让我忆起自己多次探险非洲的经历；这些往事促使我完成了专著《非洲苍穹下》。

午餐在绿树环抱的英式户外餐厅享用，头盘我选的是剥壳鲜牡蛎，主菜是羊臀肉配鹰嘴豆酱和黄瓜，甜点是大黄配马斯卡彭（Mascarpone）奶酪、玉米片和蛋糕，马斯卡彭奶酪的颜色近似象牙，原产于意大利伦巴第地区，口感浓郁顺滑，略带天然甜味，是制作提拉米苏的必备原料。由于其保质期短，市售价格一直居高不下。

餐后，前往营地的僻静一隅——主人别墅（Owner's Cottage）参观。这座木屋别墅建于 1937 年，最初是为美国海军军械局的菲茨休格·格林（Fitzhugh Green）和他的妻子修建的。

1913 年，菲茨休格·格林曾参加传说中的“克罗克岛探险”（Crocker Land

Expedition)，这是由美国探险家罗伯特·皮里发起的，他们航行到格陵兰岛西北部的伊塔（Etah），试图找到北极地区的“克罗克岛”。1924 年，格林出版了小说 *ZR Wins*，记载了那次探险过程。罗伯特·皮里于 1909 年率队启程前往北极，归来后声称在 1909 年 4 月 6 日到达了北极点。这使他旋即成为国际名人。

早在一年前即 1908 年，探险家弗雷德里克·阿尔伯特·库克声称首次抵达北极点，罗伯特·皮里反驳了库克的说法，坚称他的探险队首次抵达北极点，这使得库克成为一个有争议的人物。

库克于 1890 年从纽约大学毕业后开始行医，他曾在皮里的格陵兰岛探险（1891—1892 年）中担任外科医生。库克 1908 年北极探险时的因纽特同伴后来透露，库克的探险照片实际上是在远离北极点的地方拍摄的。此后，有关库克和皮里的争论一直持续到第一次世界大战，之后，公众对库克的支持慢慢消失。库克后来被指控欺诈性使用邮件，并在 1923 年被监禁。他于 1930 年获得假释，并在 1940 年去世前不久获得总统赦免。

到了 20 世纪 80 年代，有关专家对罗伯特·皮里 1908—1909 年的探险日记和其他文件重新进行分析，怀疑皮里的探险队是否真的到过北极点。因为根据导航记录推断，他们实际上可能只到达距离北极点 50 公里—100 公里的地方。

从库克与皮里的往事中不难发现，有意或无意的造假现象在北极点的探险中确实存在，但真相依然不明朗。

此外，人们还发现惊人的真相——当时菲茨休格·格林和一位因纽特人皮乌加托克（Piugaattoq），一起去北冰洋边缘寻找一条通向西方的路线。皮乌加托克是探险队中一位有着 20 多年经验的因纽特猎人。天气突变，他们被迫躲在一个雪洞里避难，拉雪橇的狗也死了一条，二人为此争吵不休。暴风雪过后，皮乌加托克似乎已经受够了，带着他们唯一的炉子和几桶燃油，把雪橇转向伊塔方向，准备撤回大本营。格林在一怒之下，从雪橇上抄起一杆来复枪，朝着皮乌加托克的背部开了一枪，当场将他打死。

后来，格林回到伊塔营地，谎称皮乌加托克死于雪崩。

尽管当时有人怀疑这一死因，但格林此后并没有因谋杀而被起诉。据说，格林与皮乌加托克的妻子阿蕾奎西娜（Aleqasina）有染。阿蕾奎西娜当时只有 14 岁，貌美惊人。她曾是皮里的情妇，并给他生了至少两个孩子，后来在1909年被皮里抛弃。在当时的北极探险者中，有多人都与因纽特女子保持着婚外情。

此后，有因纽特人分析整个事情的来龙去脉。怀疑格林之所以要杀害皮乌加托克，是出于对阿蕾奎西娜觊觎已久。

这次远征并没有找到实际上不存在的"克罗克岛"，但留下了相当可观的照片和文物，记录了维京土著人的生活和自然栖息地的风貌。

格林后来就在这里安享生活。性、谎言和谋杀都已远去。他于1947年在美国去世，终年59岁。这段往事也被渐渐淡忘，唯有四周安静如水。

即使在一种英雄主义精神辉耀下的极地探险，也可以洞见人性的美好和邪恶，照见命运之手的强大。面对人性黑暗的深渊，我们何来胆气预判人心？

· C ·

在极地内外，我走过如此漫长的影像历程。1999年8月，在莱茵河畔的杜塞尔多夫我启动"记忆之水"（*Memories of Water*）私人长期摄影与写作项目。从莱茵河一直到南极，再不断地返回欧洲和非洲大陆。这是一场漫长的修行，以'年'作为基本时间单位。

同时，这也是文化之旅与作家地理之旅项目。因为在那时，我意识到，全球性的环境秩序混乱和淡水资源的枯竭，已经开始酿成一场场区域性的生态危机。我准备以深入的田野调查为基础，用漫长的时间线，来考察欧洲水岸和岛屿的人居生活。这不同于以即兴的艺术表演引人注目，或用宣言的形式来博取一时的喝彩。我需要以深度丰富的文学文本和影像文本，将发自内心深处的闪光力量传递出去，帮助读者理解欧洲水岸和岛屿的历史、自然、文化以及生活方式之间的关联。

2006年，我以非虚构作品《水恋欧洲》呈现"记忆之水"项目的第一部分成果。这本书主要写流经欧洲名城的河流，包括康河、伦敦运河、涅瓦河、莫斯科河和塞纳河……即表达欧洲都市与水系之间共生共存的联动和对抗。

书中有这样一段话："在安详如水的时光中，运河只是伦敦宁静生活的一个缩影。在伦敦时装周（London Fashion Week）期间，我每天都要从最炫目的时尚海洋里，从美丽身体、绚丽华衣与相机的闪电中，回到运河旁的房子里，这时就觉得一天又幸福地过去了。喜悦就像河流一样，表面上看不到激流涌动，但你可以感到水之下，那幸福的暖流。”

我当时留意到读者在网上的评论。记得一位网友说，读完《水恋欧洲》，觉得很伤感，勾起了许多回忆，有一种想哭但又哭不出来的悲喜之感。我想，这一定是由于书中流淌的记忆之水，以及一种对于往昔的怀念之情深深地触到其心灵最柔软的部分。

南极。南乔治亚岛。我全副武装，在雨中拍摄了一个半小时。相机和“大炮”镜头已被大雨淋得透湿。估计到了机器工作的极限，我才作为最后一批人员乘上登陆艇撤离。风雨迷蒙，归途温暖。

在我看来，幸福就像河流一样，流淌不息，但保持长久幸福的一个秘诀，就是要学会舍弃。2006年，在我出版了10几本书之后，希望自己静默若干年。我需要足够长的时间沉潜，来创作出超越自我之作。如果说，需要沉入生活最底层自觅险途的话，这就是。

这些年，除去在一些专业旅行杂志和几个影展中的表达，在《水岸九歌》出版前，我在书籍出版领域沉默了15年，就像一个潜水员，完全沉到了河床上，但也唯有如此，才能让我看清整个河水的构成和河流的走向。

穿越一条河流的时间，其实形似我们人生的一个阶段。一个人将来在人生最远的那个端点，也就是生命即将结束的端点，再来回望整个过程时，最愿意回想的应该是时间的碎片，一根由幸福时间串起的珠链。我在每一部作品中，都试图提炼出这样的幸福珠链，奉献给读者。

2010年冬天，我前往南极，进一步拓展“记忆之水”项目。在南极峡湾，我被无数冰山那强大的力量击中，那种美仿佛嵌入了身体。也由此，我拍摄下的这些影像才有了磅礴之气，它们推动着我，以一己之力将这个费时费力的项目继续下去。

在我艰难前行的过程中，曾给予过我点滴帮助的那些人们，我始终心存感激并铭记，我想通过自己的方式，把这种热量传递下去。那是易被日常俗务耗损的热量。

在我完成南极之旅归来后，不止一位朋友问我，接下来应该暂停旅行的步伐了吧？因为南极已去过了。

我稍一沉吟，然后轻声地说，不，南极之行会让我有一种全新的视角，我会将世界再走上几遍。

我喜欢寻觅最偏远的故事。从南美大陆的最南端乌斯怀亚，到非洲大陆最南端的开普半岛，再到欧洲大陆北端的梅港小镇。

在《程荫·昨日三部曲》的写作过程中，我始终坚持东方立场，带着东方作家的观点去看待西方文明，从而把握跨文化和跨文明的题材。因为一种“内心的远眺”，我不断地行走在辽远的大陆上，让我一次次地获得重观成长之地的机会。

我始终突出非虚构旅行和地理文学的文学性。这种文学性是基于非虚构文学

（Nonfiction）的基本准则，移植或运用到“旅行和地理文学”中，从而构成旅行和地理文学的特质，遵循现代的叙事原则，强调对历史和现实的再现和见证，所有的人物、年代和基本史实都必须准确无误，所有的事实均可以回溯，能找到最原始的参考资料，同时在书籍的主题确定上更具有文学的特性，重视现场感、对话和细节描写，以诗意和高密度的表述，展现地理风貌和人生真相。这显然是一个方兴未艾的领域，我希望有更多的同道之人，共同完成这种壮美的书写。

旅行和地理文学的第一现场无处不在，但欲编织出像《程萌·昨日三部曲》这样的作品，需要运用宏大的地理纬线和漫长的时间经线。

在2020年前的每一年，我都有无数次的起飞、转机和抵达。因为对我而言，影像的追寻其实就是追寻真相，追寻自由，追寻快乐与幸福，而文化的抵达，于我而言，意味着保持文化记忆，牢记文化身份，恪守文化准则和锤炼文化品格。

每年在南北半球不同的纬度间穿行，我感受着突兀变化的季节，体会着全然不同的含义。仲春之后，可能跳过夏天，接踵而至的是初秋；严冬之后，可以是炎热的初夏，这可能不合常理，但也自有其逻辑，那是被浓缩的岁月。远方不远，那些辽远之地，连接成希冀之地，环球同此暖意。

这是在世界尽头的优雅漫步。

生命中的逃离与坚守、张扬与隐忍、决绝与缱绻、裸露与隐藏、荒芜与繁华、厌倦与挚爱始终并存……漫长的人生，其实来不及厌倦，就已悄然结束。

在许多时候，只能选择一次。多少年以来或者多少年以后，我们也未必能在灵魂的终极意义上，找寻到自己的家园。

而在另外的时候，行走的意义在于远离尘嚣，聆听内心的声音。在寻找他乡故事的同时，也许会找回自己失落已久的内心。这便是奇幻的“双旅”。

· D ·

重返高纬度。未来学家约翰·奈斯比特（John Naisbitt，1929—）在1990年曾预言：“在我们的有生之年，从高纬度到低纬度的迁徙，是不可避免的。”而在进入21世纪后，我却不断地重返高纬度。

2008 年春寒料峭时分，我在重进北极圈之前，观看了影片《荒原生存》（*Into the Wild*）。该片讲述的是克里斯托弗·约翰逊·麦克坎德斯（Christopher Johnson McCandless）的探险故事。他成绩优秀，从埃默里大学（Emory University）毕业后，本来可以进哈佛法律系继续深造，但他却将 25000 美元的全部财产捐给了慈善机构，悄然离开了家庭，远离文明社会，在荒原上独自漫游。

他在两年多的时间里，靠驾驶小麦收割机、帮人照看书摊等零杂活儿积攒旅费。1992 年春天，他来到阿拉斯加的冰冻荒原。在一片林地里找到了一辆废弃的公共汽车，旋即以车为家，靠打猎为生。到了夏季，一条汹涌的大河阻止了他返乡的路，他被困在这片山林之中，野兽也打不到了，他只能靠食用野生植物维持生命。1992 年 8 月 18 日，最后因误食有毒的蘑菇不幸丧生。年仅 24 岁。

影片中，他的妹妹卡琳·麦克坎德斯（Carine McCandless）不断以旁白的形式，为观众讲述这个奇异的故事，也提供了来自他亲人的见证。

影片的最后一个画面，是一架飞机在碧空中划出的两条细细的白线。下面的字幕映现着："1992 年 9 月 19 日，卡琳·麦克坎德斯乘飞机和她哥哥的骨灰一起，从阿拉斯加飞向东海岸。她带着他一起飞行……他被放在背包里。"令人潸然泪下。

影片中有这样的旁白：

"一个审美旅行者。道路就是他的家。"

"终极自由。"

"感觉到他的强大。"

该片的导演西恩·潘（Sean Penn）从一位作家的非虚构文学作品中得知这个故事后，花费了 10 年的时间，终于获得了麦克坎德斯家族的支持，将故事搬上了银幕。这本身又是一场漫长的旅行。

2013 年，卡琳·麦克坎德斯出版了回忆录《狂野的真相》（*The Wild Truth*），她最终披露一段黑暗的家族史，透露了她哥哥"远离这一切"的真正原因：他们的父亲是一个反复无常、恶毒并经常虐待他们的人，他们的母亲孱弱，但不幸也成了同谋。有关原生家庭对子女影响的话题，近年来在国内趋热，但早在多年前，类似克里斯托弗这样的孤旅者就印证了如果家庭不能承载温情，疏离之心必然会走向这样或那样的荒原。

2020 年 6 月，在阿拉斯加荒原中，克里斯托弗·麦克坎德斯曾栖居 114 天的那辆废弃的巴士，因公共安全问题被移走。之前曾有多位观众看了影片《荒原生存》后，都想方设法去找这辆报废的公共汽车，结果都很糟糕，要么需要被救出，要么在这里根本无法生存下去。

· E ·

幽蓝，一直是我钟爱的颜色。从破晓的天空，到深邃的海洋，都是这种颜色。它让人安宁。

远方有多远?

这是一个所有行者都会面临的问题。一方面，远方没有到不了的远，所有的地方包括南北极、甚至包括太空都有可能去；另一方面，我们的生命又是有限的，总会在高山远水面前叹为观止。再就是人的心灵，最远的远方在人的心灵里，在你所爱的和你渴望去爱的人的心灵深处。

在远方会遇见谁?

远行的目标，最终还是为了与人的相遇。在与其他国家、种族的人们相遇的过程中，去发现彼此生活的乐趣，修正自我生活的缺陷。有时候，哪怕是纯粹对于大自然风光的观赏也不缺乏人文因素，因为正是当地的人们在竭力保护着这种良好的生态与环境。

在我看来，梦想的礼物与馈赠，是那些珍贵的旅行经验；梦想的影子与现实，是刻在心灵底片上最为动人的记忆；梦想的现在与未来，在于寻找澎湃热情与永久诗意的旅程中；而梦想的极地与冰川，在这里变成真实的影像，在我的记忆中晶莹闪耀，盛开，永驻。

空间之旅从来都是时间之旅。沿着南极航线行进，如同沿着时光隧道的旅行，从原始的捕鲸站到现代化的科考站，一切都在迅速转换，而在北极地区，那些保存完好的村落，让人重回 100 年前，甚至更早的年代。旅行自然成为时空之旅，而心灵则是旅程的向导。

心灵的眼眸，成为自然与人文摄影的观察所。书籍则正如毛姆所言，是“一座随身携带的避难所”。而写作于我，是度过荒芜岁月和忧郁之海，进行自我拯救、自我疗愈，直至自我实现的艰难过程。

本书的文字部分构成极地书简。这些文字在不经意间，展现了一个异乡人坚持寻找心灵本土的艰辛历程。与旅行不完全相关的是，本书诗意和灵性文字的升华与联想，是在更大背景下探险文化的内涵，以及一个行者丰硕的收获。

本书的画面所展示的不仅仅是影像，它要叙述的是图像可以怎样把回忆和希冀寄托其间。这些影像既属于个人，又具有普遍意义。它们呈现变幻瑰丽的光线、遥远极地的奇景和某个时刻的喜悦，让走过的世界重新呈现，我也因此拥有了无限辽阔的旅行和影像版图。

旅行已成为迁徙的方式，但我并不简单地把它看成是宿命的安排，我只是更多地享受繁杂背后的快乐。宿命只是意味着我不可逃避，而快乐会让我在无数事务的处理过程中，带着未来时刻的光芒，让我长久地在日常生活中保持热情。风尘仆仆地归来，然后离去。

穿越寂寞与繁华，倾听内心的词语。在写作者渴望企及的高地里，惟有思想延伸得最远。正如美国法学家小奥利弗·温德尔·霍姆斯（Oliver Wendell Holmes Junior，1841—1935）所言："The desire of his soul is the prophecy of his fate."（一个人灵魂的欲望就是他命运的先知。）

他还说："Through our great good fortune, in our youth our hearts were touched with fire. It was given to us to learn at the outset that life is a profound and passionate thing."（通过我们的好运，在我们的青年时代，我们的心中被希望之火所点燃。从一开始，我们就知道生活是一件深刻而充满激情的事情。）

他还认为："It is required of a man that he should share the passion and action of his time at peril of being judged never to have lived."（一个人需要分享他那个时代的激情和行动，否则有被评判从未活过的危险。）

对我而言，旅行意味着与华丽和真实贴得更近，而旅行的归来，则意味着一个新梦想的开始。回到世俗的生活中，我发现自己的作品会像彼岸之水一样，在不远处泛光，于是，我把影像之旅当成向某种目标靠近的方式——那是由神奇、情愫、勇气和智慧构成的奇妙的组合体。

如同我们在等待着下一次相遇，与自然、与旅程、与回忆的永恒相遇。

· F ·

2020 年 12 月，得知我的新书《水岸九歌》即将出版，全国各地的书友通过微信向我提问，其中杭州的一位书友问了这样一个问题——“我刚读了一本书，罗宾·夏尔马（Robin Sharma）的《卖掉法拉利的僧人》（*The Monk Who Sold His Ferrari*），书里写道，喜马拉雅山脉的修行者会定期去注视水面，去看下自己的倒影……把自己内心的想法映射出来。您凝视过水中自己的倒影吗？”

我的回答是这样的——您这个问得非常有趣。在古希腊神话里，有一位男神——纳西索斯（Narcissus）。他是河神刻菲索斯（Cephissus）和仙女利里俄珀（Liriope）的儿子。在他很小的时候，母亲就请算命师算过一卦，他的预言是“只要他看不到自己，就会平安。”于是，他的母亲藏起了所有的镜子和镜面物体。

作为一个美男子，纳西索斯性情高傲。一天，他在树林里打猎，山中仙女厄科（Echo）即刻爱上了他。纳西索斯感觉到有人在跟踪他，厄科最终暴露了自己，并试图拥抱他，但是他推开了她，告诉她不要打扰他。从此，厄科满怀绝望，在树林里游荡了一辈子，最后肉身枯萎了，只剩下回声不断。英语单词“Echo”（回声）即来源于此。

纳西索斯长大之后，一次他在水面发现了自己的倒影，爱慕不已，殊不知那就是他自己。他终日凝望着水面，最终饥饿而死，变为水边的一株水仙花。从此，水仙花的花语便有自恋的含义。

我年轻的时候，走过城市镜面建筑物时往往会侧脸注视一下自己走路的样子。我拍了那么多的河流和湖泊，还不曾认真地注视过水面上的自己。我想，以后会适度地留意水面上自己的倒影，因为这也是一面自然之镜，可以帮助我及时发现潜藏在内心深处的意念。这些潜意识可能连我自己也没有觉察。

觉察，一般可以分为四个层次：无知无觉、后知后觉、当知当觉和先知先觉。每一种层次的觉察都会带来不同的处境。我曾在很长的一段岁月里属于“后知后觉”之人，每每会让我在生活中碰得头破血流。顿悟之后，往往会哑然失笑。

倒影与回声，这是相互关联的两个文学意象，都是自我及自我意识的投射，值得深入探究。

《卖掉法拉利的僧人》一书讲述了律师朱利安·曼特尔（Julian Mantle）的故事，他失衡的生活方式使得他在拥挤的法庭出庭时，几乎导致心脏病发作。他身体崩溃，也带来了精神危机，迫使他试图寻求人生最重要问题的答案。这位律师的困境其实也是当下许多人生存状态的缩影。

在本书的封面提前发布后，一位书友看到封面语“辽远星空下的异乡人，追寻着朔风中的玫瑰”，在微信上问我：“南极有玫瑰？”

我答道：“您提的问题在极地书出版时会揭晓。”

她回复：“我想玫瑰是一种幸福的寓意，代表着大家希望它代表的刺与深情。昨日三部曲看着有些感伤……平行时空里它一直都在。”

的确，《程萌·昨日三部曲》所描述的自然现实一直都在，同时也构成了一种文学上的存在，它如同一条与现实并行的幻想走廊。这两个世界相互关联、相互依存，诗意与宁静交相辉映，让穿行在其间的我们学会如何去交流，选择用不同的方式去排解孤独，并避免被爱所伤害。

恋上旷世之地。在南极的迷情之夏，冲破心灵的坚冰。哪怕在最艰难的时日，依然保有想象、希冀和猎奇。不断挑战苦难的风车，困苦或会随着流光掠过，来去无碍。让那些苦痛的心灵面对岁月的裂隙，继续如“鹰之轻盈，向死而生”。

在此前很长的一段时间里，我正跨越着生命中最为崎岖的路程。2021 年 1 月，《水岸九歌》的南京分享会上，我的一位相识 20 多年的教授朋友，反复向我求证这样一个问题：在经历了人生的无常与残酷之后，时至今日，你为何还如此单纯、天真和热情？

是的，作为被残暴生活毒打过的人，我为何还能保有自我？答案是，部分原因来自基因和家庭，部分来源于自我修炼。这位朋友在我刚开始启动“记忆之水”项目时，曾形象地概括我“穿上长衫就是一位古人”。

可能我是不合时宜的。令人感伤的，还有那些折返回来的时光。没有比时间更残忍的劲敌了，它轻易地就改变了一切。物是人非，灵魂的声音渴望重现。把自己的生命带得更远一些，包括在可以看得见的天地和看不见的心灵里，驻留岁月之痕。

在许多时候，当我们从一方辽阔的世界，退回到自己的小天地时，言语就足以构成一片诗意的田野，正如葡萄牙女诗人弗洛贝拉·埃斯潘卡（Florbela Espanca，1894—1930）在《骄傲诗篇》（*Versos de Orgulho*）中所言：

O mundo?

O que é o mundo, ó meu amor?

O jardim dos meus versos todo em flor,

…

世界?

世界是什么，我的爱人?

我诗词的花园里开满了花朵，

……

雪原中的木屋。天空霞光万道，地面的积雪覆盖了行人的足迹，既没有来路，也没有归途。

记得从南极归来之后，有很长时间我没有动笔写作，我还沉浸在那个简单而辽阔的世界里，还有那种无言无语的满足和自豪之中。那些可以贴近去观察的生灵，依然触手可摸；那种气味、声音和色彩，单纯又丰富。这是为思考专备的留白。

我还忆起10多年前在北极圈内的日子。夜晚，老式电视机里播放着European Top 20的MTV：空旷的旧房子里，窗户旁坐着的一对情侣在接吻；女孩在暗夜中，裸身照镜。

这是北欧的空旷。而我每次回到北极圈内，层层叠叠的景象，像幕布一样，让我忆起那些被深深沉匿的往事，安宁隐秘，孤绝静美。

“追忆”，一直是我写作的主题。2021年5月的一天，初夏碧翠渐深，窗外不时有鸟鸣传来。凝思片刻，我再一次观看影片《时光倒流七十年》(*Somewhere in Time*，1980)。年轻的剧作家理查德·科利尔（Richard Collier）一直希望解开8年前的一个谜团。当时，他在毕业典礼上遇见一位从未见过的优雅的老妇人。她送给他一块金怀表，并恳求他“回到我身边来”。为此他一直迷惑不解，试图了解她的身世。

8年之后，他前往湖区度假。在一家豪华酒店的墙上，发现了一幅绝世佳丽伊莉丝·麦肯纳（Elise McKenna）的黑白肖像。他认出了这就是那位老妇人年轻时的模样。他多方查证，得知她是20世纪初一位著名的女演员，在毕业典礼上他们见面后即已去世。她年轻时于1912年曾在此酒店演出过。

他被她深深地迷恋。在酒店的房间里，他穿上了旧式装束，一次又一次地通过自我催眠法，回溯到伊莉丝昔日的时光。他终于在湖畔邂逅了这位女演员，并突破剧务经纪人的重重阻挠，坠入爱河。次日清晨，他们坐在地板上吃完早餐后，理查德穿上背心时，无意中掏出一枚1979年的硬币，顷刻回到今朝的时空中。伊莉丝被时间之手攫住，急速地后退，他惊恐地伸出手，却是徒劳。于是，他们被永隔在时间之河的两岸。最终理查德因为追溯时间，殚精竭虑地坐着僵死在房间里。

该影片的主题音乐选自谢尔盖·拉赫玛尼诺夫（Sergei Rachmaninoff，1873—1943）的《帕格尼尼主题狂想曲·第十八变奏》(*Rhapsody on a Theme of Paganini*：*Variation 18*)。这也一直是我写作时的背景音乐，它时常会唤起一种淡淡的哀伤，让人感叹世事偶尔因果相连，偶尔诸行无常，唤起我去珍惜每一个“此时此刻”。

我忆起了《爱是看不见燃烧的火焰》，这首十四行诗，是路易斯·瓦兹·德·卡蒙斯（Luís Vaz de Camões，1524—1580）的佳作。他是葡萄牙有史以来最负盛名的诗人。这首诗作最初发表在 1598 年《韵文》（*Rimas*）第二版上。

Amor é fogo que arde sem se ver,
É ferida que dói, e não se sente;
É um contentamento descontente,
É dor que desatina sem doer.

爱是看不见燃烧的火焰，
是尚未感觉到疼痛的伤口；
是一种不能满足的满足，
是无感而又痛彻心扉的苦楚。

É um não querer mais que bem querer;
É um andar solitário entre a gente;
É nunca contentar-se de contente;
É um cuidar que ganha em se perder.

爱是比深爱更深的不爱；
是茫茫人海里的孤独；
是从未感到愉悦的高兴；
是在迷路时获得的关照。

É querer estar preso por vontade;
É servir a quem vence, o vencedor;
É ter com quem nos mata lealdade.

爱是心甘情愿地被俘；

是胜者屈从于败者；
是与谋害我们的凶手相约。

Mas como causar pode seu favor
Nos corações humanos amizade,
Se tão contrário a si é o mesmo Amor?

但如果爱是如此地自相矛盾，
又怎么能在人的内心深处
激起一片真情？

爱是生命的年轮。每一次感情的遭遇，都会留下痕迹。从上到下，在生命的内心贯通，迤逦而绵长。只是谁能看见？

经过遥远的道路，谁还在那里？在繁花之外，谁会成为盛开的一隅？我的眼中忧伤似海，心境澄明若空。那是饱蘸着哀伤与遗恨的悲悯之问：我们是何时离散的？我们又是怎么离散的？

这种离散，不仅仅指某一段欲说还休的恋情，更可能是某一处再也无法抵达的秘境，抑或是我们永不再来的青春岁月。

幻象散尽，山海之隔。

· G ·

于萍踪所至之处，将某些有缘的刹那定格为永恒。在旅途之中和旅途之外，我时常会感触——旅行像一种心灵的生长，是会留下痕迹的。旅痕究竟是在时间深处，还是在记忆深处？

许多时候无法仔细地辨别，但飞过了，总有痕迹。无论是悠长的叹息，还是话语被思绪打断的瞬间，总有一层记忆，薄雾般地轻轻覆盖在来路上。在目光不能触及的深幽之处，只有那些影像在默默地见证。

世事太容易淡忘，所以需要见证者。无论是过去，还是未来，无论是刚刚结束的旅程，还是很久之前的探访。

那些瞬间怀想，就像异乡之舞。

孤独之外，自有影像。她就像一位隐形伴侣，你走多远，她就走多远。

我希望所有的这些瞬间都具有不同凡响的意义，那便是深刻。以深刻的历史目光洞察一切，记忆本来就是过去的影子。

终会有一种魔力让人真正安静下来。只有当一个人内心真正澄静时，远方才会如约而至。

在自然的影像面前，我的脑海中常会回响起反映大自然的经典旋律。其中，安东尼奥·维瓦尔第（Antonio Vivaldi，1678—1741）的《四季》（*The Four Seasons*），或是彼得·伊里奇·柴可夫斯基（Pyotr Ilyich Tchaikovsky，1840—1893）的《四季》（*The Seasons*）。当这些旋律回荡在我的耳边、滋润我的心田时，宁静的自然又呈现在我的眼前。

还是在我当主持人的时候，我常会从整整一书架的黑胶唱片中，挑出柴可夫斯基的《四季》来听。这一钢琴套曲共有12首曲子，乐曲对应着每个月的季节特点，如《一月——壁炉边》（*January—By the Hearth*），《三月——云雀之歌》（*March—Song of the Lark*），《六月——船歌》（*June—Barcarolle*），《十一月——在三驾马车上》（*November—In the Troika*）。有时，黑胶唱片上沾着的灰尘会在播放时造成极细小的杂音，像自然环境中某些无法分辨的声音，轻微而真实，整个房间便弥漫着一股怀旧的气息，让人联想起那些如诗如歌的画面。

时光与乐音一起流淌，轻若叹息。

自我启动"记忆之水"私人长期摄影和写作项目至今，20多年时光淡然逝去。这部《极地天穹》是该项目的第四项成果，也是《程萌·昨日三部曲》的收官之作。

南极峡湾的一座冰山，展现并表达了南极特有的风骨。穿越时空，我抵达南极的阳春白雪之境。冰山在水面上露出的部分，只占整个体积的十分之一，是名副其实的冰山一角。海水之下，自有更深邃的秘境。

在这三部曲中，《水岸九歌》让我冷静地追忆，《琴岛低语》让我谦卑地低语，而《极地天穹》最终让我在星空下眺望和遥想。我从南极到北极，从南美到中欧，感受深邃、乡愁与文化的变迁。乡愁不仅仅来自故乡，有时，也会来自他乡。

这三部曲是我此生所见的重要组成部分，呈现出一位作家的旅居、创作和见证。水岸遗韵、岛屿呢喃、极地英魂，以及大陆深处的流浪精神，构成了这三部曲的主旋律，还有独树一帜的特色和迷人的诗意。

与此同时，这也是关于生命的影像与记忆，以及对于当下生活的警醒和暗讽：既有文化混乱年代的幸福张望，又是集体喧响时代的宁静独白。

铅华洗尽，方为自我。保持良知，总会看见。

我一直希望自己的作品有一种直指魂魄的力量，富足、平静、美好，并直击人性的精微。深邃和宏阔，使得作品更趋丰厚。我的作品始终植根于火热的现实生活，《程萌·昨日三部曲》属于非虚构文学作品，其中蕴含的无数往事，无一不给处于不同境遇的人们以启示，我书写的是“他们”，同时也是“我们”。

在这里，“我们”仿佛也是“他们”的投影，是初心和梦想在复杂当下的延续。那些历史花园中的小径与现实多变的幻影交织，构成一幅幅耐人寻味的画面。极地的往事也烘托着当代奋斗者的身影，那些100多年前到现今的极地英雄们，因为有了白色大陆的映衬更加伟岸。

还记得哲学家伊曼努尔·康德（Immanuel Kant，1724—1804）在《实践理性批判》（*Kritik der praktischen Vernunft*）中的那句话吗？

“Zwei Dinge erfüllen das Gemüt mit immer neuer und zunehmenden Bewunderung und Ehrfurcht, je öfter und anhaltender sich das Nachdenken damit beschäftigt: Der bestirnte Himmel über mir, und das moralische Gesetz in mir.”（有两种东西，我对它们的思考越是深沉和持久，它们在我心灵中唤起的惊奇和敬畏就越会日新月异，不断增长，这就是我头顶上的星空和我心中的道德准则。）

他所敬畏的，也应是我们敬畏的。

我一直期待，能再次朝着南十字星的方向奔赴，焙茶听雪。

冰封南极。双手握满荒凉，重温勇士的往昔，找寻内心的力量。“O ever youthful, O ever weeping”（永远年轻，永远热泪盈眶），作家杰克·凯鲁亚克（Jack Kerouac，1922—1969）自传体小说《在路上》（*On the Road*，1957）中的这句话，一直令我不断地寻觅摄人魂魄的悲壮之旅，而斯科特船长一直在漂移的石冢的悲壮事实，恰好给南极神话注入坚实的骨架。

那是长久的感动。而我一直在寻找如此的永久感动和诗意。

在我无尽的旅途中，那些震撼人心的场景和细节，仿若空灵之眸，也将长久地与我对视，一次次将我的视线覆盖。

邮轮航行在南极峡湾时，我拍摄下一幅照片，画面的左侧，一群海鸟无声地飞翔，叠现在幽暗的天空，我甚至可以瞥见鸟翅上闪亮的点点光斑。画面的右侧，一块儿呈三角形的浮冰亮如白昼，整个画面呈现冰山爆裂和沉没前的寂静、苍茫、悲怆，让我顿生轻微的刺痛感。

一些时候，这种明与暗并没有明确的分界线。那些黑色之鸟，仿若一个个守得住寂寞的暗夜灵魂。光影寂灭处，黑瞳闪亮。

这帧照片后来被选为本书的封面。那群海鸟在封底翱翔，有两三只已经飞到书脊处，正在飞往封面的途中，一捷足先登者已定格在封面的左侧。这样，南极的画面在书卷的折叠世界里，便产生出新的语义。

大道至简。在最后的时刻，世界或将归于黑白。

世界曾有多繁茂，就会有多寂寥。也许，世间所有的灿烂，终要用寂寞来偿还。

唯希望世界之极可以放缓变迁的脚步，让那些洁白的冰湖和遥远的冰山，依然闪现清亮的光泽。期待自然之翼耸动起热情的翅膀，使我们有些疲惫的心灵苏醒。

我一直以为，挚爱是一种真诚，会获得青鸟般的幸福和吉祥。

灵魂遥远，而我刚刚伸出触摸之手。

在我对本书进行最后的修改之时，岁月之手也在拂去时间的坚冰，呈现出南极传奇的动人全貌，并使我的书写终获圆满。一艘名为“阿古拉斯二世号”（*Agulhas II*）的破冰船从南非开普敦启航，开启“坚韧号 22”（Endurance 22）搜寻计划，在 2022 年 3 月 5 日（沙克尔顿落葬日 100 周年），于威德尔海冰层下 3008 米深处，凭借两台自主水下航行器（AUVs），发现了在 1915 年 11 月 21 日沉没的“坚韧号”探险船。

在沉没 106 年之后，这艘长 43.8 米（144 英尺）、拥有 76.2 厘米（两英尺半）厚橡木船体的三桅帆船保持直立，基本完好。水下航行器的摄像机拍摄到了绳索、舷窗、栏杆、桅杆、舵轮和船锚，船尾清晰可见以黄铜镶嵌的“*Endurance*”船名。由于低温、缺乏光线和缺氧，这艘船似乎定格在它坠入深海的那一瞬间。

搜寻项目的总监蒙松·邦德（Mensun Bound）是一位海洋考古学家，他在全球寻找著名的沉船。他介绍说，当他看到“坚韧号”的第一批图像时，顷刻之间回到了过去，“我能感到沙克尔顿的气息呼在我的脖子上”。

面积为 280 万平方公里的威德尔海常年冰封，令探险者望而生畏。此次搜寻成功，在很大程度上可以归因于弗兰克·沃斯利船长留下的比较精准的沉船地理位置参数。经过数次艰苦的搜索，最终在距离该参数位置以南 4.16 海里的地方找到沉船。根据《南极条约》，该沉船将作为历史遗迹受到保护。

沙克尔顿有一句名言：“坚冰所得到的，坚冰所保持的。”（What the ice gets, the ice keeps.）“坚韧号”的故事从没有随着它的沉没而结束；如今，随着它的被发现再次给人以启迪——探险和生存是此生如此重要的使命。

或许，在另一个百年之后，我们正注目着的远方和正经历着的磨难，所有的一切也会被历史忠实地记录下来，宛如封存在琥珀里的生命，熠熠生辉，成为彼此无畏、勇气和坚韧的证明。

程　萌

于南极邮轮——上海——苏州

By Cheng Meng,

From Antarctic Cruise *Fram* to Shanghai & Suzhou

图书在版编目（CIP）数据

极地天穹 / 程萌著 . —沈阳：沈阳出版社，2021.12

ISBN 978-7-5716-2161-2

Ⅰ . ①极… Ⅱ . ①程… Ⅲ . ①散文集 – 中国 – 当代 Ⅳ . ① I267

中国版本图书馆 CIP 数据核字 (2021) 第 241475 号

出版发行：沈阳出版发行集团|沈阳出版社

（地址：沈阳市沈河区南翰林路10号 邮编：110011）

网　　址：http://www.sycbs.com

印　　刷：辽宁泰阳广告彩色印刷有限公司

幅面尺寸：185mm × 248mm

印　　张：23.5

字　　数：275千字

图　　片：187幅

出版时间：2022年5月第1版

印刷时间：2022年5月第1次印刷

责任编辑：沈晓辉

装帧设计：杨　雪

责任校对：郑　丽

责任监印：杨　旭

书　　号：ISBN 978-7-5716-2161-2

定　　价：128.00元

联系电话：024-24112447　024-62564922

E - mail：sy24112447@163.com

海燕在冰山间搏击。

这些冰山，

也成为苍茫世界的一种隐喻：

朔风浩荡，谁主沉浮？